교과세특
탐구주제바이블
의약계열편

CampusMentor 캠퍼스멘토 × 모야 Make Objects You Ask

저자 소개

한승배
양평전자과학고등학교 진로전담교사 재직중

- '10대를 위한 직업백과', '미리 알아보는 미래 유망직업',
  '학과바이블', '홀랜드 유형별 유망 직업 사전' 등 단행본 다수 집필
- '2009·2015 개정 교육과정 중학교 및 고등학교 진로와 직업'
  교과서 집필, '드림온 스토리텔링' 및 '원하는 진로를 잡이리' 보드게임 개발

강서희
안양여자상업고등학교 진로전담교사 재직중

- '홀랜드 유형별 유망 직업 사전', '페이스메이커',
  '미디어 활용 진로 탐색 워크북' 집필
- '원하는 진로를 잡아라' 및 '드림온 스토리텔링' 보드게임 개발,
  고등학교 '진로와 직업' 2015 개정 교육과정 인정도서 심의위원

근장현
대지중학교 진로전담교사 재직중

- '대한민국 미래교육 콘서트' 집필
- 경기도교육청 정책실행연구회 회장, 경기도 진로진학상담교사협의회
  부회장, 네이버 지식인 학교생활 컨설턴트, 중학교 '진로와 직업'
  2015 개정 교육과정 인정도서 심의위원

김강석
숭신여자고등학교 진로전담교사 재직중

- '학과바이블', '나만의 진로 가이드북', '진로 포트폴리오
  하이라이트(고등학교)' 등 단행본 및 교과서 다수 집필
- 경기도 진로진학상담교사협의회 부회장, 2009·2015 개정 교육과정 및
  성취기준 연구, 방송통신중 교육 콘텐츠 개발 참여

김미영
수지고등학교 화학과 교사 재직중

- '2015 개정 교육과정 화학 교과 STEAM' 자료개발 및 교사 연수 강사,
  '블렌디드 러닝 화학교과' 성장 중심 자료개발 참여
- 경기도 화학교육연구회 및 경기도 신과수교육연구회 연구위원,
  교과 연계 민주시민교육실천 교사연구회 연구위원,
  중등 1급 정교사 자격연수(화학) 멘토링

김수영
죽전고등학교 수학과 교사 재직중

- 경기도 수업비평교육연구회 및 경기도 수학교육연구회 연구위원

김준희
구성고등학교 진로전담교사 재직중

- '경기도 진로교육생태계' 집필
- 교육부 네이버지식iN 학교생활컨설턴트, 경기도 진로교육 실천사례
  연구대회 심사위원, 고등학교 '진로와 직업' 2015 개정 교육과정 인정
  도서 심의위원

김호범
호원중학교 수석교사 재직중

- '전통교육에 기초한 단비교육', '2030년에 삶이 살아 숨 쉬는 수학수업',
  '단비 수학선생님' 집필
- 전 자카르타한국국제학교 교감

노동기
상현고등학교 체육과 교사 재직중

- '체대입시 따라잡기 정시전략편', '체대입시 따라잡기 수시전략편' 집필
- 내일교육 '체대입시 칼럼' 기고

배수연
늘푸른고등학교 지리과 교사 재직중

- 전국연합출제위원, 도단위 NTTP 교과연구회 연구위원
- 경기혁신교육모니터단

신경섭
수일고등학교 진로전담교사 재직중

▌경희대학교 입학사정관 교사위원, 안산교육청 진로진학지원단
▌전국연합학력 출제위원, 고입검정고시 출제위원, 고입자기주도학습 전형위원

안병무
여강중학교 진로전담교사 재직중

▌'우리는 체인지메이커' 집필
▌고등학교 '진로와 직업' 2015 개정 교육과정 인정도서 심의위원, 경기중등진로진학상담교육 연구회 분과장, 학생 진로교육 사이버 인증 시스템 개발위원, 정부 부처 연계진로체험 사업 자문위원, APEC 국제교육협력단 파견(AIV)

위정의
충현중학교 진로전담교사 재직중

▌'교과 연계 독서토론 워크북', '두근두근 미래직업체험 워크북' 집필
▌경기도교육청 독서교육 지원단, 경기도교육청 자격연수 논술평가 출제 및 검토위원, 중등 1급 정교사 국어과 자격연수 강사, 경기도중등진로교육연구회 연구위원

유현종
성남외국어고등학교 영어과 교사 재직중

▌'심화영어' 집필, '심화영어회화' 검토
▌중·고등학생 영어듣기평가 검토위원, 경기도 전국연합학력평가 문항검토위원, 2012년 경기도교육청 인정도서심의회 심의위원, 2015 개정 교육과정 영어과 교육과정 보고서, 경기도교육청 외고·국제고 교육과정운영 지원단

이남설
수원외국어고등학교 진로전담교사 재직중

▌'진로 포트폴리오 하이라이트(고등학교)' 집필, '교과세특 및 진로기반 학생부 프로그램' 개발
▌고3 전국연합학력평가 출제 및 검토위원, 주요 대학 교사 자문위원

이남순
동백고등학교 진로전담교사 재직중

▌'기업가정신으로 플레이하자', '꿈틀꿈틀 기업가정신 워크북', '서술형평가 ROADVIEW', '고3 담임 매뉴얼' 집필
▌경기도중등진로교육연구회 연구위원, 경기도중국어교육연구회 연구위원, 전국연합학력평가 출제위원, 경기도진학지도지원단, 대교협 대표강사

최미경
서현고등학교 윤리과 교사 재직중

▌2020 전국현장교육연구대회 1등급 수상
▌단국대학교 논술고사 검토위원, 학교생활기록부 컨설팅 지원단

하희
구리여자중학교 진로전담교사 재직중

▌'학과바이블', '나만의 진로가이드북', '진로 포트폴리오 스포트라이트(중학교)', '두근두근 미래직업 체험 워크북', '똑똑 기업가정신', '블랜디드 수업에 기업가정신을 담다' 집필
▌경기도 진로교육연구회 연구위원

서문

대학입학제도 개편방안과 대입공정성 강화방안, 그리고 2023 서울대학교 입시 예고안이 발표되었습니다. 이에 따르면 교과 활동 중 과목별 세부능력 및 특기사항(교과세특)에 기록된 내용이 학생부종합전형의 평가에서 가장 중요한 영역이 될 것으로 보입니다. 따라서 수업과정 중의 활동이나, 연계된 다양한 활동은 대학에서 가장 중요하게 평가하는 요소로 자리매김할 것입니다. 바로 여기에 탐구주제 활동의 중요성이 있습니다. 교과 수업과 관련하여 자신이 더 알고 싶거나 궁금한 탐구주제에 대해 자기주도적인 연구 활동이나 발표, 보고서, 토론 활동 내용들이 과목별 세부능력 및 특기사항란에 기록되기 때문입니다.

이 책에는 그 중요성이 더욱 커지고 있는 교과세특의 필수 요소인 탐구 주제에 관한 모든 것을 담았습니다.

하지만 자신의 전공분야에 대해 호기심을 가지고 교과별, 전공별 탐구 주제를 선정하는 것은 매우 힘든 부분입니다. 어렵게 탐구 주제를 선택하였다고 할지라도 주제가 너무 쉽거나 흔하다든지 또는 고등학교 수준에서 접근하기 어려운 주제라 이를 탐구하는 과정에 너무 많은 시간과 에너지를 소비하게 되는 문제가 발생합니다.

이 책에는 학생들이 가장 어려워하는 탐구주제 선정 문제 해결을 위해 다양하고 구체적인 내용의 탐구 주제를 담았습니다. 먼저, 대학의 학과를 7개 계열(인문계열, 사회계열, 자연계열, 공학계열, 의학계열, 예체능계열, 교육계열) 등으로 나누고, 2015 개정 고등학교 교육과정의 핵심 과목인 '국어과, 사회과, 도덕과, 수학과, 과학과, 영어과' 등의 일반 선택과목과 진로선택 과목을 선정하였습니다. 그리고 제시된 모든 교과에서 성취기준을 분석하여 7개 계열과 계열별 대표학과에 적합한 탐구 주제를 제시하고 있습니다. 이 책에 제시된 다양한 교과별 탐구 주제를 참고하여, 학생들 스스로 더욱 확장되거나 심화된 주제를 찾아서 연구해 본다면 더욱 좋을 것입니다. 평소에 무심코 지나쳤던 것들에 대해 관심과 의문을 가지고 주제를 찾아보고, 탐구를 통해 질문의 답을 찾아가는 과정은 대학에서 요구하는 가장 중요한 핵심 역량이기도 합니다.

입시 정책은 항상 변화합니다. 변화에 주저하고, 혼란스러워하면 자신에게 주어진 시간을 낭비하는 것입니다. 상황을 분명하게 인식하고 정확한 내용을 파악하여 발 빠르게 대처한다면 누구나 좋은 결과를 얻을 수 있습니다. 이 책에 제시된 탐구할 주제들은 예시 자료입니다. 학생 개개인의 적성과 진로, 흥미를 고려하여 자신에게 적합한 주제를 정해서 열심히 탐구한다면 여러분에게 많은 도움이 될 것입니다. 지금 이 시간에도 자신의 진로를 찾기 위해 열심히 노력하고 있을 대한민국의 모든 고등학생들을 진심으로 응원합니다.

이 책의 활용상 유의점

1.

이 책은 2015 개정 고등학교 교육과정 보통교과군(국어/사회(도덕, 역사 포함)/영어/과학/수학)과 예체능 계열의 경우 보통교과군 외 예술체육 교과군(체육/음악/미술)의 일반 선택 및 진로 과목의 성취기준 분석을 바탕으로 약 4,000여개의 탐구 주제를 추출하였습니다.

2.

이 책은 교과별 구분 이외에 인문, 사회, 자연, 공학, 의약, 예체능, 교육 등 7개 계열과 해당 계열별 핵심 학과별로 구분하여 탐구 주제를 제시하였으므로 자신의 희망 진로에 맞는 탐구 주제를 활용할 수 있습니다.

3.

학생들은 교과의 단원, 성취기준을 학습하는데 발생하는 호기심을 기반으로 심화된 내용에 대해 탐구하고자 하는 주제를 선택하고 자신의 희망 전공에 맞게 내용을 응용 및 재구성, 심화하여 사용하는 것을 권장합니다.

4.

자신의 진로 분야에 맞는 내용만 활용하기 보다는 다른 분야의 같은 단원, 성취기준 내용의 탐구 주제 내용을 참고하여 2~3개의 주제를 통합하여 주제를 선정하는 것을 권장합니다.

5.

같은 주제라고 할지라도 접근하는 방법 및 과정에 따라, 그리고 결과물을 통해 배우고 느낀점에 따라 학교생활기록부의 교과별 세부능력특기사항에 입력되는 내용이 달라질 수 있습니다. 그러므로 탐구 결과뿐만 아니라 과정에 대한 구체적인 기록이 필요합니다.

6.

이 책에서 제시한 탐구 주제는 하나의 예시 자료이며, 해당학과의 탐구 주제를 대변하는 절대적인 주제가 아니므로 학생들은 학교& 학생의 상황 및 시대적인 이슈에 맞게 주제를 융통성 있게 변형하여 사용하는 것을 추천합니다.

이 책의 구성 🔍

🪧 교과군

상단의 타이틀을 통해 교과군의 이름을 확인할 수 있습니다.
보통 교과군(국어과·사회과·수학과·과학과·영과)으로 구성되어 있습니다.

📖 세부 과목명과 핵심 키워드

교과군 내 세부과목과 해당 과목 탐구주제의 핵심 키워드를 미리 살펴봅니다. 그리고 체크박스를 활용하여 관련 키워드를 알고 있는지 여부를 체크해볼 수 있습니다.

🏆 영역과 성취기준

영역은 해당 과목의 단원에 해당합니다. 각 영역별 성취기준을 정리하였으며, 성취기준을 기반으로 폭넓게 생각해볼 수 있는 탐구주제를 제시하였습니다.

국어과

1

국어

핵심키워드

☐ 사회적 이슈 ☐ 글쓰기 ☐ 세계대회 중계 ☐ 중립성 ☐ 애국주의적 관점 ☐ 음악 분야의 활동 인물
☐ 음악계열 진로설계 ☐ 2018 자카르타-팔렘방 아시안게임 ☐ 야구 대표팀 ☐ 운동선수 병역특례법

영역 읽기

성취기준

[10국02-02]	매체에 드러난 필자의 관점이나 표현 방법의 적절성을 평가하며 읽는다.
	▶ 읽기가 독자의 머릿속에서 자신만의 독창적인 의미를 구성하는 것이 아니라 독자가 속한 구체적인 상황과 사회·문화적인 맥락 속에서 다른 구성원들과 상호 작용하며 의미를 만들어 가는 과정임을 이해하고, 글을 읽는 자세를 기르기 위해 설정하였다.
[10국02-05]	자신의 진로나 관심사와 관련된 글을 자발적으로 찾아 읽는 태도를 지닌다.

탐구주제

1. 국어 — 읽기

① 사회적 이슈(난민문제, 청소년 범죄, 과잉진압, 아동학대, 사회적 거리두기 등)에 관한 글을 읽고 자신의 구체적 상황이나 사회·문화 및 역사적 배경을 고려하여 그 문제에 대한 자신의 생각을 글로 작성해 보자. 작성한 글을 참고하여 자신의 생각을 발표하는 영상을 촬영해 보자.
관련학과
만화애니메이션학과, 미디어영상학과, 사진학과

② 올림픽이나 아시안게임, 월드컵 등 세계대회 중계의 일부분을 발췌하여 읽어 보자. 그 내용 중에서 중립성을 지키지 못하고 애국주의적인 관점에서 해설한 부분을 찾고, 본인의 생각을 정리해 발표해 보자.
관련학과
경호학과, 공연예술학과, 무용학과, 체육학과, 사회체육학과, 스포츠경영학과, 스포츠건강관리학과, 스포츠과학과, 한국무용전공, 현대무용전공, 발레전공, 태권도학과

12

탐구주제

1. 국어 — 읽기

③ 음악 분야(작곡가, 뮤지컬가수, 음악감독, 지휘자, 무대행사 음악기획자, 피아니스트 등)에서 활동하는 인물의 인터뷰를 읽어보거나 영상을 시청해 보자. 그리고 관련 분야의 진로를 준비하려면 필요한 것이 무엇인지 조사하여 토론해보자.

관련학과
국악과, 기악과, 만화애니메이션학과, 미디어영상학과, 성악과, 실용음악과, 음악학과, 작곡과

💡 **탐구주제와 관련학과**

교과세특 탐구주제와 함께 관련학과를 제시함으로써, 학생들이 자신의 희망 전공과 관련한 탐구주제인지 확인할 수 있도록 돕습니다.

영역	**쓰기**

성취기준

[10국03-01] 쓰기는 의미를 구성하여 소통하는 사회적 상호 작용임을 이해하고 글을 쓴다.

▶ 쓰기가 의미를 구성하는 과정이라는 점과 구성한 의미를 독자와 소통하는 사회적 상호 작용이라는 점을 이해하고 글을 쓰는 자세를 기르기 위해 설정하였다. 필자는 쓰기 맥락을 고려하는 가운데 자신이 가지고 있는 배경지식과 다양한 자료에서 얻은 내용을 과정에 따라 종합하고 조직하고 표현하면서 의미를 구성한다.

탐구주제

1. 국어 — 쓰기

① 지난 2018 자카르타-팔렘방 아시안게임 야구 국가대표팀의 선발과정이 논란에 휩싸였었다. 관련 기사를 찾아서 읽어 본 후 우리나라 운동선수와 관련된 병역특례법을 이해하고 문제점과 해결 방안에 대한 본인의 생각을 정리하여 발표해 보자.

관련학과
경호학과, 체육학과, 사회체육학과, 생활체육학과, 스포츠경영학과, 스포츠건강관리학과, 스포츠과학과, 태권도학과

활용 자료의 유의점

- ⚠ 본인의 생각을 표현할 수 있는 일러스트레이션이나 영상을 제작
- ⚠ 본인이 관심 있는 인물의 인터뷰나 영상을 수업 전에 조사해오는 것을 권장
- ⚠ 평소에 관심을 가지고 있거나 체육수업시간에 했던 스포츠 종목을 바탕으로 소재 탐색

📎 **활용 자료의 유의점**

해당 과목의 탐구주제 활용 시에 참고해야 할 점을 제시하였습니다.

✏ **MEMO**

탐구주제와 관련된 내용을 메모란에 자유롭게 적어보세요.

교과세특
탐구주제바이블
의약계열편

국어과 교과과정

국어

핵심키워드

☐ 낙태죄   ☐ 공공의료 정책   ☐ 원격의료   ☐ 태움 문화   ☐ 존엄사   ☐ 의료 사회복지   ☐ 의료 취약계층   ☐ 예방관리 중심
☐ 코로나19   ☐ 헬스케어 인공지능   ☐ 연명의료결정제도   ☐ 고독사   ☐ 예방수칙   ☐ 외모지상주의   ☐ 동물실험 윤리
☐ 세계 실험동물의 날   ☐ 의료보험조합   ☐ 장기려 박사   ☐ 시한부 진단   ☐ 죽음의 사회문화적 가치

영역 **듣기·말하기**

성취기준

[10국01-03] 논제에 따라 쟁점별로 논증을 구성하여 토론에 참여한다.

> ▶ 논제에 따라 쟁점을 선정하고 토론의 절차에 따라 논증하며 수준 높은 토론을 하는 능력을 기르기 위해 설정하였다. 정책 논제의 필수 쟁점별로 논증을 구성하여 입론 단계를 수행하는 데 중점을 두도록 한다. 정책 논제의 필수 쟁점으로는 문제의 심각성, 제시된 방안의 문제 해결 가능성 및 실행 가능성, 방안의 실행에 따른 효과 및 개선 이익 등을 들 수 있다.

[10국01-04] 협상에서 서로 만족할 만한 대안을 탐색하여 의사 결정을 한다.

> ▶ 협상에 대한 이해와 실행을 통해 의견을 조율하고 함께 만족할 만한 대안을 모색하는 의사 결정 능력을 기르기 위해 설정하였다. 협상의 개념과 절차를 이해하고 적용하여 협상을 실행함으로써 양측이 모두 만족할 만한 결과를 이끌어 내는 경험을 해 보는 데 중점을 둔다.

탐구주제

1. 국어 — 듣기·말하기

(1) 2020년 8월 법무부의 정책자문기구인 양성평등 정책위원회는 임신주수와 관계없이 '낙태죄' 처벌을 폐지하는 법 개정을 권고했다. 그러나 헌법재판소의 낙태죄 헌법불합치 판결에 따른 대체 입법이 지난해 12월 31일까지 이뤄지지 않아 처벌조항의 효력이 상실되었고, 이에 대해 4건의 관련 법안이 국회에서 추진되고 있다. 의료윤리면에서 큰 사회적 갈등을 부른 '낙태죄' 처벌에 대해 찬반논쟁 토론을 해 보자. 이 토론을 통해 의학적 관점에서 낙태 방지를 위한 대안을 제시해 보자.

관련학과
의예과, 한의예과, 간호학과, 건강관리학과, 보건관리학과

탐구주제

② 2020년 정부에서는 향후 의료인이 부족할 것으로 예상하고 공공의료 정책을 도입하여 일부 지역에 공공의료인을 육성하겠다는 발표를 하였었는데 대한의사협회는 의료계와 협의가 되지 않은 정책이라 하여 전면적인 파업 성명을 발표하였다. 이후 의대 정원 확대와 공공의대 신설 추진은 신종 코로나바이러스 감염증(코로나19)이 안정화될 때까지 중단하고, 의료계와 정부 간 협의체를 구성해 관련 정책들을 재논의하기로 합의하였으나 갈등은 쉽게 가라앉지 않고 있다. '공공의료 정책'에 대해 P.M.I 분석 토론을 해 보자. P.M.I 분석 토론은 '좋은 점(Plus)', '나쁜 점(Minus)', '흥미로운 점(Interesting)'으로 나누어 문제점에 대한 비판적 분석을 할 수 있는 토론이다. 이 토론을 통해서 정부와 의료계가 협상에서 서로 만족할 만한 대안을 제시할 수 있도록 해 보자.

관련학과

의예과, 치의예과, 한의예과, 간호학과, 물리치료학과, 재활학과

---

③ 4차 산업혁명 시대에 접어들면서 원격의료 수요가 늘고 있다. 원격의료란 환자가 직접 병·의원을 방문하지 않고 통신망이 연결된 모니터 등 의료장비를 통해 의사의 진료를 받을 수 있는 서비스를 말한다. 우리나라에서는 2006년 7월에 의사 환자 간 원격진료 시범 사업이 실시되었고, 2014년 4월 19대 국회에서도 개정안이 제출되었지만 2015년 5월 상임위 미상정으로 자동 폐기되었다. 원격의료와 관련된 기사와 칼럼을 읽어보고, 정부-의료계-사회가 상생할 수 있도록 토의해 보자.

관련학과

의예과, 수의예과, 치의예과, 한의예과, 간호학과, 약학과, 한약학과, 방사선학과, 임상병리학과, 건강관리학과

---

④ 간호사의 열악한 근무 환경과 약자로 남을 수 밖에 없는 그들의 현실을 다룬 책 「나는 간호사, 사람입니다(김현아)」를 읽고, 간호사들의 '태움 문화와 열악한 처우'에 대해 협상을 해 보자. 협상이란 타결 의사를 가진 사람들이 양방향 의사소통을 통하여 상호 만족할 만한 수준으로의 합의에 이르는 과정을 말한다. 협상을 통해 양측이 모두 만족할 만한 대안을 모색해 보자.

관련학과

의예과, 치의예과, 한의예과, 수의예과, 간호학과, 보건관리학과, 물리치료학과, 재활학과, 응급구조학과

영역 읽기

성취기준

[10국02-01] 읽기는 읽기를 통해 서로 영향을 주고받으며 소통하는 사회적 상호 작용임을 이해하고 글을 읽는다.

▶ 사회적 이슈에 관한 글을 읽고 자신의 구체적 상황이나 사회·문화 및 역사적 배경을 고려하여 그 문제에 대한 자신의 생각을 형성하고, 이를 다른 사람과 공유하거나, 나아가 여론을 형성하기도 한다.

[10국02-03] 삶의 문제에 대한 해결 방안이나 필자의 생각에 대한 대안을 찾으며 읽는다.

▶ 독서를 통해 삶의 문제를 해결할 수 있는 실마리를 발견하거나 문제를 해결할 수 있는 직관과 깨달음을 얻는 경우가 많다. 또한 글을 읽으면서 필자의 생각이나 주장을 비판하고, 이를 보완하거나 대체할 수 있는 창의적인 방안을 발견하기도 한다.

자신의 진로나 관심사와 관련된 글을 자발적으로 찾아 읽는 태도를 지닌다.

▶ 자신의 진로나 관심사와 관련된 글을 자발적으로 찾아 읽는 태도를 지도할 때에는 토의 활동과 도서관 활동을 계획할 수 있다. 진로나 관심사가 비슷한 친구들과 이야기를 나누고, 관련되는 글이나 책을 읽고 정보를 공유하기 위한 활동을 하도록 지도한다.

탐구주제

1 2018년 2월 연명의료 결정제도 시행 이후 2020년 7월까지 11만 2,239명이 연명의료 중단을 선택했다. 2년 반 만에 11만 명이 존엄사를 선택한 것이다. 존엄사란 인간으로서 지녀야 할 최소한의 품위와 가치를 지키면서 생을 마감하도록 하는 행위를 말한다. '존엄사'에 대한 찬성과 반대의 글을 각각 읽어보고, 본인의 입장과 반대되는 글을 비판하며 자신의 주장을 논리적으로 발표해 보자.

관련학과
의예과, 한의예과, 약학과, 한약학과, 간호학과, 보건관리학과, 건강관리학과

2 2020년 9월 의료기관을 직접 방문할 수밖에 없는 취약계층을 위한 의료 사회복지 연계실 설치를 의무화하는 방안이 발의되었다. 의료기관이 질병치료서비스를 제공하는 수준을 넘어서서 재활과 사회 복귀를 위한 지역사회 복지체계와 연계될 수 있도록 하는 방안이다. 우리 사회에서 의료 취약계층에 속한 사람들을 분류해 보고, 각 집단의 특징과 그 특징에 따른 의료복지 방안을 토의하여 발표해 보자.

관련학과
의예과, 치의예과, 한의예과, 간호학과, 약학과, 한약학과, 보건관리학과, 물리치료학과, 재활학과, 방사선학과, 임상병리학과, 건강관리학과

3 코로나바이러스 감염증(코로나19)의 세계적 대유행으로 인해 사회와 산업 속 과학기술이 더욱 빠르게 진행되고 있다. 앞으로 의료보건 분야도 치료 중심에서 예방과 관리 중심으로 패러다임의 변화가 예상된다. 이에 관련된 기사와 칼럼을 읽어보고, 의료보건 분야가 앞으로 나아갈 방향에 대하여 토의해 보자.

관련학과
의예과, 한의예과, 간호학과, 약학과, 한약학과, 보건관리학과, 건강관리학과

4 초연결·초지능의 4차 산업혁명은 의료시스템 분야에서도 인공지능화, 자동화, 데이터 공유 등의 변화를 가져올 것이다. 「헬스케어 인공지능(용앙식 외)」은 의료분야에서 인공지능이 어떻게 활용되고 있는지를 다룬 책이다. 헬스케어 인공지능은 진단, 신약 및 새로운 개발법, 디지털 치료제 등 다양한 분야에 사용될 수 있다. 이 책을 읽고, 자신의 진로와 관련하여 관심이 가는 분야를 조사하여 발표해 보자.

관련학과
의예과, 치의예과, 한의예과, 약학과, 한약학과, 수의예과, 간호학과, 보건관리학과, 물리치료학과, 스포츠의학과, 스포츠재활학과, 운동재활복지학과, 운동처방학과, 의료복지공학과, 작업치료학과, 재활학과, 재활공학과, 응급구조학과, 방사선학과, 임상병리학과, 치위생학과, 건강관리학과, 스포츠건강관리학과

💬 **MEMO**

[10국03-01] 쓰기는 의미를 구성하여 소통하는 사회적 상호 작용임을 이해하고 글을 쓴다.

▶ 학습자에게 여러 자료에서 얻은 내용을 종합하여 글을 썼던 경험, 자료에서 얻은 내용에 자신의 배경지식을 종합하여 글을 썼던 경험을 바탕으로 하여 쓰기가 의미 구성 과정이라는 점을 이해하도록 한다. 그리고 글을 써서 인터넷에 올렸을 때 독자가 보인 반응이나 비평을 바탕으로 하여 쓰기가 사회적 상호 작용이라는 점을 이해하도록 한다.

[10국03-02] 주제, 독자에 대한 분석을 바탕으로 타당한 근거를 들어 설득하는 글을 쓴다.

▶ 설득하는 글쓰기를 지도할 때에는 주제, 독자에 따라 제시해야 할 근거가 달라진다는 점을 고려하여 주제, 독자를 분석하고 이에 따라 타당한 근거를 수집하여 글을 쓰도록 한다.

탐구주제

1. 국어 — 쓰기

① 2020년 9월 경기도의회는 외롭게 세상을 떠나는 고독사가 사회적 문제로 부상함에 따라 고독사 예방과 사회적 고립가구 지원을 위한 '경기도 고독사 예방 및 사회적 고립가구 지원 조례안'을 제정했다. 고독사 문제는 노인 계층뿐만 아니라 이제는 중장년층에 이르기까지 점점 확대되고 있어서 사회안전망 구축 시급한 실정이다. '고독사의 원인과 해결방안'을 주제로 글을 작성하여 발표해 보자. 발표한 내용을 SNS에 올리고 독자의 반응을 살펴보자.

관련학과
의예과, 한의예과, 간호학과, 보건관리학과, 건강관리학과

② 코로나바이러스 감염증(코로나19)은 예방수칙 준수가 확산을 막는 최선책이다. 코로나19 예방 캠페인을 위한 설득의 글을 모둠별로 나눠 어린이, 청소년, 성인, 노인층을 대상으로 작성해 보자. 이때 각 독자층에 따라 표현 방법이나 근거를 달리하여 작성하도록 하자. 모둠별 품평회를 통해 완성된 글이 독자층이 이해하기 쉽게, 예방수칙 준수를 효과적으로 지킬 수 있도록 작성되었는지 분석하여 발표해 보자.

관련학과
의예과, 한의예과, 간호학과, 약학과, 한약학과, 보건관리학과, 건강관리학과

③ 의과대학 학부생들이 희망하는 전공의 1순위가 피부과와 성형외과라고 한다. 외모를 또 하나의 경쟁력으로 생각하는 사람들이 많아 수요가 많기 때문이다. 인간이 자기 외모에 관심을 두는 것은 자연스러운 일이나, 지나친 외모지상주의는 사회적 병리 현상으로까지 치달을 수 있다. '현대인은 왜 외모에 집착하는가?'를 사회에 대한 통찰력을 바탕으로 탐구해보고, 보고서를 작성하여 발표해 보자.

관련학과
의예과, 한의예과, 간호학과, 약학과, 한약학과

④ 1903년 런던대 의대에서 수업 중 마취가 덜 된 개를 해부하여 법정 다툼까지 가게 된 사건은, 동물 생명 윤리에 대한 관심이 높아지게 된 계기가 되었다. 영국 동물실험반대협회는 1979년에 '세계 실험동물의 날'을 정하고 동물실험을 반대하는 목소리를 높여 오고 있다. 우리나라도 2016년부터 동물실험 화장품의 유통과 판매를 금지하고 있으며, 현재 국내 연구팀도 동물 대체 실험법에 관심이 있다고 한다. 동물실험을 대체할 연구에 대해 탐색해 보고 보고서를 작성하여 발표해 보자.

관련학과
의예과, 수의예과

문학

성취기준

[10국05-04] 문학의 수용과 생산 활동을 통해 다양한 사회·문화적 가치를 이해하고 평가한다.

▶ 작가의 생각을 그대로 받아들이기보다는 자신의 가치관에 따라 작품의 주제를 해석하고 평가하면서 수용하고, 자신이 상상하거나 경험한 것에 사회·문화적인 가치를 부여하여 자신의 관점이 잘 드러나게 작품을 생산하도록 한다.

탐구주제

1.국어 — 문학

(1) 의사로서 한평생을 오로지 환자만을 위해서 사신 장기려 박사는 우리나라의 의료보험조합을 만드신 분이다. 가족을 북한에 두고 내려와 평생 가족 상봉을 기다렸으나, 남북한 이산가족 상봉 기회가 주어졌음에도 특권을 누릴 수 없다며 다른 사람에게 양보했다는 일화도 전해진다. 「장기려, 우리 곁에 살다 간 성자(김은식)」를 읽고, 장기려의 삶에서 우리가 배울 사회·문화적 가치에 대해 토의해 보자. *(토론의 숲에서 나를 만나다, 살림터, 명혜정)*

관련학과

의예과, 치의예과, 한의예과, 약학과, 한약학과, 간호학과, 보건관리학과, 물리치료학과, 재활학과, 응급구조학과, 건강관리학과

(2) 책 「우리가 빚진 것(골나즈 하솀자데 본데)」은 스웨덴의 가족 감동소설이다. 주인공이 시한부 진단을 받으면서 "난 늘 죽음을 안고 살아왔다. 시덥지 않게 들리겠지"라며 소설은 시작된다. 이 소설은 시한부 진단을 받고 죽음을 향해 점점 다가가는 사람의 심리와 갈등이 섬세하고 솔직하게 잘 드러나 있다. 이 소설을 읽고, 죽음의 사회·문화적 가치에 대해서 토의해 보자.

관련학과

의예과, 한의예과, 약학과, 한약학과, 간호학과, 보건관리학과, 건강관리학과

활용 자료의 유의점

- ⚠ 다양한 쟁점을 구성할 수 있는 토론 자료 활용
- ⚠ 지역 사회 문제나 시사적인 쟁점에 대해 토론할 수 있는 자료 활용
- ⚠ 협상은 이익 문제로 발생하는 갈등 상황에서 상대방과의 관계를 유지하고 갈등 상황을 개선할 수 있는 자료 활용
- ⚠ 삶의 방식, 이념, 문화 등의 차이에서 오는 갈등과 해결을 담고 있는 글이나 문학 작품 활용
- ⚠ 다른 교과의 학습을 위해 쓴 글(수업 시간에나 과제로 쓴 보고서, 요약문, 감상문 등), 학교 밖 쓰기 활동과의 연계를 위해 일상적으로 자신이 쓴 글 활용
- ⚠ 다양한 사회·문화적 가치를 이해하고 평가할 때에는 서로 다른 가치를 가진 인물, 집단, 세계 등과 관련된 작품 활용

국어과

2

화법과 작문

핵심키워드

☐ 유행성 독감 ☐ 팬데믹 ☐ 외모지상주의 ☐ 환경호르몬 ☐ 약물 오남용 ☐ 인간 의사와 의료 AI ☐ 바이러스
☐ 코로나19 ☐ SARS(급성중증호흡기증후군) ☐ MERS(중동호흡기증후군) ☐ 세계 알츠하이머의 날 ☐ 치매
☐ 간병통합서비스 ☐ 원폭 피해자 ☐ 의사소통 윤리 ☐ 호스피스 전문간호사

영역 **화법과 작문의 본질**

성취기준

[12화작01-02] 화법과 작문 활동이 자아 성장과 공동체 발전에 기여함을 이해한다.

▶ 화법과 작문 활동을 통해 자신이 무엇을 인식하고 중요하게 여기는지를 사고하고, 개인 간 관계 형성,
유지, 발전이 가능함을 인식하는 데 중점을 둔다.

탐구주제

2.화법과 작문 ─ 화법과 작문의 본질

① '유행성 독감을 예방하는 방법'에 대해 2,000자 내외로 글을 작성해 보자. 작문 형식은 자유롭게 하되, 의학 지식을 전
달하는 데 있어서 가독성을 좋게 하는 방법이 무엇일지 탐구하여 작성해 보자.

관련학과
의예과, 한의예과, 간호학과, 약학과, 한약학과, 보건관리학과, 건강관리학과

② 팬데믹(Pandemic)은 세계적으로 전염병이 대유행하는 상태를 의미하며, 세계보건기구(WHO)의 전염병 경보단계 중
최고 위험 등급에 해당한다. 팬데믹에 대한 최초의 기록은 165년 로마에서 발견된다. 이 기록에 따르면, 로마 황제인
마르쿠스 아우렐리 우스 재위 기간에 창궐한 페스트로 로마 시민의 1/3이 사망했다고 한다. 팬데믹의 역사를 조사하
여 발표해 보자.

관련학과
의예과, 한의예과, 간호학과, 약학과, 한약학과, 보건관리학과, 건강관리학과

화법의 원리

성취기준

[12화작02-03] 상대측 입론과 반론의 논리적 타당성에 대해 반대 신문하며 토론한다.

▶ 상대측 발언을 단순히 확인하는 수준에 머물지 않고 상대측 논증의 신뢰성, 타당성, 공정성을 비판적으로 검토하는 질의·응답으로 반대 신문 단계를 운영하면 논제를 깊이 이해할 수 있고, 토론이 역동적으로 전개되며, 토론자 간 생각의 교환이 적극적으로 이루어져 논제에 대한 이해가 심화될 수 있다.

[12화작02-04] 협상 절차에 따라 상황에 맞는 전략을 사용하여 문제를 해결한다.

[12화작02-07] 화자의 공신력을 이해하고 적절한 설득 전략을 사용하여 연설한다.

▶ 연설 능력은 말하는 사람의 전인격적인 됨됨이와 그 내용의 진실성을 바탕으로 하여 청중에게 감동을 주고 변화를 불러일으키는 힘을 말한다. 그러므로 성공적으로 연설하기 위해서는 연설자가 청중에게 신뢰를 주는 공신력 있는 화자가 되어야 한다.

탐구주제

2.화법과 작문 ─ 화법의 원리

① 인기 웹툰 「기기괴괴」 중, '성형수' 에피소드를 원작으로 하여 「기기괴괴 성형수(감독 조경훈)」라는 애니메이션이 탄생하였다. 완벽한 미인이 되는 위험한 기적의 물 '성형수'를 알게 된 예지가 미인으로 다시 태어나면서 겪게 되는 호러 성형괴담이다. 이 애니메이션을 감상하고, 우리 사회에 외모지상주의가 만연해 있음을 상기하며 '진정한 아름다움이란 무엇인가?'에 대해 타당한 근거를 마련하여 토의해 보자.

관련학과
의예과, 간호학과, 보건관리학과, 건강관리학과

② 일회용품에 의한 환경호르몬 노출이 점차 심각해지고 있나. 특히 아식 몸이 완선히 사라지 않은 아이들은 일상생활 속에서 무방비로 노출되고 있다. 환경호르몬에 노출되면 내분비계 기능 교란으로 성장기 아이에게 성조숙증이 나타날 수도 있다. 따라서 아이가 키 성장에 치명적인 환경호르몬에 노출되지 않도록 환경을 만들어 주는 것이 중요하다. '환경호르몬과 인체의 건강'에 대해 탐구해보고, 연설문을 작성하여 발표해 보자.

관련학과
의예과, 한의예과, 간호학과, 약학과, 한약학과, 보건관리학과, 건강관리학과

③ 의료기관에서 약물중독으로 치료받은 환자가 최근 5년 사이에 1.7배나 증가했다고 한다. 특히 최근 청소년들이 피부 미용의 효과를 누리거나 학교에 조퇴나 결석을 하기 위해 약물 본래의 효과를 무시한 채 약물을 오남용하고 있어서 부작용이 심각하다고 한다. 약물 오남용과 관련된 영상을 시청하고, 약물 오남용을 방지하기 위한 연설문을 작성한 후 적절한 설득 전략을 사용하여 발표해 보자.

관련학과
의예과, 약학과, 한약학과, 보건관리학과, 건강관리학과

탐구주제

(4) 2020년 초 구글 헬스는 자체 개발한 인공지능(AI)의 유방암 진단 정확도가 방사선 전문의를 앞섰다는 연구 결과를 국제학술지 '네이처'에 공개했다. 몇 년 전만 해도 의료진에게 도움을 줄 것으로 평가됐던 의료 AI가 인간 의사를 능가한다는 연구 결과가 나옴으로써 인간 의사의 일자리가 위협받고 있다. 의료 AI가 의료 현장 전면에 나서며 의료 패러다임이 전환되고 있는 현실 상황을 파악해 보자. 그리고 인간 의사와 의료 AI가 상황에 맞게 공존할 수 있는 전략을 토의해 보자.

관련학과

의예과, 치의예과, 한의예과, 수의예과, 물리치료학과, 스포츠의학과, 스포츠재활학과, 운동재활복지학과, 재활학과, 응급구조학과, 방사선학과, 안경광학과, 임상병리학과, 치위생학과, 건강관리학과, 스포츠건강관리학과

영역

작문의 원리

성취기준

[12화작03-01] 가치 있는 정보를 선별하고 조직하여 정보를 전달하는 글을 쓴다.

> ▶ 정보의 가치를 판단하는 기준을 정하여 가치 있는 정보를 선별하고 이를 범주화하여 내용을 조직하면 독자가 글의 내용을 이해하고 기억하는 데 도움이 된다는 점을 이해하도록 한다. 그리고 다양한 방법으로 자료를 수집하여 정보를 전달하는 글을 쓰도록 한다.

[12화작03-03] 탐구 과제를 조사하여 절차와 결과가 잘 드러나게 보고하는 글을 쓴다.

[12화작03-04] 타당한 논거를 수집하고 적절한 설득 전략을 활용하여 설득하는 글을 쓴다.

> ▶ 수집한 논거의 타당성, 신뢰성, 공정성 여부를 판단하고, 주제, 목적, 독자를 고려하여 적절한 설득 전략을 활용하도록 한다.

[12화작03-05] 시사적인 현안이나 쟁점에 대해 자신의 관점을 수립하여 비평하는 글을 쓴다.

> ▶ 시사 현안이나 쟁점을 다양한 관점에서 충분히 분석한 후 자신의 관점을 정하고, 그 관점에 따라 의견이나 주장, 견해가 명료하게 드러나도록 글을 쓰게 한다. 그 과정에서 자신이 선택하지 않은 관점의 단점이나 약점, 문제점을 근거로 들어 비판할 수 있다.

[12화작03-06] 현안을 분석하여 쟁점을 파악하고 해결 방안을 담은 건의하는 글을 쓴다.

> ▶ 어떤 사안에 대한 해결 방안을 제시할 때 그 방안이 실현 가능한지를 충분히 생각해 보게 한다. 도덕적 규범에 어긋나거나 실현할 수 없는 방안을 무책임하게 제시하지 않도록 한다.

① 2020년 2월 12일 세계보건기구(WHO)에서 공식 명칭을 COVID-19로 발표한 이후 국내 질병관리본부는 한글 표기를 코로나바이러스(약칭 코로나19)로 명명하고 대응 관리하고 있다. 코로나19 이전과 이후의 의료보건 정책이 어떻게 변화하였는지 보고서를 작성하여 발표해 보자.

관련학과
의예과, 한의예과, 간호학과, 약학과, 한약학과, 보건관리학과, 임상병리학과, 건강관리학과

② 우리나라에서 2002년에는 SARS(급성중증호흡기증후군)가 대유행을 하였고, 2015년에는 MERS(중동호흡기증후군)가 대유행을 하였다. 현재 세계는 코로나19에 의해 국가 간 입국 제한 및 금지, 글로벌 경제 위기 등이 발생하고 있다. 전 세계적으로 유행했던 바이러스에 대해 확진자, 사망자, 치사율, 증상, 치료 방법, 백신개발, 치료약 등을 조사하여 보고서를 작성해 보자.

관련학과
의예과, 한의예과, 간호학과, 약학과, 한약학과, 보건관리학과, 임상병리학과, 건강관리학과

③ 천연두, 흑사병, 말라리아, 에이즈 등 인류를 흔들었던 전염병들은 아무런 예고도 없이 들이닥쳐서 수많은 사람들의 목숨을 빼앗아 갔다. 앞으로도 인류는 아직 밝혀지지 않았거나 새롭게 변종될 다양한 바이러스에 의해 지금보다 더한 공포에 휩싸일 수도 있다. 인류가 바이러스 공포에서 벗어나기 위한 방법으로는 무엇이 있는지 타당한 논거를 수집하여 설득하는 글을 쓰고 발표해 보자.

관련학과
의예과, 한의예과, 간호학과, 약학과, 한약학과, 보건관리학과, 임상병리학과, 건강관리학과

④ 전 세계적으로 평균수명이 증가함에 따라 대표적인 노인성 질환인 치매는 증가 추세를 보이고 있다. 이에 세계보건기구(WHO)는 매년 9월 21일을 '세계 알츠하이머의 날(World Alzheimer's Day)'로 지정하였고, 우리 정부 역시 '치매 극복의 날'로 지정하였다. 우리나라도 치매 추정 환자가 약 79만 명 정도 있으며, 2024년에는 전국 치매 환자가 100만 명에 이를 것으로 추산된다고 한다. 치매의 원인, 증상, 진단과 치료 방법 등을 조사하여 발표해 보자. 그리고 치매를 예방하기 위한 건의문을 작성하여 발표해 보자.

관련학과
의예과, 한의예과, 간호학과, 약학과, 한약학과, 보건관리학과, 건강관리학과

⑤ 우리나라는 2013년부터 '포괄간호서비스'를 시범적으로 시작했고, 2016년부터는 '간호간병통합서비스'로 시행하고 있다. 간병통합서비스는 보호자 없는 병원, 즉 간호사와 간호조무사가 한 팀이 되어 환자를 돌봐주는 서비스를 말한다. 문제는 간병통합서비스가 일부 병원과 일부 병실에서만 시행되고 있다는 점이다. 간병통합서비스가 모든 병원에서 시행되지 못하고 있는 현안을 분석해보고, 해결 방안을 담은 건의문을 작성하여 국민건강보험관리공단 홈페이지에 올려 보도록 하자.

관련학과
의예과, 치의예과, 한의예과, 간호학과, 보건관리학과, 물리치료학과, 재활학과, 응급구조학과, 방사선학과, 임상병리학과, 건강관리학과

화법과 작문의 태도

성취기준

[12화작04-01] 화법과 작문의 사회적 책임을 인식하고 의사소통 윤리를 준수하는 태도를 지닌다.

▶ 말을 주고받을 때나 생각을 글로 옮길 때 상대방에게 피해를 줄 수 있는 표현을 삼가며 타인의 생각, 말, 글 등이 지적 재산에 포함된다는 점을 이해하고, 지적 재산의 가치를 인식하며 이를 존중하는 태도를 갖추는 데 중점을 둔다.

탐구주제

2.화법과 작문 ─ 화법과 작문의 태도

1 책 「체르노빌의 아이들(히로세 다카시)」은 1986년의 체르노빌 원전 방사능 누출 사고를 주된 내용으로 하고 있다. 책을 들여다 보면 의사와 간호사들이 병원에 수용된 원폭 피해자 아이들을 사무적으로 대하여 그들이 상처를 받는 장면이 나온다. 이 책을 함께 읽고, 재난이 발생했을 때 정신적·물리적으로 상처를 입은 환자들에게 의료인으로서 갖추어야 할 의사소통의 자세에 대하여 토의해 보자. *(토론의 숲에서 나를 만나다, 살림터, 명혜정)*

관련학과

의예과, 치의예과, 한의예과, 약학과, 한약학과, 수의예과, 간호학과, 보건관리학과, 물리치료학과, 운동재활복지학과, 재활학과, 응급구조학과, 방사선학과, 임상병리학과, 건강관리학과

2 의료 고도화와 함께 사회적으로 전문 간호의 필요성이 증가하면서 2000년 의료법을 통해 분야별 간호사의 명칭이 전문간호사로 제정되었으며, 총 13개 영역의 전문간호사가 배출되고 있다. 호스피스 전문간호사는 죽음을 앞둔 말기 환자가 편안한 죽음을 맞을 수 있도록 돕는 일을 한다. 호스피스 전문간호사에게 필요한 의사소통 윤리를 조사하여 발표해 보자.

관련학과

간호학과

활용 자료의 유의점

(!) 시사적인 현안이나 쟁점에 대해 비평하는 글을 활용

(!) 긍정적인 자기표현, 일상생활에서 주변 사람들과의 진정성 있는 대화, 일기나 수필 등 자기 표현적인 글을 활용

(!) 공동체의 현안이나 쟁점에 대한 토론이나 토의의 글, 건의문, 시평 등을 활용

(!) 연설은 대중에게 영향을 미친 훌륭한 연설 영상을 자료로 활용

(!) 정보를 전달하는 글을 쓰기 위한 자료나 정보를 선정할 때에는 책, 사전, 신문, 방송, 인터넷 등 다양한 자료를 활용함으로써 풍부하고 정확한 정보를 수집하여 활용

(!) 설득하는 글쓰기를 할 때에는 타당한 근거가 풍부하게 제시된 글과 그렇지 않은 글, 다양한 설득 전략이 사용된 글과 그렇지 않은 글 등을 대비하여 활용

국어과
___
3

독서

핵심키워드

☐ 동물실험   ☐ 동물생명윤리   ☐ 공공의료 정책   ☐ 인체실험   ☐ 인체실험 윤리적 가이드라인
☐ 유기견 보호소   ☐ 유기견 안락사   ☐ 의약품 부작용 피해구제제도   ☐ 유전자가위

영역 **독서의 본질**

성취기준

[[12독서01-02]]   동일한 화제의 글이라도 서로 다른 관점과 형식으로 표현됨을 이해하고 다양한 글을 주제 통합적으로 읽는다.

▶ 동일한 화제에 대해 서로 다른 관점을 지닌 글을 대조하면서 읽거나 비슷한 주제를 담고 있는 다양한 형식의 글을 비교하면서 읽도록 한다. 이때 편견이나 선입견을 배제하고 객관적이고 합리적으로 판단하되, 단순히 여러 글을 비교·대조하는 수준에 머물지 않고 서로 다른 관점과 형식의 글을 비판적으로 종합하여 자신만의 주제로 재구성하는 능력을 기를 수 있도록 한다.

탐구주제

3.독서 — 독서의 본질

① 농림축산검역본부가 2020년 6월 발표한 동물실험 보호·복지 관련 실태 조사 결과에 따르면, 지난해 사용된 실험 동물은 총 371만 2,380마리로 조사됐다. 윤리적 논란이 일고 있는 동물실험으로 한 해 동안 370여만 마리가 희생되고 있는 것이다. 동물실험 찬성의 글과 반대의 글을 읽고, 글을 비판적으로 종합하여 자신의 생각을 발표해 보자.

관련학과

의예과, 약학과, 수의예과, 보건관리학과, 방사선학과, 임상병리학과, 건강관리학과

---

② 2020년 정부와 시민사회가 협력하여 '이용자 중심 의료혁신협의체'를 구성하여 공공의료 강화방안을 주제로 논의를 이어가고 있다. 공공의료 정책에 대해 조사하고, 특히 논란이 되고 있는 공공의대 설립에 대한 찬성과 반대의 글을 각각 읽은 후에 객관적이고 합리적으로 판단하여 자신의 생각을 발표해 보자.

관련학과

의예과, 치의예과, 한의예과, 약학과, 한약학과, 수의예과, 간호학과, 보건관리학과, 물리치료학과, 미술치료학과, 언어치료학과, 스포츠의학과, 스포츠재활학과, 운동재활복지학과, 운동처방학과, 의료복지공학과, 작업치료학과, 재활학과, 재활공학과, 응급구조학과, 방사선학과, 임상병리학과, 건강관리학과, 스포츠건강관리학과

독서의 방법

[12독서02-03] 글에 드러난 관점이나 내용, 글에 쓰인 표현 방법, 필자의 숨겨진 의도나 사회·문화적 이념을 비판하며 읽는다.

> ▶ 글에서는 필자나 독자 개인에 관한 문제뿐 아니라 사회적인 문제도 다루어지며, 이에 대한 필자의 관점이나 해결 방안이 제시되어 있음을 이해하도록 한다. 여러 글에 나타난 주제, 관점 등에 대하여 새로운 측면에서 비판적으로 접근해 봄으로써 자신만의 독창적인 생각을 구성하도록 안내한다.

탐구주제

① 책「과학, 일시정지(가치를 꿈꾸는 과학교사모임)」에는 나치의 포로수용소에서 전쟁에 필요한 의학 지식을 얻기 위해 인체 실험을 하는 이야기가 나온다. 그리고 이 반인륜적인 실험을 단죄하는 재판에서 뉘른베르크 강령이 채택되었으며, 이후 이 강령은 모든 의학 실험의 가이드라인이 되었다. 이 책을 읽고, 현재 시행되고 있는 인체실험의 윤리적 가이드라인을 분석하여 발표해 보자. *(토론의 숲에서 나를 만나다, 살림터, 명혜정)*

관련학과
의예과, 치의예과, 한의예과, 간호학과, 보건관리학과, 물리치료학과, 재활학과, 응급구조학과, 방사선학과, 임상병리학과, 건강관리학과

② 전 세계를 강타한 신종 코로나바이러스(코로나19)로 해외입양을 기다리던 구조견들의 비행이 취소되면서 유기견 임시 보호에 대한 필요성도 커지고 있다. 대다수 유기견 보호소에서는 유기견 공고 기간과 임시 보호 기간 10일이 지나면, 지자체가 안락사 절차에 들어가기 때문에 임시로 유기견을 돌봐줄 경우 안락사를 막을 수 있기도 하다. 유기견 임시 보호 절차와 필수 고려사항을 조사하여 발표해 보자.

관련학과
수의예과

독서의 분야

[[12독서03-03] 과학·기술 분야의 글을 읽으며 제재에 담긴 지식과 정보의 객관성, 논거의 입증 과정과 타당성, 과학적 원리의 응용과 한계 등을 비판적으로 이해한다.

1 의약품 부작용 피해구제제도가 2014년부터 시행되고 있다. 이 제도는 소비자가 정상적으로 의약품을 사용한 후 발생한 부작용 피해에 대해 국가가 보상하여 소비자의 피해를 구제하는 제도이다. 도입된 지 6년이 지난 이 제도는 국회 국정감사에서도 여러 차례 개선에 대한 필요성이 제기된 바 있다. 이 제도의 문제점이 무엇인지 조사해 보고, 제도개선 방안을 토의해 보자.

관련학과

의예과, 수의예과, 치의예과, 한의예과, 약학과, 한약학과, 보건관리학과, 건강관리학과

2 고혈압, 당뇨 등 만성질환이나 일부 암은 유전이 되는 경우가 많다. 이와 같은 다양한 유전질환에 맞설 수 있는 방안으로 병을 일으키는 유전자를 잘라내 질환 대물림을 막는 '유전자 가위 기술'이 각광받아 왔다. 그러나 국제위원회는 유전자가위를 이용한 인간배아 유전자 편집이 원치 않는 유전자 염기를 교정할 가능성도 있고, 새로운 유전 변이를 유발할 수도 있으므로 '인간배아 유전자 교정 승인 여부를 결정하기 전 광범위한 사회적 대화가 필요하다'고 촉구하고 있다. '유전자가위' 기술을 이용한 인간배아 유전자 편집이 과학만의 문제가 아니라 사회적, 윤리적 문제가 될 수 있음을 조사하여 발표해 보자.

관련학과

의예과, 치의예과, 한의예과, 보건관리학과, 방사선학과, 임상병리학과, 건강관리학과

영역 # 독서의 태도

성취기준

[12독서04-02] 의미 있는 독서 활동에 참여함으로써 타인과 교류하고 다양한 삶의 방식과 세계관을 이해하는 태도를 지닌다.

▶ 수업뿐 아니라, 독서 동아리, 독서 모임과 같은 자유로운 독서 활동에 적극적으로 참여하여 다른 사람과 독서 활동 결과를 공유할 기회를 얻도록 지도한다. 이를 통해 독서는 개인적인 성장을 이끄는 기제일뿐 아니라 사회 구성원들을 통합하고 문명과 문화를 유지·발전시키는 원동력임을 이해하도록 한다.

탐구주제

1 책을 읽고 독서 토론의 과정을 거치면 토론 참여자들의 사고력과 문제해결 능력, 독해력과 의사소통 능력이 향상된다. 의료보건 분야에 관심을 가진 사람들로 구성된 독서 토론 모임을 꾸려서 읽을 책의 목록을 작성해 보자. 매달 책을 읽고 나서 새롭게 알게 된 내용, 깨달은 내용, 더 깊이 있게 알고 싶은 내용 등을 발표하고 공유해 보자.

관련학과

의예과, 치의예과, 한의예과, 약학과, 한약학과, 수의예과, 간호학과, 보건관리학과, 물리치료학과, 미술치료학과, 언어치료학과, 스포츠의학과, 스포츠재활학과, 응급대학구조과, 응급구조학과, 의료복지공학과, 작업치료학과, 재활학과, 재활공학과, 응급구조학과, 방사선학과, 의료과학과, 임상병리학과, 치위생학과, 치기공학과, 건강관리학과, 스포츠건강관리학과

활용 자료의 유의점

- ⚠ 학교 도서관이나 인터넷 자료 등을 이용하거나 지역 도서관 등에서 자료를 활용
- ⚠ 글을 읽는 목적과 글의 특성에 따라 독서의 방법이 달라질 수 있음을 이해
- ⚠ 주장을 담고 있는 글은 비판적 읽기, 과학적 지식이나 정보를 담고 있는 글은 사실적 읽기, 교훈이나 즐거움을 담고 있는 글은 감상적 읽기가 적절함을 숙지
- ⚠ 의료보건 분야와 관련된 다양한 분야(인문·예술, 사회·문화, 과학·기술)의 내용을 다룬 글을 활용하고, 글에 포함된 그림이나 표 등 시각 자료도 활용
- ⚠ 학교 도서관·학급 문고를 활용한 독서 토론이나 독서 동아리 활동, 텔레비전·라디오의 독서 토론 등을 활용
- ⚠ 공공 도서관이나 대규모 서점 등을 견학하거나 인터넷 독서 토론 공간 등에서 독서의 경험을 공유하고 소통

💬 MEMO

언어와 매체

핵심키워드

☐ 닥터프렌즈   ☐ 의학정보   ☐ 겨울독감예방   ☐ pH   ☐ 산성도   ☐ 건강토크쇼   ☐ 스마트폰 중독   ☐ 고위험군
☐ 잠재적 위험군   ☐ 게임장애   ☐ 게임중독   ☐ 특정질환

영역   ## 언어와 매체의 본질

성취기준

[12언매01-04]   현대 사회의 소통 현상과 관련하여 매체 언어의 특성을 이해한다

▶ 오늘날 의사소통 매개체로 활용되는 다양한 매체들은 소리, 음성, 이미지, 문자, 동영상 등이 복합적으로 이뤄진 양식임을 이해하도록 한다.

탐구주제
4.언어와 매체 — 언어와 매체의 본질

① 3명의 전공의가 모여 만든 유튜브 채널 '닥터프렌즈'는 어려운 의학정보를 재미있는 영상과 이미지를 더하여 알기 쉽게 풀어서 설명한다. 이 동영상을 감상하고, 어려운 전문 의학정보를 전달할 때 어떤 매체들을 활용해야 효과적인 전달이 가능한지 토의해 보자.

관련학과

의예과, 치의예과, 약학과, 간호학과, 보건관리학과, 물리치료학과, 스포츠의학과, 스포츠재활학과, 운동재활복지학과, 운동처방학과, 의료복지공학과, 작업치료학과, 재활학과, 재활공학과, 응급구조학과, 방사선학과, 임상병리학과, 건강관리학과, 스포츠건강관리학과

---

② 지속되고 있는 코로나19로 인하여 의료보건 분야에서 직접적으로 종사하고 있는 사람이 아니더라도 의학정보에 대한 관심이 많아지고 있다. 겨울 독감을 예방하기 위한 수칙을 동영상으로 제작하기 위해서 필요한 정보를 탐색해 보고, 동영상을 제작하여 유튜브에 올려 보도록 하자.

관련학과

의예과, 한의예과, 약학과, 한약학과, 보건관리학과, 건강관리학과

국어의 탐구와 활용

성취기준

[12언매02-04]   단어의 의미 관계를 탐구하고 적절한 어휘 사용에 활용한다.

탐구주제

4.언어와 매체 — 국어의 탐구와 활용

① pH를 정의하고 산성도와의 관계를 설명하는 글을 쓰고자 한다. pH의 수식을 포함하고, 전문용어가 아닌 일상적인 어휘를 사용하여 작성해 보도록 하자. 작성된 글 중 완성도가 가장 뛰어난 글을 선정하고, 그 요인을 분석하여 발표해 보자.

관련학과

의예과, 치의예과, 약학과, 간호학과, 보건관리학과, 물리치료학과, 스포츠의학과, 스포츠재활학과, 운동재활복지학과, 운동처방학과, 의료복지공학과, 작업치료학과, 재활학과, 재활공학과, 응급구조학과, 방사선학과, 임상병리학과, 건강관리학과, 스포츠건강관리학과

매체 언어의 탐구와 활용

성취기준

[12언매03-03]   목적, 수용자, 매체의 특성을 고려하여 다양한 매체 자료를 생산한다.

▶ 매체 자료를 생산할 때에는 정보 전달과 설득, 심미적 정서 표현, 사회적 상호 작용 등 소통하려는 목적을 고려하여 적절한 방법을 사용해야 한다. 또한 수용자의 연령과 성은 어떠한가, 수용자는 다수인가 소수인가, 전달하려는 내용에 대한 배경지식은 어느 정도인가, 그들의 관심사는 무엇인가 등도 고려해야 한다. 나아가 전달하고자 하는 매체의 언어적 특성과 파급력을 고려할 수 있어야 한다.

[12언매03-05]   매체 언어가 인간관계와 사회생활에 미치는 영향을 탐구한다.

▶ 인터넷이나 휴대전화가 개인적·사회적 의사소통과 인간관계에 미치는 영향을 알고 다른 사람과의 의사소통에서 존중과 배려의 태도를 기르도록 한다.

탐구주제

4.언어와 매체 — 매체 언어의 탐구와 활용

① TV 프로그램 중 건강을 다룬 토크쇼 '나는 몸신이다'를 시청하고, 이 프로그램 수용자 연령과 성, 수용자의 수, 전달하려는 내용의 배경지식에 대한 깊이, 관심사 등을 분석해 보자. 분석한 자료를 바탕으로, 이 프로그램이 매체 자료를 적절히 사용하여 소통하려는 목적을 달성하였는지 발표해 보자.

관련학과

의예과, 치의예과, 한의예과, 간호학과, 약학과, 한약학과, 보건관리학과, 건강관리학과

② 스마트폰 중독 증상을 호소하는 10대가 늘어나고 있다. 최근 발표된 보건복지부의 '2018년 아동 종합실태조사' 보고서에 따르면 9~17세 아동·청소년의 5.8%가 스마트폰 중독 고위험군으로, 27.9%는 잠재적 위험군으로 나타났다. 스마트폰 중독은 학업, 친구, 가족과의 관계에 어려움을 겪거나 건강에 이상이 생길 정도로 이용 시간을 조절하지 못하는 중독 상태를 뜻한다. 전문가들은 이 같은 중독 증상이 뇌 발달을 저해할 수 있다고 우려한다. 청소년 스마트폰 중독의 문제점과 개선 방안에 대해 탐구하여 발표해 보자.

관련학과

의예과, 한의예과, 보건관리학과, 건강관리학과

③ 인터넷, TV, 유튜브 등 매체를 통해 전달되는 의학정보들이 무척 많다. 그런데 각 매체가 지닌 매체 언어 특성에 따라 표현 방법이나 파급력이 각각 다르게 나타난다. 현재 각 매체에서 방영 중인 의학·보건 관련 자료를 분석하여 의학정보들이 수용자들에게 어떻게 받아들여지고 있는지 발표해 보자.

관련학과

의예과, 치의예과, 한의예과, 약학과, 한약학과, 수의예과, 간호학과, 보건관리학과, 물리치료학과, 스포츠의학과, 스포츠재활학과, 운동재활복지학과, 운동처방학과, 의료복지공학과, 작업치료학과, 재활학과, 재활공학과, 응급구조학과, 방사선학과, 안경광학과, 임상병리학과, 치위생학과, 치기공학과, 건강관리학과, 스포츠건강관리학과

④ 세계보건기구(WHO)가 일상생활이 안 될 정도의 과도한 게임 몰입을 질병으로 분류(gaming disorder, 게임 장애)했다. 인터넷이나 휴대폰을 이용한 게임은 스트레스 해소의 수단이 될 수 있지만 과하면 건강에 독(毒)이다. 그런데 '게임 중독이 있으면 특정 질환(주의력결핍과잉행동장애(ADHD), 우울증, 조울증, 아스퍼거증후군 등)이 함께 있을 가능성이 크다'고 한다. 게임중독의 원인과 증상을 조사하여 발표해 보자. 그리고 게임중독 해소를 위한 생활수칙을 만들어 발표해 보자.

관련학과

의예과, 한의예과, 보건관리학과, 건강관리학과

활용 자료의 유의점

- ① 일상생활에서 많이 전하는 다양한 매체 자료를 활용
- ① 매체의 기술적 특성이 의미의 파급력에 어떤 영향을 미치는지를 고려하여 자료 활용
- ① 청소년이 선호하는 대중문화의 소재나 주제, 대중문화에 대한 비평 등을 소재로 한 토의, 토론, 글쓰기, 발표 자료를 활용

💬 MEMO

국어과

5

문학

핵심키워드

☐ 세월호 참사 ☐ 루게릭병 ☐ 시한부 ☐ 의사 공병우 ☐ 「동의보감」 ☐ 허준 ☐ 왕따와 자살 ☐ 치매 예방 방법 ☐ 의사 가치관 ☐ 감염병 ☐ 의료 약자 ☐ 의료 공백

영역 ## 문학의 본질

성취기준

[12문학01-01]   문학이 인간과 세계에 대한 이해를 돕고, 삶의 의미를 깨닫게 하며, 정서적·미적으로 삶을 고양함을 이해한다.

▶ 문학이 인간과 세계에 대한 이해를 돕는다는 것은 문학의 인식적 기능에 해당하며 문학을 통해 삶의 의미를 깨닫게 된다는 것은 문학의 윤리적 기능에 해당한다. 또한 문학이 정서적·미적으로 삶을 고양한다는 것은 문학의 미적 기능이라고 할 수 있다.

탐구주제

5.문학 ― 문학의 본질

① 시집 『엄마, 나야(곽수인 외)』는 세월호 참사 이후 안산 와동에 거주하며, 세월호 유가족을 비롯해 상처받은 많은 사람들과 매일 함께 한 정신과 의사 정혜신 선생님과 심리기획가 이명수 선생님의 '생일시' 청탁으로 탄생하게 되었다. 단원고 아이들의 시선으로 쓰인 육성 생일시 모음 시집이다. 그래서 부제가 '그리운 목소리로 말하고 미안한 마음으로 시인들이 받아 적다'이다. 이 시집을 읽고 단원고 학생들의 삶을 돌아 보며, 그들에게 위로하는 창작시를 작성하여 발표해 보자.

관련학과
의예과, 한의예과, 보건관리학과, 건강관리학과

탐구주제

② 책 「모리와 함께한 화요일(미치 앨봄)」을 보면, 주인공 모리 교수는 루게릭병 환자로 나온다. 루게릭병은 운동신경세포만 선택적으로 사멸하는 질환으로 서서히 진행되는 사지의 쇠약 및 위축으로 시작하고, 병이 진행되면서 호흡근 마비가 일어남에 따라 결국 수년 내에 사망에 이르게 되는 치명적인 질환이다. 모리 교수는 이 병에 걸려 서서히 죽어가면서 죽음은 생명이 끝나는 것이지 관계가 끝나는 것은 아니라고 말한다. 그리고 죽어가는 법을 알면 살아가는 법도 제대로 알게 된다고 한다. 이 책을 함께 읽은 후, 시한부의 삶에 대해 조사해 보고, 제대로 살기 위한 방법에 대해 함께 토의해 보자.

관련학과

의예과, 치의예과, 한의예과, 약학과, 한약학과, 간호학과, 보건관리학과, 물리치료학과, 스포츠의학과, 스포츠재활학과, 운동재활복지학과, 운동처방학과, 의료복지공학과, 작업치료학과, 재활학과, 재활공학과, 응급구조학과, 건강관리학과, 스포츠건강관리학과

영역

문학의 수용과 생산

성취기준

[12문학02-02] 작품을 작가, 사회·문화적 배경, 상호 텍스트성 등 다양한 맥락에서 이해하고 감상한다.

[12문학02-04] 작품을 공감적, 비판적, 창의적으로 수용하고 그 결과를 바탕으로 상호 소통한다.

▶ 감상 결과를 타인과 공유할 때는 합리적이고 타당한 근거를 함께 제시하고 자신의 생각을 다른 사람과 나눔으로써 타자에 대해 개방적이고 포용적인 자세를 갖추도록 한다.

탐구주제

① 의사 공병우의 삶의 이력은 다른 의사들과 달리 다채롭다. 안과 의사, 한글 타자기의 발명가, 장애우를 위한 복지시설을 만든 사회사업가 등 다양한 삶의 궤적을 밟아 왔기 때문이다. 책 「공병우, 한글을 사랑한 괴짜 의사(김은식)」를 읽고, 그의 인생을 바꾼 만남과 그가 처했던 순간들을 어떻게 극복하며 살아왔는지를 조사하여 발표해 보자.

관련학과

의예과, 치의예과, 한의예과, 약학과, 한약학과, 수의예과, 간호학과, 보건관리학과, 물리치료학과, 미술치료학과, 언어치료학과, 스포츠의학과, 스포츠재활학과, 운동재활복지학과, 운동처방학과, 의료복지공학과, 작업치료학과, 재활학과, 재활공학과, 응급구조학과, 방사선학과, 안경광학과, 임상병리학과, 치위생학과, 치기공학과, 건강관리학과, 스포츠건강관리학과

② 책 「소설 동의보감(이은성)」은 조선 중기 미천한 출신으로 태어나 어의로 정일품까지 오르고 세계적인 의학서인 「동의보감(東醫寶鑑)」을 저술한 허준의 파란만장한 일생을 그려낸 작품이다. 작가는 인간의 귀천과 관계없이 생명을 소중히 여기며 원칙에 충실한, 진정한 의술인 허준을 그려냈다. 이 소설을 함께 읽고, 허준이 살던 당시의 사회·문화적 배경을 탐구하여 의술인으로서의 허준의 자세에 대해 토의해 보자.

관련학과

의예과, 치의예과, 한의예과, 약학과, 한약학과, 수의예과, 간호학과, 보건관리학과, 물리치료학과, 미술치료학과, 언어치료학과, 스포츠의학과, 스포츠재활학과, 운동재활복지학과, 운동처방학과, 의료복지공학과, 작업치료학과, 재활학과, 재활공학과, 응급구조학과, 방사선학과, 안경광학과, 임상병리학과, 치위생학과, 치기공학과, 건강관리학과, 스포츠건강관리학과

③ 모든 사람은 죽는다. '죽음'은 머리로는 인정하면서도 경험할 수 없는 일이기에 금기어에 가까운 단어이다. 그러나 죽음에 관한 문제는 곧 삶의 문제이기도 하다. 책 「우아한 거짓말(김려령)」에서는 중학생 딸이 교내 왕따에 시달리다가 결국 자살을 선택한다. 사건 이후 고등학생 언니와 싱글맘인 엄마는 주변 사람들의 말을 통해 숨진 딸의 마음을 하나씩 알아간다. 딸의 죽음은 곧 왕따라는 삶의 문제였던 것이다. 이 작품을 읽고, 왕따와 자살에 관해 토론해 보고 토론 감상문을 작성해 보자.

관련학과

의예과, 한의예과, 간호학과, 약학과, 한약학과, 미술치료학과, 건강관리학과

④ 소설 「코스모스를 죽였다(윤희일)」는 치매 환자와 그를 돌보는 가족의 고통을 다룬 소설이나. 이 소설은 아내와 남편의 교환일기라는 독특한 형식을 취하고 있다. 실제 치매 치료의 한 과정처럼 여겨진다는 부부의 교환 일기는 병세를 조금이라도 늦추기 위한 방편이자 아내가 잃어가는 기억을 붙들기 위한 것이다. 이 책을 읽고, 치매 환자에 대한 자료를 조사하여 치매 예방 방법과 치매 환자의 삶의 질에 대해 토의해 보자.

관련학과

의예과, 한의예과, 간호학과, 약학과, 한약학과, 건강관리학과

영역

한국 문학의 성격과 역사

성취기준

[12문학03-04] 한국 문학 작품에 반영된 시대 상황을 이해하고 문학과 역사의 상호 영향 관계를 탐구한다.

▶ 시대 상황이 직·간접적으로 반영된 작품이나 사회적 반향을 불러일으킨 작품 등을 제재로 활용하여 작품에 나타난 시대 의식, 인물의 가치관, 배경, 표현 방법 등을 통해 당대의 사회를 살펴보는 활동, 작품의 역사적 배경을 오늘날의 사회 상황과 비교하거나 작품의 현재적 가치를 평가하는 활동을 구성하도록 한다.

탐구주제

① 소설 「꺼삐딴 리(전광용)」는, 일제 때부터 광복기를 거쳐 1950년대에 이르기까지 친일-친소-친미 노선을 쫓아가며, 권력에 아부하고 출세의 삶을 살아온 상류층 의사를 주인공으로 삼고 있다. 작가는 시대와 상황에 따라 변신하는 이 인국을 통해 격동과 비극으로 점철된 한국 역사를 조망하고 왜곡된 사회지도층의 위선을 비판하고 있다. 이 책을 함께 읽고, 주인공 이인국의 시대 의식과 가치관을 분석하여 단순한 기능인이 아니라 의사로서 지녀야 할 가치관과 태도에 대해 토의해 보자.

관련학과

의예과, 치의예과, 한의예과, 약학과, 한약학과, 물리치료학과, 스포츠의학과, 재활학과, 응급구조학과, 건강관리학과, 스포츠건강관리학과

문학에 관한 태도

성취기준

[12문학04-02] 문학 활동을 생활화하여 인간다운 삶을 가꾸고 공동체의 문화 발전에 기여하는 태도를 지닌다.

▶ 일상생활 속에서 지속적이고 자발적인 문학 활동을 실천함으로써 학습자 스스로 자존감을 높이고 상생과 공존의 문화를 발전시키는 데 적극적으로 참여하도록 지도한다.

탐구주제

5.문학 — 문학에 관한 태도

① 책 「당신이 나의 백신입니다(김동은)」의 부제는 '감염병과 혐오의 시대, 의사 김동은이 만난 아름다운 사람들'이다. 코로나19 최전선에서 소외 계층을 위한 의료 활동을 해온 김동은 의사는 솔직담백한 목소리로 의료 분야와 관련된 생각거리들을 던져주고 있다. 이 책을 읽고, 팬데믹 상황에서도 의료 약자들이 의료 공백 없이 함께 상생하고 공존할 수 있는 방법에 대해 토의해 보자.

관련학과

의예과, 치의예과, 한의예과, 약학과, 한약학과, 간호학과, 보건관리학과, 물리치료학과, 스포츠의학과, 스포츠재활학과, 운동재활복지학과, 운동처방학과, 작업치료학과, 재활학과, 응급구조학과, 방사선학과, 임상병리학과, 건강관리학과, 스포츠건강관리학과

활용 자료의 유의점

⚠ 학습자의 심리적, 문화적 요구에 부합하는 작품을 효과적으로 활용

⚠ 학습자의 삶과 가까운 문학 작품을 선정하여 활용

⚠ 감상 결과를 타인과 공유할 때는 합리적이고 타당한 근거를 함께 제시하여 활용

⚠ 문학과 역사의 상호 영향 관계를 지도할 때에는 시대 상황이 직·간접적으로 반영된 작품이나 사회적 반향을 불러일으킨 작품 등을 제재로 활용

⚠ 한국 문학의 보편성과 특수성을 지도할 때에는 동일한 소재, 유사한 주제 의식 등이 드러난 한국 문학과 외국 문학 작품, 학습자에게 친숙한 동화나 옛이야기 등을 제재로 활용

💬 **MEMO**

실용 국어

핵심키워드

☐ 휴먼메디컬드라마 ☐ 의료 전문용어 ☐ 코로나 재확산 ☐ 감염병 예방정책 ☐ 감염성 질환 ☐ 비감염성 질환
☐ 겨울 독감 ☐ 백신 ☐ 마약류 투약 ☐ 환각제 중독 ☐ LMO·GMO(유전자조작·변형) ☐ 원격의료 ☐ 비대면 진료
☐ 게임장애 ☐ 수술실 방범카메라 ☐ 이민자 병원진료

영역

직무 어휘와 어법

성취기준

[12실국01-01]   의사소통 맥락에 적합한 어휘를 사용한다.

▶ 관련되는 문법 지식을 모두 다루기보다 문장을 정확하고 표현 의도에 맞게 사용하는 데에 중점을 두어 지도한다.

탐구주제

6.실용 국어 ─ 직무 어휘와 어법

① 드라마 '슬기로운 의사생활'은 의대 동기 다섯 명을 중심으로 펼쳐지는 20년지기 친구들의 우정을 담은 의학 드라마이다. 에피소드 중 한 편을 시청하고, 의료보건 분야에서 사용되는 전문용어를 찾아 보자. 그리고 전문용어 중 일상언어로 대체할 수 있는 것을 찾아 발표해 보자.

관련학과
의예과, 치의예과, 한의예과, 약학과, 한약학과, 간호학과, 보건관리학과, 물리치료학과, 스포츠의학과, 스포츠재활학과, 운동재활복지학과, 운동처방학과, 작업치료학과, 재활학과, 응급구조학과, 방사선학과, 임상병리학과, 건강관리학과, 스포츠건강관리학과

💬 MEMO

정보의 해석과 조직

성취기준

[12실국02-01] 필요한 정보를 수집하여 핵심 내용을 이해한다.

▶ 관심 분야의 문헌 자료에서 핵심 내용을 요약하는 활동, 인터넷 검색을 통해 필요한 정보를 수집하고 분류하는 활동, 수집한 자료의 출처와 성격에 따라 신뢰도를 판단하거나 우선순위에 따라 수집한 정보를 배열하고 선별하는 활동을 할 수 있다.

[12실국02-03] 정보를 체계적으로 조직하여 대상과 상황에 적합하게 표현한다.

▶ 보고서 작성, 발표 등 실제적인 언어 표현 활동을 중심으로 핵심적인 내용을 짜임새 있게 조직하는 방법에 중점을 둔다.

탐구주제

6.실용 국어 — 정보의 해석과 조직

(1) 신종 코로나바이러스(코로나19) 재유행을 대비하기 위해선 지속 가능한 감염병 예방정책이 필요하다는 전문가 조언이 매체를 통해서 나오고 있다. 질환은 병원체의 침입 여부에 따라서 크게 감염성 질환과 비감염성 질환으로 구분된다. 우리 생활 주변에서 자주 접하게 되는 질환을 감염성 질환과 비감염성 질환으로 구분해 보고, 감염성 질환 예방을 위해 시행하거나 개선해야 할 방안이 있다면 조사하여 발표해 보자.

관련학과
의예과, 한의예과, 보건관리학과, 건강관리학과

(2) 겨울 독감을 예방하기 위한 백신을 운반하던 도중에 백신이 상온에 노출되어 대량 폐기될 상황에 놓여 있다. 백신은 인간을 비롯한 동물에 특정 질병 혹은 병원체에 대한 후천성 면역을 부여하는 의약품이다. 백신을 접종받으면 우리 몸이 면역 체계가 활성하됨에 따라 미래에 침범하게 될 병원체에 대해 우리 몸이 빠르게 대처할 수 있게 된다. 백신에 대한 역사와 종류, 백신 관리 방법에 관해 탐구하여 보고서를 작성해 보자.

관련학과
의예과, 한의예과, 보건관리학과, 건강관리학과

(3) 2020년 9월 부산 해운대에서 대마를 흡입한 후 환각 상태에서 7중 추돌사고를 내는 사건이 발생했다. 그런데 문제는 마약류를 투약 또는 흡입한 후 범죄를 저지르는 건수가 갈수록 증가하고 있다는 사실이다. 최근 3년(2016~2019년)간 마약류를 투약 또는 흡입한 후 범죄를 저지른 가해자가 564명에 이르는 것으로 나타났다. 환각제에 중독되면 우울, 불안, 피해망상, 관계망상, 폭행 등 심각한 부작용이 초래될 수 있다. 환각제 종류에 따른 증상과 마약류 흡입을 방지하기 위한 대책을 조사하여 발표해 보자.

관련학과
의예과, 한의예과, 약학과, 한약학과, 보건관리학과, 재활학과, 응급구조학과, 건강관리학과

설득과 협력적 문제 해결

성취기준

[12실국03-01] 타당한 근거를 들어 자신의 주장을 설득력 있게 표현한다.

▶ 주장과 근거의 관계에 대한 이해를 바탕으로 주장을 뒷받침하는 근거의 기능에 대해 학습하도록 한다.

[12실국03-02] 집단의 의사 결정 과정에 참여하여 합리적 방안을 탐색한다.

▶ 열린 자세로 여러 사람의 의견을 비교하며 듣게 함으로써 수용적 이해 능력을 신장하고 적극적 경청을 통하여 공동체의 문제 해결 과정에 능동적으로 참여하는 자세를 갖게 한다.

[12실국03-03] 대화와 타협으로 갈등을 조정하여 문제를 협력적으로 해결한다.

▶ 갈등의 원인과 문제의 핵심을 검토하고, 상대를 만나 문제를 확인하여 상대방의 처지와 관점을 이해하고, 대화와 타협으로 문제를 해결하는 과정을 경험하도록 한다.

탐구주제

6.실용 국어 — 설득과 협력적 문제 해결

(1) 대부분의 소비자는 LMO·GMO(유전자조작·변형) 식품보다 친환경 유기농 제품들이 환경생태계와 인체 건강에 훨씬 더 좋다는 사실을 알고 있다. 하지만 구매할 때는 가격 차이로 인해 망설이거나 포기를 하기도 한다. 최근 미국에서 발행되는 '인체 영양과 기능성 의약'에 관한 연구에 의하면 GMO 콩, 옥수수, 사탕무, 파파야, 그리고 각종 식용유와 그 가공식품 등 유전자조작·변형 식품들이 인체에 질병을 불러온다고 밝혀지고 있다. 이에 우리 식탁에 올라와 있는 유전자조작·변형 식품을 조사하고 분석하여 '유전자조작·변형'에 대한 안전성 논란에 대해 토의해 보자.

관련학과
의예과, 한의예과, 약학과, 한약학과, 보건관리학과, 건강관리학과

(2) 신종 코로나바이러스(코로나19) 방역과 산업 육성을 이유로 정부가 원격의료 확대 방침을 내세우면서 의료 보건계의 반대 목소리가 크다. 현행 의료법은 의사와 환자가 직접 만나지 않고 진료 상담·처방하는 원격의료를 원칙적으로 금지한다. 그런데 지난 2020년 2월 정부는 한시적으로 만성질환자 등에 한정해 비대면 진료를 허용했다. 하지만 비대면 진료나 원격의료를 늘려 코로나19 감염을 막거나 방역체계를 강화하겠다는 정부 논리를 반박하는 목소리가 만만치 않다. 원격의료 확대에 대한 갈등의 원인과 문제의 핵심을 분석하고, 자신의 의견을 설득력 있게 발표해 보자.

관련학과
의예과, 치의예과, 한의예과, 약학과, 한약학과, 간호학과, 보건관리학과, 물리치료학과, 재활학과, 응급구조학과, 방사선학과, 임상병리학과, 건강관리학과

(3) 과도한 게임 이용으로 인한 신체 및 정신건강 문제는 전 세계적인 논란거리이다. 그래서 WHO는 게임 이용 장애를 질병코드로 등재시켰고, 이에 대한 논의 및 연구가 본격적으로 시작됐다. 국내의 경우도 학계, 정부 기관, 사회단체 등 사회 곳곳에서 해당 시안을 놓고 찬성과 반대 측이 첨예한 이해 차이를 보이고 있다. 찬성과 반대측은 게임을 장애로 분류함으로써 치료의 대상으로 만드는 '과잉의료화'에 대한 우려가 있다는 지점에 대하여 이해 관계를 좁히지 못하고 있다. 찬성측과 반대측이 주장하는 내용을 비교 분석해보고, 합리적 방안을 탐색해 보자.

관련학과
의예과, 보건관리학과, 건강관리학과

탐구주제

④ 최근 수술실 내 카메라 설치에 관해 찬반 논란이 있기는 하지만 카메라를 설치하는 병원들이 늘고 있다. 특히 대리 수술 등으로 환자들의 불안이 커지자 자발적으로 수술실에 CCTV를 설치하고 이를 홍보하는 성형외과들이 증가하고 있다. 하지만 대한의사협회 등 의사 단체는 "사생활 침해 우려가 있고 의사가 수술에 소극적으로 임해 안전한 수술 환경을 해칠 가능성이 높다"며 설치를 반대한다. 수술실 내 카메라를 설치함으로써 생기는 이로운 점과 부작용을 조사해 보고, 각 분야의 의견을 종합하여 합리적인 해결 방안을 탐색해 보자.

관련학과

의예과, 치의예과, 한의예과, 약학과, 한약학과, 간호학과, 보건관리학과, 물리치료학과, 재활학과, 응급구조학과, 방사선학과, 임상병리학과, 건강관리학과

영역 # 대인 관계와 의사소통

성취기준

[12실국04-01] 상대를 배려하는 태도로 언어 예절을 갖추어 대화한다.

▶ 사회생활을 염두에 두고 기본적으로 상대를 배려하는 대화의 원리를 익히고, 경청하는 태도와 방법, 상황에 맞는 호칭어와 지칭어의 사용, 인사 예절, 전화 예절 등도 익히도록 한다.

탐구주제

① 2019년 '이주민 대상 공공보건의료 현황과 문제점' 심포지엄에서, 이주민들이 아픈 데도 병원 진료를 꺼리는 가장 큰 요인은 의사소통에 어려움을 겪고 있기 때문인 것으로 나타났다. 이주민이 병원을 방문하여 진료를 받는 상황을 역할극으로 꾸며 보자. 이를 바탕으로 이민자들이 병원 진료 시 의사소통을 원활히 할 수 있는 방안에 대해서 토의해 보자.

관련학과

의예과, 치의예과, 한의예과, 약학과, 한약학과, 수의예과, 간호학과, 보건관리학과, 물리치료학과, 스포츠의학과, 스포츠재활학과, 운동재활복지학과, 운동처방학과, 작업치료학과, 재활학과, 재활공학과, 응급구조학과, 방사선학과, 임상병리학과, 건강관리학과, 스포츠건강관리학과

💬 **MEMO**

문화와 교양

성취기준

[12실국05-01]   자신이 속한 공동체의 의사소통 문화를 이해한다.

▶ 본격적인 사회생활을 하기 전이지만 취업을 염두에 두고 한국의 직장 공동체 문화를 이해하는 데 중점을 두도록 한다. 한국의 의사소통 문화에 대한 이해를 바탕으로 하여 보고와 지시, 업무 협조, 고객 응대 등 업무를 처리하는 다양한 장면에서의 의사소통 문화를 이해하도록 한다.

탐구주제

6.실용 국어 — 문화와 교양

① 책 「나는 간호사, 사람입니다(김현아)」는 작가가 1996년부터 21년 동안 외과중환자실 간호사로 재직하면서 겪은 의료 현실을 담은 수필집이다. 이 책을 바탕으로 드라마가 재탄생한다고 한다. 그동안 의학 드라마에서는 간호사들이 의사들의 보조 역할로 자주 등장했지만 여기에서는 간호사가 주인공이라고 한다. 이 드라마를 시청하고, 간호사들이 업무를 처리하는 다양한 장면을 분석해 보자. 그리고 현실과 드라마에서 간호사들의 의사소통 문화를 비교하여 바람직한 공동체의 의사소통 문화에 대해 토의해 보자.

관련학과
의예과, 수의예과, 치의예과, 한의예과, 간호학과

활용 자료의 유의점

(!) 실제 직무를 수행하는 의사소통 장면이나 문서 서식 등을 활용

(!) 직무 분야의 주요 어휘 사전 활용

(!) 토론에 참여하여 질문하고 논박하는 글이나, 토론의 내용을 들은 후에 논의된 쟁점을 바탕으로 주장과 근거를 재구성하여 설득적인 글도 활용

(!) 주관적인 경험을 근거로 하여 자신의 생각을 자유롭게 펼치는 연극이나 즉석 연설 등도 활용

(!) 업무 상황을 다룬 만화, 소설, 드라마, 영화 등에서 적절하거나 부적절한 사례를 활용

💬 MEMO

심화 국어

핵심키워드

☐ 트라우마　☐ 전문의 수련과정　☐ 미세먼지　☐ 로드킬　☐ 생태통로　☐ 반려동물　☐ 중성화 수술　☐ 해피드럭
☐ 안락사　☐ 인공장기　☐ 항노화 요법　☐ 인공심장 이식　☐ 의료 전문용어　☐ 줄기세포　☐ 생명윤리　☐ 실험윤리

영역 ## 논리적 사고와 의사소통

성취기준

[12심국01-01]　학업에 필요한 정보를 수집하여 분석한다.

▶ 문서 자료, 인터넷 자료, 면담 자료, 조사 자료 등 다양한 학술 자료를 수집하는 데 중점을 둔다. 도서관 등을 방문하여 실제 문헌 자료를 수집해 보고, 학술 데이터베이스의 다양한 검색 기능을 익혀 자신에게 필요한 최적의 정보를 수집하는 능력을 기르도록 지도한다.

[12심국01-02]　대상과 목적을 고려하여 정보를 체계적으로 조직한다.

▶ 청자나 독자의 관심, 요구, 수준 등을 분석하는 방법, 의사소통의 목적에 따른 정보 조직 방법에 대한 이해를 바탕으로 자신이 수집한 정보를 분류하고 체계화하여 조직하는 방법을 익히도록 한다.

[12심국01-03]　정보를 정확하고 논리적으로 전달한다.

▶ 사실적 정보를 정확하고 논리적으로 전달하기 위해서는 주관적 관점으로 정보를 과장·축소·왜곡하지 않아야 한다. 표현이 장황하거나 모호하여 청자나 독자의 이해를 방해해서도 안 된다. 표현의 객관성, 간명성, 논리성에 유의하며 정보 전달에 적합한 언어 표현 방법을 익히도록 한다.

탐구주제
7.심화 국어 ― 논리적 사고와 의사소통

① 의학드라마 '낭만닥터 김사부'는 지방의 초라한 돌담병원을 배경으로 등장인물들이 저마다의 트라우마를 극복하고 의사로서 그리고 한 인격체로서 성장해 나가는 모습을 담은 드라마이다. 이 드라마의 에피소드 중 하나를 시청하고, 전문의 수련 과정과 그 과정에서 배워야 하는 것들을 조사하여 발표해 보자.

관련학과
의예과, 치의예과, 한의예과

② 석유나 석탄을 연소시킬 때 나오는 미세먼지는 눈에 보이지 않을 정도로 입자가 작아 건강에 큰 악영향을 끼친다. 이러한 미세먼지는 공장 발전소뿐만 아니라 부엌에서도 발생한다. 환경부가 지난해 미국 항공우주국(NASA)과 합동으로 서울시 미세먼지를 분석한 결과, 미세먼지 원인은 국내(52%), 국외(48%)로 나타났다. 또 다른 조사결과 전국적으로 미세먼지의 주요 배출원으로 공장 등의 사업장(38%)이 가장 컸으며 건설 및 선박(16%), 발전소(15%) 등이 뒤를 이었다. 미세먼지가 치명적인 독성물질임을 드러낸 대표적인 역사적 사건을 찾아보고, 미세먼지를 줄여 건강을 유지하기 위한 방안을 토의해 보자.

관련학과

의예과, 한의예과, 약학과, 한약학과, 보건관리학과, 건강관리학과

---

③ 겨울은 로드킬을 당하는 야생동물들의 빈도가 높아지는 시기다. 동물들이 땅과 물이 얼어붙는 혹한의 추위로 야산에서 먹이를 구하기 어려워지는 탓에 인근 마을이나 논밭으로 내려오다 도로에서 사고를 당하기 때문이다. 전문가들은 로드킬의 주원인으로 동물들의 생태이동경로를 무시한 채 무분별하게 들어서는 도로를 지적하고 있다. 이에 대한 해법으로 제시되는 것 중 하나가 생태통로다. 하지만 일각에서는 생태통로의 효용성에 대해 의문을 제기하고 있다. 현재 생태통로가 지닌 문제점을 분석하고 생태통로를 보완함으로써 로드킬을 줄일 수 있는 방안을 탐구하여 보고서를 작성해 보자.

관련학과

수의예과

영역

비판적 사고와 문제 해결

성취기준

[12심국02-01] 타인의 의견을 비판적으로 이해한다.

▶ 토론 과정에서 비판적 듣기를 통해 파악한 내용을 질문이나 논박에 효과적으로 적용하는 능력을 기르도록 한다.

[12심국02-02] 자신의 생각으로 논점을 구성한다.

▶ 단순하게 정보를 나열한 글과 자신의 생각으로 논점을 선명하게 구성한 글의 차이를 비교하도록 한다. 아이디어를 생성하는 다양한 방법을 사용하고 나아가 이를 체계화하여 논점을 구성하는 과정까지 경험하도록 한다.

[12심국02-03] 문제 해결에 필요한 방안을 탐색하여 합리적으로 의사 결정한다.

▶ 토의의 형식보다 방안을 탐색하고 선택해 가는 일련의 사고 과정에 초점을 맞추어 지도한다. 최적의 방안이 하나로 정해져 있는 과제보다는 다양한 각도에서 접근해 볼 수 있는 과제를 제시한다. 또한 정답을 찾기보다 심도 있는 논의가 이루어지는 데 중점을 둔다.

탐구주제

① 강아지, 고양이에게 생길 지도 모르는 질병을 예방하거나 심한 발정에 대한 스트레스를 줄이기 위한 방안으로 반려 동물의 중성화 수술이 필수화되고 있다. 특히 강아지, 고양이를 가족처럼 사랑하는 문화가 정착하면서 중성화 수술에 대한 관심이 높아지고 있다. 그러나 중성화 수술은 동물이 스스로 선택을 할 수 없으므로 사람의 선택으로 인해 특정 장기가 제거된다는 점에서 윤리적 문제를 안고 있다. 중성화 수술을 다양한 각도에서 접근하여 보고, 문제해결 방안 을 탐색해 보자.

관련학과

수의예과

---

② 의약품 중에는 항암제와 같이 인간의 생명을 살리기 위해 개발된 약도 있지만, 생명과는 무관하게 인간의 삶에 좋은 변화를 주기 위해 개발된 약제도 있다. '해피드럭'이란 인간의 즐거움과 삶의 질 향상을 위해 만들어진 의약품을 말한 다. 발기부전을 비롯해 탈모, 비만, 흡연 등 건강하고 활기찬 생활을 영위할 수 있도록 다양한 증상을 개선해주는 약제 를 포괄한다. 그러나 해피드럭은 인간의 행복지수만 올려주는 것이 아니라 다른 약들처럼 부작용을 유발하기도 하고, 구매하고 복용하는데 비용이 많이 들기 때문에 빈부격차가 심화될 수도 있다. 해피드럭 약제의 부작용과 문제점들을 조사하고, 이를 바탕으로 해결책을 탐구하여 발표해 보자.

관련학과

의예과, 치의예과, 한의예과, 간호학과, 약학과, 한약학과, 보건관리학과, 건강관리학과

---

③ 미국 아카데미 시상식에서 작품상을 수상한 영화 '밀리언 달러 베이비'는 딸에게 의절당한 채 살아가던 한 권투 트레 이너가 딸처럼 여기게 된 선수의 부상과 죽음 앞에서 '안락사'라는 윤리적 선택의 기로에 서게 되는 이야기를 담고 있 다. 프랭키가 매기의 부탁을 수용해 그녀가 생을 마감할 수 있도록 돕는 마지막 대목은 사회가 용인하는 도덕적 잣대 로 쉽게 판단하기 어려운 것이다. '안락사'라는 논제를 다룬 영화를 감상하거나 소설을 읽어보고, 자신의 논점을 구성 하여 찬반 쟁점식 토론을 해 보자.

관련학과

의예과, 한의예과, 간호학과, 약학과, 한약학과, 보건관리학과, 건강관리학과

---

④ 책 「아무도 죽지 않는 세상(이브 헤롤드)」에는 인공장기를 통해 연장된 삶을 거부하고 자연스러운 죽음을 옹호하는 부 부가 등장한다. 남편은 가슴 통증으로 인공심장 이식을 받게 되고, 난소암 말기 진단을 받은 아내는 나노로봇 주입을 통한 암 치료를 거부하고 완화치료만 받다가 평화로운 죽음을 맞이한다. 아내를 떠나보낸 남편은 자신을 다시 살려낸 인공심장을 저주하지만 결국 그는 여러 인공장기를 이식받고 항노화 요법을 통해 외모도 젊어져 죽기 어려운 몸이 된 다. 이 책을 읽고, 현재 인공장기의 발전이 어디까지 와 있는지를 분석하고 인공장기 이식에서 발생하는 윤리적인 문 제들을 토의해 보자.

관련학과

의예과, 치의예과, 보건관리학과, 의료복지공학과, 작업치료학과, 재활학과, 재활공학과, 건강관리학과

창의적 사고와 문화 활동

성취기준

[12심국03-02] 자신의 생각과 느낌을 창의적이고 아름답게 표현한다.

▶ 자신의 생각을 창의적이고 아름답게 표현하는 과정을 통해 타인의 문제의식과 세계관, 가치관을 이해한다. 자신의 생각을 타인과 교류하는 효과적인 방법이 무엇인지를 생각하고 타인과 효과적으로 소통하는 가운데 창의적인 사고를 배양하도록 한다.

탐구주제

① 웹소설 「중증외상센터 골든아워」를 쓴 이낙준씨는 의사이자 소설가이며 유튜버이다. 그는 의학에 대한 관심은 넘쳐나는데 쉽게 설명해주는 사람이 부족함을 인식하고, 의사라는 본업과 더불어 다양한 활동을 통해 타인과 교류하고 있다. 의료 분야에서는 전문용어를 주로 사용하기에 일반인들은 그들의 언어에 쉽게 접근할 수 없는 것이 현실이다. 이 책을 읽고 의료 분야뿐만 아니라 다양한 분야의 사람들과 교류할 수 있는 방안에 대해 생각해 보고, 이를 통해 창의적인 사고를 이끌어 낼 수 있는 방법에 대해서 토의해 보자.

관련학과
의예과, 치의예과, 한의예과, 약학과, 한약학과, 수의예과, 간호학과, 보건관리학과, 물리치료학과, 미술치료학과, 언어치료학과, 스포츠의학과, 스포츠재활학과, 운동재활복지학과, 운동처방학과, 의료복지공학과, 작업치료학과, 재활학과, 재활공학과, 응급구조학과, 방사선학과, 안경광학과, 임상병리학과, 치위생학과, 치기공학과, 건강관리학과, 스포츠건강관리학과

윤리적 사고와 학문 활동

성취기준

[12심국04-01] 쓰기 윤리의 중요성을 인식하고 책임감 있는 태도로 글을 쓴다.

▶ 쓰기 윤리를 위반하는 기준에 대한 명확한 이해를 바탕으로 다른 사람이 생산한 자료를 표절하지 않고 올바르게 인용하기, 연구 결과를 과장하거나 왜곡하지 않고 사실에 근거하여 기술하기 등에 중점을 두어 쓰기 윤리의 중요성을 인식시키고 이를 준수하는 태도 함양에 중점을 두어 지도한다.

① 일본에서도 황우석 사건과 유사한 과학 사기극이 있었다. 일본 내 대표적인 과학연구소인 이화학연구소에서 2014년 초 세포에 박테리아 독소 같은 것으로 자극을 주면 세포가 배아 단계로 돌아간다는 내용의 논문을 국제 학술지 네이처에 발표했다. 이후 논문이 날조됐다는 논란이 제기되었고, 이화학연구소의 자체 조사 결과 '이 세포가 존재하지 않는 것'으로 나타나서 해당 네이처 논문은 연구 조작으로 철회됐다. 의료 분야는 인간의 생명과 직결되기에 연구 결과를 과장하거나 왜곡하지 않고 사실에 근거하여 기술하는 것이 무엇보다 중요하다. 줄기세포와 관련된 연구 조작 사례를 더 조사하여 연구자의 생명윤리, 실험윤리에 대해 발표해 보자.

관련학과

의예과, 치의예과, 한의예과, 약학과, 한약학과, 수의예과, 간호학과, 보건관리학과, 물리치료학과, 미술치료학과, 언어치료학과, 스포츠의학과, 스포츠재활학과, 운동재활복지학과, 운동처방학과, 의료복지공학과, 작업치료학과, 재활학과, 재활공학과, 응급구조학과, 방사선학과, 안경광학과, 임상병리학과, 치위생학과, 치기공학과, 건강관리학과, 스포츠건강관리학과

활용 자료의 유의점

- ⚠ 다양한 형태의 쓰기 윤리 위반 사례를 자료로 활용
- ⚠ 학업에 필요한 정보를 수집하여 분석할 때에는 문서 자료, 인터넷 자료, 면담 자료, 조사 자료 등 다양한 학술 자료 활용
- ⚠ 도서관 등을 방문하여 실제 문헌 자료를 수집하고, 학술 데이터베이스의 다양한 검색 기능을 익혀 자신에게 필요한 최적의 정보를 수집하여 활용
- ⚠ 단순하게 정보를 나열한 글과 자신의 생각으로 논점을 선명하게 구성한 글의 차이를 비교할 수 있는 자료 활용
- ⚠ 토론에 참여하여 질문하고 논박하는 글이나, 토론의 내용을 들은 후에 논의된 쟁점을 바탕으로 주장과 근거를 재구성하여 설득적인 글도 활용

💬 **MEMO**

고전 읽기

핵심키워드

☐ 인류와 병   ☐ 의학자   ☐ 약학도   ☐ 신약개발   ☐ 정신의학   ☐ 감염병   ☐ 미생물   ☐ 이기적 유전자

영역

고전의 가치

성취기준

[12고전01-01]   고전의 특성을 이해하고 고전 읽기의 중요성을 인식한다.

▶ 인간은 고전을 통해 자신의 삶을 돌아보고, 현재를 판단하며, 미래를 계획할 수 있다. 자신의 경험이나 다른 사람들의 사례를 바탕으로 하여 고전을 통해 인간과 세계에 대한 이해를 넓히는 일의 중요성을 인식하도록 한다.

탐구주제

8.고전 읽기 — 고전의 가치

① 「인간은 왜 병에 걸리는가(R.네스, G.윌리엄스)」는 의료계에 종사하는 또는 의료 분야를 진로를 생각하고 있는 학생들도 꼭 읽어봐야 할 고전이라 할 수 있다. 인간의 몸은 어떻게 기능하며, 왜 어떤 사람들은 병에 걸리는데 또 어떤 사람들은 걸리지 않는가에 대해 설명해 주고 있다. 이 책을 읽고, 인류와 병의 역사에 대해 탐구하여 발표해 보자.

관련학과
의예과, 치의예과, 한의예과, 약학과, 한약학과, 간호학과, 보건관리학과, 건강관리학과

💬 MEMO

고전의 수용

성취기준

[12고전02-01] 인문·예술, 사회·문화, 과학·기술, 문학 등 다양한 분야의 고전을 균형 있게 읽는다.

> ▶ 관심을 가지고 흥미를 느끼는 분야, 자신에게 중요하거나 필요하다고 판단되는 분야로부터 출발하여 점차 분야를 확대해 나가도록 지도한다.

[12고전02-03] 현대 사회의 맥락을 고려하여 고전을 재해석하고 고전의 가치를 주체적으로 평가한다.

> ▶ 고전은 늘 후대의 비판적 평가 속에서 그 가치를 새롭게 발견하는 가운데 고전으로 남게 되는 것이다. 학습자가 고전을 수용하면서 자신이 처한 시대와 사회의 맥락 속에서 그 의미를 다시 해석하고 가치를 새롭게 인식하도록 지도한다.

[12고전02-04] 고전을 통해 알게 된 사실과 깨닫게 된 점을 바탕으로 삶의 다양한 문제에 대처할 수 있는 교양을 함양한다.

> ▶ 고전 읽기 계획서나 고전 읽기 이력철 등을 작성하게 하여 보다 계획성 있고 체계적인 고전 독서가 이루어지도록 할 수 있다. 다만 독서 계획서나 이력철에 너무 많은 항목이 있어 작성 자체가 부담이 되거나, 계획서를 획일적으로 제공하여 자발적인 고전 읽기에 제약을 가하는 역효과를 낳지 않도록 유의한다.

탐구주제

8.고전 읽기 — 고전의 수용

① 「의학사를 이끈 20인의 실험과 도전(크리스티안 베이마이어)」이라는 책은 당대 이름 있는 중요한 의학자들보다는 당시의 이론이나 관습에 새로운 아이디어, 발견, 발명으로 당당히 맞섰던 의사들의 삶을 이야기하고 있다. 이 책을 읽고, 자신이 관심을 가지고 흥미를 느끼는 분야, 자신에게 중요하거나 필요하다고 판단되는 분야를 더 깊이 있게 탐구하여 그 분야의 과거, 현재, 미래에 대해 발표해 보자.

관련학과

의예과, 치의예과, 한의예과, 약학과, 한약학과, 간호학과, 보건관리학과, 물리치료학과, 스포츠의학과, 스포츠재활학과, 운동재활복지학과, 운동처방학과, 의료복지공학과, 작업치료학과, 재활학과, 재활공학과, 응급구조학과, 방사선학과, 임상병리학과, 치위생학과, 치기공학과, 건강관리학과, 스포츠건강관리학과

② 「새로운 약은 어떻게 창조되나(교토대학 대학원 약학연구과)」라는 책은 미래의 약학도에게 신약개발의 비전을 제시하는 약학 입문서이다. 약의 역사와 구체적인 질병에 대한 신약개발 과정, 세계 최초로 알츠하이머병 치료약을 개발한 이야기 등 신약개발을 화두로 삼고 있는 사람들이 필독해야 할 고전이라 할 수 있다. 이 책을 읽고 자신이 개발하고 싶은 신약 분야를 탐색해 보고, 그 분야의 약을 왜 개발해야 하는지에 대한 당위성도 함께 발표해 보자.

관련학과

의예과, 치의예과, 한의예과, 약학과, 한약학과, 간호학과, 보건관리학과, 물리치료학과, 응급구조학과, 건강관리학과

(3) 1817년 아일랜드 의원의 기록에 의하면, 튼튼한 남자나 여자가 미쳤다고 간주될 경우 마을에서 이들을 오두막 바닥에 구멍을 파서 밀어 넣은 다음 기어나오지 못하게 덮었다고 한다. 구멍의 깊이는 1.5미터 정도이며 대개는 그 안에서 죽게 된다. 「정신의학의 역사(에드워드 쇼터)」라는 책에서 나온 내용이다. 이 책은 1997년 출간된 이래 지금까지 정신의학 분야의 고전으로 자리매김해왔다. 이 책을 읽고, 정신의학의 발전사를 탐구한 후 현대 사회의 맥락 속에서 그 의미를 다시 해석하여 발표해 보자.

관련학과

의예과, 한의예과, 미술치료학과, 언어치료학과, 건강관리학과

(4) 다양한 경로를 통해 의료보건 분야 책 목록을 추천 받고, 읽기 계획서를 작성해 보자. 혼자 읽기보다는 진로 분야가 비슷한 친구들과 독서모임을 만들어 책을 함께 읽고 토론을 한 후 책을 통해 알게 된 사실과 깨닫게 된 점을 정리하여 발표해 보자.

관련학과

의예과, 치의예과, 한의예과, 약학과, 한약학과, 수의예과, 간호학과, 보건관리학과, 물리치료학과, 미술치료학과, 언어치료학과, 스포츠의학과, 스포츠재활학과, 운동재활복지학과, 운동처방학과, 의료복지공학과, 작업치료학과, 재활학과, 재활공학과, 응급구조학과, 방사선학과, 안경광학과, 임상병리학과, 치위생학과, 치기공학과, 건강관리학과, 스포츠건강관리학과

영역

고전과 국어 능력

성취기준

[12고전03-02] 고전을 읽고 공동의 관심사나 현대 사회에 유효한 문제를 중심으로 통합적인 국어 활동을 수행한다.

▶ '인간의 본성', '사회와 갈등', '문명과 기술', '예술과 문화', '전쟁과 평화' 등 공동의 관심사나 현대 사회의 중요한 문제라고 할 만한 주제를 중심으로 관련되는 고전을 찾아 읽고 그 문제들에 대해 탐구하도록 한다. 탐구한 결과를 바탕으로 발표, 토론, 서평, 논술 등 다양하고 통합적인 국어 활동을 수행하는 데 중점을 둔다.

탐구주제

(1) 「감염(제럴드 N. 캘러헌)」은 면역학과 병리학의 권위자인 제럴드 캘러헌 박사의 책이다. 저자의 할아버지는 사고로 감염되어 다리를 잃게 되었고, 삼촌은 에이즈라는 감염병으로 목숨을 잃는다. 저자는 이런 경험들로 인해 미생물에 대해 철저한 연구자가 된다. 저자는 깨끗한 환경이 아이들을 망칠 수 있다고 경고한다. 우리 몸을 감염시키는 미생물들 중 대부분이 우리가 생명을 유지하는 데 필수적이라는 것이다. 우리는 현재 코로나바이러스 감염이라는 공동의 문제를 안고 있다. 이 책을 읽고, 인간의 건강과 미생물의 관계를 탐구하여 발표해 보자.

관련학과

의예과, 수의예과, 치의예과, 한의예과, 약학과, 한약학과, 보건관리학과, 건강관리학과

고전과 삶

성취기준

[12고전04-01]　고전 읽기의 생활화를 통해 바람직한 삶에 대해 탐구하고 인성을 함양한다.

▶ 분야별 고전 목록을 활용하여 고전 읽기의 단기, 중기, 장기 계획을 세우고 고전 읽기를 생활화하도록 지도한다. 고전을 읽은 후 인상 깊은 부분 기록하기, 고진의 내용과 연관이 있는 자신의 경험 징리하기, 고전에 대해 이야기하거나 글 쓰는 활동 등을 통해 고전 읽기를 생활화하도록 한다.

탐구주제

8.고전 읽기 ― 고전과 삶

① 『이기적 유전자(리처드 도킨스)』는 진화의 주체가 인간 개체나 종이 아니라 유전자이며, 인간은 유전자 보존을 위해 맹목적으로 프로그램화된 기계에 불과하다고 주장하여 생물학계의 논쟁을 불러일으킨 책이다. 유튜브 채널에서 '이기적 유전자를 읽는 4가지 키워드'를 시청하고, 의료보건 계열의 고전을 읽는 과정을 동영상으로 만들어 유튜브 채널에 올려 보도록 하자. 먼저 의료보건 계열의 고전 도서를 선정한 다음 읽기 계획을 세운다. 읽기 전·중·후 활동을 자세히 기록하고, 기록한 내용을 영상으로 만들어 유튜브에 발표해 보자. (youtu.be/wOXgzKL1zWc)

관련학과

의예과, 치의예과, 한의예과, 약학과, 한약학과, 수의예과, 간호학과, 보건관리학과, 물리치료학과, 미술치료학과, 언어치료학과, 스포츠의학과, 스포츠재활학과, 운동재활복지학과, 운동처방학과, 의료복지공학과, 작업치료학과, 재활학과, 재활공학과, 응급구조학과, 방사선학과, 안경광학과, 임상병리학과, 치위생학과, 치기공학과, 건강관리학과, 스포츠건강관리학과

활용 자료의 유의점

ⓘ 고전을 읽은 자신의 경험 또는 고전의 중요성을 강조하는 다른 사람의 글을 활용

ⓘ 유튜브 채널의 '고전 읽기'와 관련된 동영상 활용

ⓘ 독서력을 지닌 사람들이 작성한 고전 읽기 계획서나 고전 읽기 이력철 등을 활용

💬 MEMO

사회과 교과과정

한국사

핵심키워드

☐ 고구려·백제·신라시대의 의정제도 ☐ 민간의료 ☐ 의사선발을 위한 과거제도 ☐ 고려시대 의서 ☐ 의원정심규제
☐ 의료윤리 ☐ 한의학 ☐ 질병관 ☐ 의학사 ☐ 의사 앨런 ☐ 광혜원 ☐ 근대 서양의학 ☐ 근대의학사 ☐ 제중원
☐ 일제강점기의 의료 정책 ☐ 조선총독부 감염병 정책 ☐ 건강보험 ☐ 함무라비 법전 ☐ 노인성 질환 ☐ 의료격차

영역 | 전근대 한국사의 이해

성취기준

[10한사01-02] 고대 사회의 종교와 사상을 시기별로 살펴보고, 정치·사회적 기능을 파악한다.

▶ 재래 신앙과 외래 종교 및 사상이 고대 사회에 미친 다양한 영향을 살펴보고, 신라 말기의 사회 변화 속에서 선종, 풍수지리설의 유행이 갖는 의미를 이해하도록 한다.

[10한사01-04] 다원적인 사회 구조와 다양한 사상적 기반 위에 고려 사회가 운영되었음을 이해한다.

[10한사01-06] 조선 시대 신분의 구성과 특성을 살펴보고, 양난 이후 상품 화폐 경제가 발달하면서 신분제에 변동이 나타났음을 이해한다.

▶ 조선 후기 풍속화나 문학 작품을 제시하여 당시의 사회 변화를 구체적으로 느낄 수 있게 한다.

탐구주제

1.한국사 — 전근대 한국사의 이해

1 우리 역사에서 본격적인 국가적 형태로 기틀이 마련된 시기는 고구려, 백제, 신라의 삼국시대이다. 이 세 나라는 나름의 정치체제를 갖추고 있었기 때문에 의료를 담당하는 의정제도 또한 나름대로 갖추고 있을 것이라고 추측해 볼 수 있다. 당시에는 약재뿐만 아니라 주술적인 치료도 가능하다고 생각했던 시기이다. 그러나 이 시기의 기록이 미비하고 그나마 남아 있는 기록 자체도 주변국 기록에 의지할 수밖에 없다. 고구려, 백제, 신라 시대의 의정제도와 민간에서는 어떤 의료 행위가 있었는지 문헌을 살펴보고 발표해 보자.

관련학과
의예과, 치의예과, 한의예과, 약학과, 한약학과, 보건관리학과, 의료복지공학과, 재활학과, 응급구조학과, 건강관리학과

② 고려시대는 이전 시기에 체계화된 의료제도와 의학적 발전을 바탕으로 자주적 경향이 진작된 시기이다. 특히 의사선발을 위한 과거제도의 시행으로 능력 있는 의사를 양성할 수 있게 되어 의학 발전에 지대한 영향을 미쳤다. 고려시대의 의학이 발전하게 된 배경과 그 시기에 편찬된 의서들을 조사하여 발표해 보자.

관련학과
의예과, 한의예과, 약학과, 한약학과, 보건관리학과, 의료복지공학과, 응급구조학과, 건강관리학과

③ 조선시대에 한의학의 히포크라테스 선서로 불리는 '의원정심규제(醫員正心規制)'가 제정되었다. 1456년 이석형은 전라 감사로 부임해 민정을 살피던 중 '장덕'이라는 의원이 환자를 소홀히 대하고, 권력자만 쫓고, 약값도 비싸게 받아 원성이 높다는 소문을 듣게 되었다. 민폐 사실을 조사하고, 장덕 의원의 죄상을 가려 처리한 후에 의자(醫者)들의 올바른 길을 제시하기 위해 '의원정심규제'를 제정하여 공포하였다고 한다. '의원정심규제' 내용을 오늘날의 의료 윤리와 비교 분석하여 발표해 보자.

관련학과
의예과, 치의예과, 한의예과, 약학과, 한약학과, 보건관리학과, 의료복지공학과, 응급구조학과, 건강관리학과

④ 「한의학에 미친 조선의 지식인들(김남일)」이란 책은 부제가 '유의열전'이다. '유의(儒醫)'란 유교적 사상을 바탕으로 의학의 이치를 연구한 사람들을 일컫는 말이다. 허준, 유이태, 양예수 등을 제외하면 대부분의 인물들은 유학자 혹은 철학자들이다. 박제가, 이익, 이황, 최한기, 그리고 세조 이유, 정조 이산 등이 본격적으로 의학을 연구했던 인물이다. 이 책을 읽고 한 명씩 선택하여 그들의 인간관, 질병관, 치료 경험을 조사하고, 의학사에 어떤 업적을 남겼는지 발표해 보자.

관련학과
의예과, 한의예과

영역
근대 국민 국가 수립 운동

성취기준

[10한사02-01] 흥선 대원군이 추진한 정책의 내용과 성격을 이해하고, 서구 열강의 침략적 접근에 대한 조선의 대응을 파악한다.

▶ 세도 정치에 대한 저항과 열강의 침략적 접근이 심화되는 상황에서 흥선 대원군이 집권하였음을 이해한다. 프랑스와 미국의 침략적 접근에 조선이 어떻게 대응했고, 그것이 현재에 주는 시사점이 무엇인지 파악한다.

[10한사02-06] 개항 이후 근대 문물 수용으로 나타난 사회·문화적 변화를 살펴본다.

① 1884년에 일어난 갑신정변으로 명성황후의 조카인 민영익이 다쳐 생명이 위태로울 때 미국인 의사 앨런의 치료로 목숨을 건지게 된다. 이 일로 왕실의 신임을 얻은 앨런은 고종에게 병원을 세울 것을 제안하였다. 이에 따라 1885년 4월 우리나라 최초의 서양식 왕립 무료 병원인 '광혜원'이 탄생하였고, 얼마 지나지 않아 '제중원(濟衆院)'으로 이름이 바뀐다. 근대 서양 의학이 조선에 본격 소개된 시점은 제중원이 설립된 1885년 봄이다. 우리나라에 근대 서양의학이 도입된 경로와 근대 의학사(의술이 발전된 역사)를 조사하여 보고서를 작성해 보자.

관련학과

의예과, 치의예과, 한의예과, 약학과, 한약학과, 보건관리학과, 의료복지공학과, 응급구조학과, 건강관리학과

② 드라마 '제중원'은 조선 최초의 근대식 의료기관인《제중원》을 소재로 한 의학 사극이다. 이 드라마는 구한말, 백정의 아들인 황정이 제중원에서 서양 의술을 배우며 신분의 벽을 뚫고 최고의 외과 의사가 되는 이야기를 그린 드라마이다. 백정이라는 신분의 한계를 가진 주인공과 그의 라이벌인 양반의 자제, 그리고 역관의 딸인 중인 여성을 중심으로 이야기가 펼쳐진다. 이 드라마를 시청하고, 우리나라의 개화기 이전 의술과 개항 이후 근대 문물을 수용한 근대 서양 의술을 비교하여 발표해 보자.

관련학과

의예과, 한의예과, 약학과, 한약학과, 보건관리학과, 의료복지공학과, 응급구조학과, 건강관리학과

영역

일제 식민지 지배와 민족 운동의 전개

성취기준

[10한사03-01] 제1차 세계대전 전후 세계정세의 변화를 살펴보고, 일제의 식민지 지배 정책과 경제 구조 변화의 특징을 파악한다.

[10한사03-04] 사회 모습의 변화를 살펴보고, 다양한 사회 운동을 근대 사상의 확산과 관련지어 이해한다.

▶ 교통과 도시의 발달, 식민지 경제의 변화가 도시와 농촌 및 개인 삶에 미친 영향을 파악한다. 사회 문제의 해결을 위해 자유주의, 사회주의, 페미니즘 등 근대 사상에 입각하여 청년·농민·노동·여성·소년·형평 운동 등 다양한 대중 운동이 전개되었음을 인식한다.

탐구주제

1.한국사 — 일제 식민지 지배와 민족 운동의 전개

① 일제강점기에 일본은 적극적으로 서양 의학과 보건 의료를 채택하였다. 대한제국은 오랜 전통으로 민간의 주축 의료를 이루고 있었던 한의학을 용인했지만 일본은 한의학을 철저하게 무시하였다. 총독부는 의료 공백을 막고 기존 한의사들의 기득권을 보장해 주기 위해 당대에 한해서 한시적으로 개업을 인정하여 주었지만, 한의사 교육이나 신규 면허는 철저히 억제하여 장기적으로 한의학을 도태시키는 정책을 취하였다. 일제강점기 의료 정책을 조사하고, 이를 바탕으로 당시 한의학과의 관계를 분석하여 보고서를 작성해 보자.

관련학과

의예과, 한의예과, 약학과, 한약학과, 보건관리학과, 건강관리학과

탐구주제

(2) 식민지 시절의 조선은 독감으로 인해 막심한 피해를 입었다. 1919년 1월 30일자 <매일신보>에 실린 '악성 윤감(輪感)의 사망자가 실로 14만 명'이라는 기사에서 그 규모를 확인할 수 있다. 이 신문은 악성 돌림감기로 인해 사망한 사람은 14만이고 '앓은 사람은 칠백 육십만 명'이라고 보도했다. 1918년 10월부터 조선에 번진 독감이 1919년 1월 30일까지 확진자 760만 명을 초래한 것이다. 이런 상황에서 조선총독부의 보건 정책은 실질적 도움이 되지 못했다. 1918년 독감은 일본인 식민지배자들의 방역 역량이 얼마나 부실한지를 보여주고 있다. 일제강점하 조선총독부의 감염병에 대한 정책과 한국인들의 보건 상태를 조사하여 발표해 보자.

관련학과

의예과, 한의예과, 약학과, 한약학과, 건강관리학과

영역

대한민국의 발전

성취기준

[10한사04-05]　　경제 성장의 성과와 문제점을 살펴보고, 이에 따른 사회·문화의 변화를 파악한다.

> ▶ 경제 성장 과정에 대해서는 도표, 통계 자료, 사진, 영상 자료, 인터넷 자료 등을 활용하여 경제 성장의 성과 및 문제점을 동시에 이해할 수 있게 한다.

[10한사04-07]　　외환위기를 극복하기 위한 노력을 살펴보고, 이 시기에 당면한 사회적 과제를 탐구한다.

탐구주제

(1) 우리나라는 언제부터 건강보험이 생겼을까? 건강보험에 대한 가장 오래된 기록은 세계적으로 기원전 2000년 경의 메소포타미아에서 찾아볼 수 있다. 「의학적 진단과 예후」라는 책의 기록에 따르면 의사가 소비자인 환자로부터 대가를 받고 의료서비스를 제공했다는 사실을 확인할 수 있다. 메소포타미아의 기본법을 기록한 함무라비 법전에도 의료인의 치료 행위에 대한 사례가 남아 있다. 그렇다면 오늘날 우리나라의 건강보험과 유사한 제도는 언제부터 생겼는지 자료를 조사하여 발표해 보자.

관련학과

의예과, 한의예과, 약학과, 한약학과, 보건관리학과, 의료복지공학과, 건강관리학과

---

(2) 경제 성장과 더불어 고령화 사회에 진입하면서 치매나 폐렴 등 노인성 질환으로 인한 사망률이 급상승하고 있는 것으로 나타났다. 통계청 '2019년 사망 원인 통계'보고서에 따르면 지난해 국내 총 사망자 29만 5,000명 가운데 알츠하이머로 인한 사망자는 6,744명(2.3%)으로 집계됐다. 알츠하이머병 사망률(인구 10만 명당 사망자수)은 13.1명으로 전년(12.0명) 대비 9.5% 상승했다. 고령화 사회에 대비한 기존의 보건의료 정책을 분석하고, 이를 바탕으로 노인이 처한 상황과 상태를 고려한 맞춤형 보건의료 정책을 제안해 보자.

관련학과

의예과, 한의예과, 약학과, 한약학과, 보건관리학과, 의료복지공학과, 건강관리학과

탐구주제

(3) 1997년 말에 발생한 외환위기는 한국을 경제적 위기에 빠뜨렸다. 외환위기는 국민의 건강, 국민의 의료 이용 접근, 계층 간 의료격차 등 보건의료에도 큰 영향을 미쳤다. 외환위기로 인한 경제적·사회적 변화가 보건의료에 미친 영향과 외환위기 이후 시행된 보건의료 정책을 조사하여 발표해 보자.

관련학과

의예과, 치의예과, 한의예과, 약학과, 한약학과, 수의예과, 보건관리학과, 물리치료학과, 의료복지공학과, 재활학과, 응급구조학과, 건강관리학과

활용 자료의 유의점

- (!) 조선 후기 풍속화나 문학 작품을 활용
- (!) 개혁안, 문집, 조선왕조실록, 조약문 등과 같은 사료를 활용
- (!) 일제강점기를 살았던 다양한 인간 군상이 등장하는 문학 작품을 소재로 활용
- (!) 경제 성장 과정에 대해서는 도표, 통계 자료, 사진, 영상 자료, 인터넷 자료 등을 활용
- (!) 역사 연구의 기본 자료인 사료뿐만 아니라 지도, 연표, 그림, 도표, 사진, 문학 작품, 영화, TV 드라마, 다큐멘터리 등 역사 자료를 적극 활용

💬 MEMO

사회과 2

통합사회

핵심키워드

☐ 행복지수 ☐ 세계행복보고서 ☐ 덴마크 의료 정책 ☐ 행복과 의료 정책 ☐ 자연재난 ☐ 재난 심리회복 지원센터
☐ 대유행 감염질환 ☐ 자연재해 ☐ 건강장애 ☐ 펫로스 증후군 ☐ 생태도시 ☐ SNS 증후군과 정신건강 ☐ 의료인권
☐ 사회적 소수자 ☐ 커뮤니티 케어 ☐ 의료격차 ☐ 의료 불평등 ☐ 이주민 건강 불평등 ☐ 다국적 제약기업
☐ 국제보건활동 ☐ 초고령사회

영역 | **인간, 사회, 환경과 행복**

성취기준

[10통사01-02] 사례를 통해 시대와 지역에 따라 다르게 나타나는 행복의 기준을 비교하여 평가하고, 삶의 목적으로서 행복의 의미를 성찰한다.

▶ 행복의 기준이 시대적 상황과 지역적 여건 등에 따라 어떤 공통점과 차이점을 보이는지를 찾아내고, 이들을 비교·평가함으로써 행복의 진정한 의미를 성찰할 수 있도록 한다.

[10통사01-03] 행복한 삶을 실현하기 위한 조건으로 질 높은 정주 환경의 조성, 경제적 안정, 민주주의의 발전 및 도덕적 실천이 필요함을 설명한다.

▶ 사람이 사람답게 살아가기 위한 질 높은 정주 환경의 조성, 삶의 질을 유지하기 위한 경제적 안정, 시민의 참여가 활성화되는 민주주의의 실현, 도덕적으로 행위하고 성찰하는 삶 등 행복한 삶을 실현하기 위한 조건들을 균형 있게 다루도록 한다.

탐구주제

2.통합사회 ― 인간, 사회, 환경과 행복

① 국제 행복의 날에 발표되는 '세계행복보고서'는 1인당 국내총생산과 사회적 지원, 기대수명, 사회적 지위, 관용, 부정부패 정도 등을 기준으로 산출되는 행복지수로 UN에서 매년 발표하고 있다. 2019년 세계행복보고서에 의하면 한국은 세계 156개국 가운데 54위(지수 5.895/10점 만점)에 올랐다고 한다. 한국이 기대수명(9위), 1인당 국민소득(27위), 관용(40위) 부문에서는 상위권에 올랐으나 사회적 자유(144위), 부정부패(100위), 사회적 지위(91위) 등에서는 좋은 점수를 받지 못했다. 사람들이 행복을 규정할 때 물질적인 경제 수준, 교육 활동, 개인의 자유로운 활동, 정치적 의견과 행동뿐만 아니라 개인의 건강 상태를 고려한 이유를 토의해 보자.

관련학과
의예과, 치의예과, 한의예과, 약학과, 한약학과, 수의예과, 보건관리학과, 물리치료학과, 의료복지공학과, 재활학과, 응급구조학과, 건강관리학과

2 책 「우리도 행복할 수 있을까(오연호)」의 부제는 '행복지수 1위 덴마크에서 새로운 길을 찾다'이다. 책의 내용 중에는 덴마크의 병원비는 평생 무료이고, 친구처럼 건강과 인생을 보살펴주는 동네 주치의 크리스텐센도 등장한다. 이 부분을 읽고, 덴마크의 의료 정책과 우리나라의 의료 정책을 비교하여 행복과 의료 정책간의 관계를 발표해 보자.

관련학과

의예과, 치의예과, 한의예과, 약학과, 한약학과, 수의예과, 보건관리학과, 물리치료학과, 의료복지공학과, 재활학과, 응급구조학과, 건강관리학과

영역
자연환경과 인간

성취기준

[10통사02-01] 자연환경이 인간의 생활에 미치는 영향에 관한 과거와 현재의 사례를 조사하여 분석하고, 안전하고 쾌적한 환경 속에서 살아갈 시민의 권리에 대해 파악한다.

> ▶ 기후와 지형 등 자연환경에 따른 생활양식의 차이를 다루고, 자연환경의 영향으로 인해 인간의 삶이 위협받는 사례를 조사하도록 한다. 이와 관련하여 시민에게 보장된 권리를 파악한다.

[10통사02-03] 환경 문제 해결을 위한 정부, 시민사회, 기업 등의 다양한 노력을 조사하고, 개인적 차원의 실천 방안을 모색한다.

> ▶ 국내외적으로 발생하는 환경 문제 해결을 위한 정부의 제도적 노력이나 시민단체들의 시민운동 및 캠페인, 기업 차원에서의 시설 정비 및 기술 개발 등 다양한 실제 사례들을 조사하고, 개인적 차원에서 할 수 있는 분리수거, 에너지 절약 등 실천 방안을 탐색할 수 있도록 한다.

탐구주제

1 재난은 자연현상, 사고, 전염병 확산 등으로 인해 발생할 수 있는 자연재난과 사회재난을 모두 포괄하는 개념으로 국민의 생명, 신체 및 재산에 피해를 줄 수 있다. 재난 피해자의 약 60%는 재난으로 인해 근골격계 질환, 고혈압, 소화기계 질환 등을 진단받았고, 30%는 외상 후 스트레스 장애 증상, 우울, 불안, 불면증과 식욕 감퇴 등을 호소한다고 한다. 우리나라에서 자주 발생하는 자연재난을 조사해 보고, 자연재난 대응 및 복구 과정에서 지원할 수 있는 방안에 대하여 토의해 보자.

관련학과

의예과, 한의예과, 약학과, 한약학과, 보건관리학과, 물리치료학과, 운동재활복지학과, 운동처방학과, 재활학과, 응급구조학과, 건강관리학과

---

2 대한적십자사는 행정안전부 위탁사업으로 전국 17개 시·도에 재난심리회복지원센터를 운영하며 재난 경험자의 심리적 안정과 사회 적응을 지원하고 있다. 이와 함께 재난심리회복 지원과 재난취약계층 지원사업도 운영하고 있다. 재난심리회복지원센터에서 하는 일을 구체적으로 조사하여, 재난에 당면했을 때 일반시민들이 쉽게 접근할 수 있는 방법을 발표해 보자.

관련학과

의예과, 한의예과, 약학과, 한약학과, 보건관리학과, 의료복지공학과, 건강관리학과

③ 최근 국내외에서 팬데믹이 발생하여 인명과 재산피해가 크고, 사회 전체적으로 정신적 고통을 주고 있다. 이런 대유행 감염질환에 대비한 의료 체계는 신속한 현장 접근 및 초기 처치의 시작이 결정적인 요소가 되며, 환자 대거 발생에 대비한 체계가 더욱 중요하다. 또한 재해에 의한 장기간의 신체적, 정신적 건강 상태의 변화를 집중적으로 관찰할 수 있는 체계도 필요하다. 우리나라에서 발생 또는 재발할 수 있는 대유행 감염질환에 대한 응급의료체계의 현황을 알아보고, 각 상황에 대한 개선책을 토의해 보자.

관련학과

의예과, 한의예과, 약학과, 한약학과, 보건관리학과, 의료복지공학과, 응급구조학과, 건강관리학과

④ 2020년도에는 한반도뿐만 아니라 중국과 미국에도 비바람 피해가 잇따르고 있다. 중국은 강한 비바람을 동반한 4호 태풍 '하구핏'이 중국 동부지역을 강타하면서 가옥 500채가 무너지는 등 여러 피해가 속출했으며, 미국에서는 폭우와 토네이도를 몰고 온 열대성 폭풍 이사이아스의 상륙으로 수백만 가구가 정전 피해를 봤다. 세계 각국의 자연재해(중국과 미국의 태풍, 일본의 지진 쓰나미, 인도네시아 쓰나미 등) 이후에 나타난 건강장애와 나라별 의료지원 현황을 조사하여 발표해 보자.

관련학과

의예과, 한의예과, 약학과, 한약학과, 보건관리학과, 의료복지공학과, 건강관리학과

영역

생활공간과 사회

성취기준

[10통사03-01] 산업화, 도시화로 인해 나타난 생활공간과 생활양식의 변화 양상을 조사하고, 이에 따른 문제점을 해결하기 위한 방안을 제안한다.

▶ 산업화와 도시화로 인해 나타난 생활공간의 변화 양상으로는 거주 공간, 생태 환경 등의 변화를 다루며, 산업화와 도시화로 인한 문제를 해결하기 위한 방안은 개인적 차원과 사회적 차원으로 나누어 제시할 수 있다.

[10통사03-02] 교통·통신의 발달과 정보화로 인해 나타난 생활공간과 생활양식의 변화 양상을 조사하고, 이에 따른 문제점을 해결하기 위한 방안을 제안한다.

▶ 교통·통신의 발달과 정보화로 인해 나타난 생활공간의 확대 및 격차, 생태 환경의 변화, 생활양식의 변화 등을 다루며, 이 과정에서 사생활 침해, 사이버 범죄, 정보격차 등 새로운 사회문제가 발생하고 있음을 다룬다. 더불어 새롭게 등장한 문제를 해결하기 위해 실제 우리 사회에서 시행하고 있는 제도적 방안을 평가하도록 한다.

탐구주제

(1) 산업화와 도시화로 인해 우리의 생활환경이 많이 변화함에 따라 반려동물을 키우는 가정이 늘고 있다. 반려동물을 잃은 극도의 스트레스로 상실감, 무기력감, 우울증을 겪기도 하는데 이를 '펫로스(Pet Loss·반려동물 상실) 증후군'이라고 한다. 펫로스 증후군이 얼마나 심각한지는 겪어본 사람만이 안다. 펫로스 증후군은 왜 생기는 것인지 조사하고, 펫로스 증후군을 극복하는 방법에 대해 발표해 보자.

관련학과

의예과, 한의예과, 약학과, 한약학과, 수의예과, 보건관리학과, 미술치료학과, 언어치료학과, 건강관리학과, 스포츠건강관리학과

(2) 급격한 산업화, 도시화로 심각한 환경문제가 발생하게 되자 환경과 건강, 생명에 대한 사람들의 관심이 증가하고, 생태도시 조성의 필요성이 증가하게 되었다. 초기에는 생태도시의 자연환경 보전이나 환경오염 관리를 강조하는 환경 중심주의적 접근에 치중하였다면, 1992년 UN 리우 환경회의에서 지속가능성이 천명된 이후에는 자연의 보전뿐만 아니라 문화적 다양성, 경제적 활기, 사회적 형평성 등의 개념으로 발전하고 있다. 세계 생태도시의 모범적인 사례를 조사하고, 이를 우리나라에 어떻게 적용할 수 있는지 탐구하여 발표해 보자.

관련학과

의예과, 한의예과, 약학과, 한약학과, 보건관리학과, 건강관리학과

(3) 트위터나 페이스북, 유튜브 등 SNS는 정보화 시대에 필요한 도구지만 SNS 중독과 연관된 청소년 정신건강이 사회 문제로 부각되고 있다. 영국 런던대학 러셀 바이너 박사는 영국 청소년 1만 3천명을 대상으로 분석한 결과, SNS 사용 빈도가 높을수록 정신건강에 해가 될 수 있다고 발표했다. 일본 후생노동성의 2018년 보고서에 따르면 '인터넷 중독' 학생이 2013년 51만 명에서 5년 만에 93만 명으로 급증했다. 그 원인으로 스마트폰 게임과 소셜미디어 열풍이 꼽혔으며 인터넷 중독으로 건강과 학업에 지장을 받은 것은 여학생의 비율이 더 높았다고 한다. SNS 활동이 정신건강에 미치는 영향을 탐구하고 SNS의 효율적인 활용 방안에 대해 토의해 보자.

관련학과

의예과, 한의예과, 약학과, 한약학과, 보건관리학과, 건강관리학과, 스포츠건강관리학과

영역

인권 보장과 헌법

성취기준

[10통사04-03] 사회적 소수자 차별, 청소년의 노동권 등 국내 인권 문제와 인권지수를 통해 확인할 수 있는 세계 인권 문제의 양상을 조사하고, 이에 대한 해결 방안을 제시한다.

▶ 사회적 소수자의 사례로는 장애인, 이주 외국인 등을 다룰 수 있으며 청소년 노동권의 경우 청소년들이 일을 하면서 보장받아야 할 권리 및 관련 법규를 청소년 아르바이트와 같은 사례에 적용하여 다룰 수 있다. 세계 인권 문제는 국제기구나 비정부 기구 등에서 발표하는 인권지수를 활용하여 세계 각 지역에서 나타나는 인권 문제의 양상과 해결 방안에 대해 다루도록 한다.

탐구주제

1 코로나19 초기 방역의 모범국가로 불리었던 싱가포르는 확진자가 다시 폭발적으로 증가함에 따라 명성이 무색해졌다. 이러한 여러 원인 중 하나로 이주노동자 거주시설에서의 집단감염 발생을 꼽을 수 있다. 그래서 우리 정부도 '지금까지 관심이 덜 했던 사각지대, 특히 불법체류 외국인과 노숙인, 그와 유사한 주거환경을 갖춘 쪽방 거주민을 예의주시하고 있다'고 발표했다. 사회적 소수자인 외국인 근로자의 건강과 인권을 위협하는 요소를 분석하고, 이들을 지원하기 위한 방안을 토의해 보자.

관련학과
전 의약계열

2 바이러스는 사회에서 소외된 이들이 누구인지 잘 드러내준다. 열악한 폐쇄 병동에 갇혀 있던 정신질환자들의 죽음, 중국인이나 중국 동포에 대한 차별과 혐오, 특정 환자 개인들에 대한 혐오 사례는 어떤 상황에서도 인권을 보장하고 평등하게 대우할 것을 엄중히 요구하고 있다. 사회가 위기와 혼란에 직면했을 때, 사회적 약자들이 부딪히는 의료 인권의 양상과 그에 따른 해결 방안을 발표해 보자.

관련학과
의예과, 한의예과, 약학과, 한약학과, 보건관리학과, 건강관리학과

영역

사회 정의와 불평등

성취기준

[10통사06-03] 사회 및 공간 불평등 현상의 사례를 조사하고, 정의로운 사회를 만들기 위한 다양한 제도와 실천 방안을 탐색한다.

▶ 사회 계층의 양극화, 공간 불평등, 사회적 약자에 대한 차별 등 사례를 조사하여 원인을 분석하고, 이를 해결하기 위한 사회 복지 제도, 지역 격차 완화 정책, 적극적인 우대 조치 등을 다루도록 한다.

탐구주제

1 커뮤니티 케어는 많은 국가가 오래전부터 시행하고 있는 사회복지 정책이다. 대표적 사례로 영국에서는 커뮤니티 케어가 보건복지 서비스의 지향을 표현하는 용어이면서 동시에 성인 취약계층을 지원하는 제도의 명칭으로 사용되고 있다. 각국의 커뮤니티 케어 운영 사례를 조사하고, 우리나라의 커뮤니티 케어 정책과 비교하여 발표해 보자.

관련학과
의예과, 한의예과, 약학과, 한약학과, 보건관리학과, 건강관리학과

2 지역 간 의료 인력 불균형이 심각하여 지역에 따라 필수 의료 서비스가 제대로 공급되지 못하는 문제가 발생하고 있다. 보건복지부 '2017년 국민보건의료 실태조사'에 따르면 인구 10만 명당 심장질환으로 인한 사망률이 서울은 28.3명이었지만 경남은 45.3명에 달했다. 이는 생명과 밀접한 중증 의료 분야에서 지역별 건강 수준 차이가 심하다는 사실을 보여준다. 지역 간 의료격차가 발생하게 된 원인을 분석하고, 지역 격차를 해소하기 위한 방안을 발표해 보자.

관련학과
의예과, 한의예과, 약학과, 한약학과, 보건관리학과, 건강관리학과

문화와 다양성

성취기준

[10통사07-04] 다문화사회에서 나타날 수 있는 갈등을 해결하기 위한 방안을 모색하고, 문화적 다양성을 존중하는 태도를 갖는다.

▶ 다문화사회의 갈등 해결 방안을 다룰 때, 다문화사회의 갈등만을 부각하기보다는 다문화사회의 긍정적 측면도 함께 다룰 수 있도록 한다. 그리고 다문화사회의 갈등 해결 방안은 문화 다양성의 존중과 관련지어 모색하도록 한다.

탐구주제

2. 통합사회 — 문화와 다양성

① 법무부에 따르면 정부 허가를 받아 국내 체류 중인 이주 노동자와 결혼 이주 여성, 이주 아동 등은 약 236만 명 수준으로, 2009년에는 116만 명에 불과했지만 10년 새 2배 이상으로 늘어났다고 한다. 이는 우리 사회가 여러 인종이나 문화·민족 등이 융합된 다문화사회로 진입하고 있음을 알 수 있다. 그런데 2019년에 실행된 외국인에 대한 건강보험 제도 개정 이후 의료 사각지대 확산, 비노동 이주민 의료보장성 취약, 의료 접근성 저하 등 이주민의 건강 불평등이 더욱 심화되었다고 한다. 이주민에 대한 의료 불평등 실태를 조사하여 이러한 문제가 발생한 원인을 다양한 측면에서 분석하여 발표해 보자.

관련학과

의예과, 한의예과, 약학과, 한약학과, 보건관리학과, 건강관리학과

세계화와 평화

성취기준

[10통사08-01] 세계화 양상을 다양한 측면에서 파악하고, 세계화 시대에 나타나는 문제를 조사하여 이를 해결하기 위한 방안을 제안한다.

▶ 세계화와 지역화의 관계 파악, 세계도시의 형성과 다국적 기업의 등장에 따른 공간적·경제적 변화 등을 통해 세계화의 양상을 알아보고, 문화의 획일화와 소멸, 빈부 격차의 심화, 보편 윤리와 특수 윤리 간 갈등 등 세계화가 초래할 수 있는 문제점에 대한 해결 방안을 제안하도록 한다.

[10통사08-02] 국제 갈등과 협력의 사례를 통해 국제 사회의 행위 주체의 역할을 파악하고, 평화의 중요성을 인식한다.

▶ 지구촌 곳곳의 갈등과 협력에 대한 사례를 통해 국가, 국제기구, 비정부 기구 등 국제사회의 행위 주체의 역할을 다루고, 평화의 중요성을 소극적 평화와 적극적 평화로 구분하여 다룬다.

탐구주제

① 다국적 기업이란 수 개국에 걸쳐 영업, 제조 거점을 가지고 세계적인 범위와 규모로 영업을 하는 기업을 말하며, 19세기 말 남북 전쟁의 미국 회사들이 성장하여 시장을 지배한 데서 유래한다. 다국적 기업은 국내 활동과 해외 활동의 구별이 없으며 이익을 위해서는 장소와 기회만 있으면 어느 나라든지 진출을 한다. 세계적으로 유명한 다국적 제약기업을 찾아보고, 다국적 기업이 세계에 미치는 긍정적 효과와 문제점에 대해 토의해 보자.

관련학과

의예과, 한의예과, 약학과, 한약학과, 보건관리학과, 건강관리학과

② 세계보건기구(WHO)는 2020년 9월 "코로나19가 마지막 팬데믹은 아닐 것"이라며 재난에 대비해 각국 정부가 공중보건 시스템을 강화하라고 주문했다. 우리나라는 그동안 꾸준히 국제보건 활동을 진행해 왔다. 정부의 원조활동, 각종 보건 관련 국제기구 공무원 파견, 낙후 지역 의료봉사 및 재난 등 구호 활동을 해 왔다. 우리나라의 국제보건 활동 현황을 파악하고, 공중보건 시스템을 강화하기 위한 토의를 해 보자.

관련학과

의예과, 치의예과, 한의예과, 약학과, 한약학과, 수의예과, 간호학과, 보건관리학과, 물리치료학과, 의료복지공학과, 재활학과, 건강관리학과

영역

미래와 지속 가능한 삶

성취기준

[10통사09-01] 세계의 인구 분포와 구조 등에 대한 자료 분석을 통해 현재와 미래의 인구 문제 양상을 파악하고, 그 해결 방안을 제안한다.

▶ 세계의 인구 분포와 구조, 인구 이동에 대한 자료를 분석하고, 저출산·고령화, 인구 과잉 등 지역별로 다양한 인구 문제가 나타나게 된 배경과 문제점을 파악한다. 특히 저출산·고령화가 초래할 문제에 대한 해결 방안으로 잠재 성장률 유지를 위한 인구 정책의 필요성, 세대 간 정의, 미래 세대에 대한 책임 등을 다루도록 한다.

탐구주제

① 통계청의 2017~2027년 장래인구추계에 따르면 노령인구는 2022년 898만 명, 2024년 995만 명으로 빠르게 늘어 2025년에는 1천 51만 명으로 '노인 인구 1천만 시대'에 접어든다. 전체 인구 5명 중 1명이 노인인 '초고령사회'에 진입하는 것이다. 이런 고령화 영향으로 총 건강보험 진료비 중 65세 이상 인구의 진료비 비중은 2018년에 전체의 40.8%로 처음으로 40%를 넘었고, 2025년에는 49.3%까지 치솟을 것으로 전망됐다. 고령화로 야기되는 여러 문제점들을 분석하고, 기존 의료·보건 정책에서 보완해야 할 점을 토의해 보자.

관련학과

외예과, 치외예과, 한외예과, 약학과, 한약학과, 보건관리학과, 의료복지공학과, 건강관리학과

활용 자료의 유의점

- ⚠ 행복 실현을 위한 다양한 조건을 동서양의 고전이나 문학 작품, 신문 자료, 통계 자료를 통해 조사
- ⚠ 뉴스, 다큐멘터리, 영화, 광고, 문학 작품, 인터넷, 신문 등을 활용
- ⚠ 해당 자료를 얻기 위해 문헌 연구, 면담, 답사 등을 실시
- ⚠ 사회 계층의 양극화, 공간 불평등, 사회적 약자에 대한 차별 등 사회 불평등 문제에 대해서는 신문 기사, 다큐멘터리, 역사적 사례 등을 소재로 활용
- ⚠ 낙후된 지역(도시의 쪽방촌 등), 환경이 열악한 지역(쓰레기 처리장 등), 사회적 약자에 대한 차별(여성의 사회 진출과 승진 문제 등) 등에 관한 구체적 자료를 조사하여 활용

💬 MEMO

동아시아사

핵심키워드

☐ 서양 문물 수용　☐ 경제 성장과 정치 발전　☐ 동아시아 서양의학 발전사
☐ 삼국의 1세대 의사들　☐ 동아시아 국가 의료 정책

영역　## 동아시아의 근대화 운동과 반제국주의 민족 운동

성취기준

[12동사04-03]　동아시아 각국에서 서양 문물의 수용으로 나타난 사회·문화·사상적 변화 사례를 비교한다.

▶ 동아시아 각국은 개항을 전후한 시기에 본격적으로 서양 문물을 수용하면서 사회 전반에 걸쳐 커다란 변동을 겪었다. 문물 수용의 시기와 변동의 정도는 나라별로 차이를 보이는데 여기서는 1800년~1910년대를 대상으로 한다. 수용과 변화의 양상을 나라별로 나열해 서술하는 방식을 지양하고 만국 공법, 사회 진화론, 과학기술, 신문과 학교, 시간과 교통, 도시, 여성, 청년 등의 주제를 중심으로 다루며 가능할 경우 각국 간의 연관성을 부각해 제시하도록 한다.

탐구주제

3.동아시아사 — 동아시아의 근대화 운동과 반제국주의 민족 운동

① 1800년~1910년대에 중국과 일본, 그리고 조선 세 나라의 건외(遣外) 사절과 유학생들이 보인 서구 문물 수용 태도의 차이점이 국민국가 수립에도 큰 영향을 미쳤다. 동아시아의 세 나라가 걷는 서로 다른 길, 제국(일본)·식민지(조선)·반식민지(중국)로의 분화는 서세동점의 시기에 벌어진 서구 문물의 수용 태도나, 시기의 늦고 빠름이 주된 원인 중 하나였다. 「동아시아 서양 의학을 만나다(병원역사문화센터)」를 읽고, 동아시아 나라들이 서양 의학을 어떻게 받아들이고 발전시켰는지 발표해 보자.

관련학과

의예과, 한의예과, 약학과, 한약학과, 보건관리학과, 의료복지공학과, 건강관리학과

② 「미시사, 100년 전 동아시아 의사들을 만나다(병원역사문화센터)」라는 책은 동양에서 서양 의학을 배운 최초의 근대 의사들이 헤쳐나가야 헸던 전통과 근대의 충돌이 잘 나타나 있다. 이 책을 읽고 중국, 일본, 대만, 한국의 제1세대 의사들의 삶을 분석하고, 이들이 각국의 의료보건 분야에 남긴 영향력을 발표해 보자.

관련학과

의예과, 한의예과, 보건관리학과, 의료복지공학과, 건강관리학과

오늘날의 동아시아

성취기준

[12동사05-02]   동아시아 각국에서 나타난 정치·경제·사회적 발전 모습을 비교하여 파악한다.

탐구주제

1 동아시아 지역에는 다양한 국가가 존재하고 각 국가의 보건문제와 보건 의료제도는 상이하다. 따라서 국가 간 보건 의료제도의 성과를 비교하는 것은 새로운 아이디어를 제공하고, 정책 입안자들이 새로운 접근법을 생각할 수 있도록 영감을 주며, 다른 국가의 우수사례를 조명해 볼 수 있는 기회가 된다. 동아시아 국가들의 보건 의료정책에 대해 조사해 보고, 우리나라에 적용해 볼 만한 것들을 탐구하여 발표해 보자.

관련학과
의예과, 한의예과, 보건관리학과, 의료복지공학과, 건강관리학과

활용 자료의 유의점

① 각국의 경제 성장 과정에서 주도적인 역할을 했던 인물 조사, 역사 현안의 구체적 문제를 심층적으로 다루는 기사를 활용
① 역사 연구의 기본 자료인 사료뿐만 아니라 지도, 연표, 그림, 도표, 사진 등 시각 자료를 적극 활용

💬 MEMO

세계사

핵심키워드

☐ 중의학 발전사   ☐ 경락학설   ☐ 본초강목   ☐ 중국명의 5인   ☐ 일본 한의학 발전사   ☐ 페르시아 의학
☐ 세계 최초 병원   ☐ 준디샤푸르 병원   ☐ 파머징   ☐ 제약사업   ☐ 인류의약품   ☐ 흑사병   ☐ 풍토병
☐ 신항로 개척과 의학   ☐ 고대로마 의료 의학 체계   ☐ 그리스인 의사 갈레노스와 소라노스   ☐ 전쟁과 의술
☐ 세계보건기구   ☐ 신데믹   ☐ 디지털 트윈   ☐ 유전자가위

영역 **동아시아 지역의 역사**

성취기준

[12세사02-01] 춘추·전국 시대부터 수·당까지 중국사의 전개 과정과 일본 고대 국가의 형성 과정을 살펴보고, 동아시아 문화권의 성격을 이해한다.

▶ 춘추·전국 시대에서 진·한·수·당에 이르는 시기의 내용을 학습하여 통일 제국이 이룩한 중앙 집권 체제를 파악하고, 이를 다양한 지방 세력 및 북방 민족이 활동한 지방 분권의 움직임과 함께 종합적인 맥락에서 이해한다. 일본 고대 국가의 모습에서 오늘날 일본 사회를 이해하는 실마리를 찾는다. 중국 왕조와 주변 지역이 활발한 교류를 통해 동아시아 문화권을 형성해 가는 모습을 살펴본다.

[12세사02-02] 송의 정치·사회적 변화를 살펴보고, 몽골의 팽창이 아시아와 유럽에 미친 영향을 탐구한다.

[12세사02-03] 명·청 시대와 에도 시대의 변화를 탐구하여 동아시아 세계의 변동 상황을 파악한다.

탐구주제

4.세계사 — 동아시아 지역의 역사

① 중국의 전통의학은 흔히 중의학(中醫學)이라고 부른다. 중의학의 근간이 된 경락학설은 춘추전국시대 이전에 성립하였는데 황제내경과 상한론이 등장한 한나라 때에 이르러서야 본격적으로 체계를 갖추었다. 이후 외부와의 교류를 거친 중의학은 송나라 때에 역대 의서가 총정리되면서 학문으로서의 모습을 갖추었고, 금나라, 원나라 시대에 등장한 4명의 의가(금원사대가)를 거쳐 더욱 발전하였다. 중국의 중의학 발전사를 시대별로 정리하고, 주변 국가에 어떤 영향을 미쳤는지를 발표해 보자.

관련학과
의예과, 한의예과, 약학과, 한약학과

(2) 책 「천고의 명의들(쑨리췬 외 4인)」의 부제는 '중국 역사 최고의 명의 5인의 세상을 살린 놀라운 의술 이야기'이다. 중국 고대 명의 가운데 전설적인 명의로 추앙받고 있는 5인 동양의학의 창시자 편작, 외과의 비조로 불리는 의성 화타, 상한론의 시초 장중경, 약왕 손사막, 「본초강목」의 저자 이시진 등의 이야기를 풀어쓴 책이다. 5명의 모둠원이 각각 한 명의 명의를 선택하여 그와 관련된 재미있는 일화와 치료법, 그리고 후대에 미친 영향력을 조사하여 발표해 보자.

관련학과
의예과, 한의예과, 약학과, 한약학과

(3) 일본의 고대 한의학은 7세기부터 9세기 사이 견수사, 견당사들이 한반도를 경유하여 중국대륙에서 전수받은 것에서 유래되었다. 5세기 초에 한반도에서 의사가 온 기록이 있으나, 일본의 한의학 보급에 실질적으로 관여한 부분은 없다. 본격적으로 일본의 한의학이 발전한 건 16~17세기 이후로 명나라 유학파인 의사 타시로 산키와 제자 마나세 도산이 금원의학을 보급하면서 의학과 종교의 분리가 이루어진 뒤부터이다. 일본의 한의학 발전사를 시대별로 정리하고, 일본의 한의학 역사에서 큰 획을 그은 사람들을 찾아 발표해 보자.

관련학과
의예과, 한의예과, 약학과, 한약학과

영역 | 서아시아·인도 지역의 역사

성취기준

[12세사03-01] 서아시아 여러 제국의 성립과 발전을 살펴보고, 이슬람교를 중심으로 이슬람 세계의 형성과 확장을 탐구한다.

▶ 서아시아에 등장한 아시리아, 페르시아 등 여러 제국의 발전 과정을 살펴보고, 방대한 영토를 효율적으로 통치하기 위한 각종 제도와 정책의 특징을 이해한다. 다른 지역과의 경제·문화적 교류를 탐구하여 서아시아 사회가 지닌 다양성의 배경을 파악한다. 이슬람교의 등장으로 서아시아 지역의 정치 질서가 변화·성장하는 과정을 살펴본다. 이슬람교가 빠르게 확산되면서 형성된 이슬람 세계의 특징을 탐구하고, 이슬람과 각지의 교류가 동서 문명에 미친 영향을 알아본다.

[12세사03-02] 고대 인도 왕조들의 성립과 발전을 알아보고, 다양한 종교와 문화가 등장한 배경을 파악함으로써 인도 사회의 성격을 이해한다.

▶ 분열되어 있던 인도 지역에서 등장한 여러 왕조의 통일 과정을 알아보고, 이 과정에서 다양한 종교와 문화가 출현하게 된 역사적 맥락을 짚어 보도록 한다. 또한 인도 사회가 동서 문명의 발전과 교류에 있어 수행한 역할을 통해 인도 문화가 주변 지역으로 확산되는 모습을 조사하도록 한다.

탐구주제

① 서양에는 약 4,000년 전 수메르인들의 점토판이나 기원전 1550년대 이집트인들의 파피루스에 약물과 처방의 기록이 남아있다. 동양에는 기원전 250년대의 「신농본초경」에 최초로 약용식물(생약)들이 수록되어 있다. 인류 역사에 큰 획을 그었던 의약품 3가지를 조사하여 인간의 건강에 미친 영향을 발표해 보자.

관련학과
의예과, 치의예과, 한의예과, 약학과, 한약학과

② 세계 최초의 근대적 의미의 병원은 서산 제국의 준디샤푸르(Jundishapur) 대학병원이라고 한다. A.D. 271년 사산제국의 샤푸르 1세는 로마의 발레리안 황제가 이끄는 군대를 대패시킨 후, 이를 기념하기 위해 로마와 그리스의 전쟁포로를 시켜 준디샤푸르 도시를 세웠다. 그로부터 반세기 후 샤푸르 2세가 이 도시를 수도로 정하고 준디샤푸르 대학 안에 의과대학과 도서관을 포함하는 세계에서 가장 오래된 의료센터를 세웠다. 준디샤푸르 병원의 활동을 조사하여 이 병원이 세계의 의학 발달에 끼친 영향력을 탐구하여 발표해 보자.

관련학과
의예과, 치의예과, 한의예과, 약학과, 한약학과

③ 인도는 대표적인 파머징(Pharmerging) 국가이다. 파머징이란 의약품을 뜻하는 'Pharma'와 신흥을 뜻하는 'Emerging'을 합친 신조어로 중국, 인도, 러시아, 브라질 등 BRICs 국가와 태국, 이집트 등 의약품 산업 신흥시장을 의미한다. 이러한 파머징 국가들은 전 세계 의약품 시장의 성장을 주도하며 많은 제약기업들의 주목을 받고 있다. 인도의 토착 제약기업인 닥터래디스 연구소나 랜벅시는 이미 세계적인 제약회사들과 어깨를 견줄 만큼 성장했다. 아유르베다에서 출발한 전통 생약 원료로부터 발전시킨 신약개발도 활발하게 진행되어 인도의 제약산업은 이미 세계 시장을 누비기 시작했다. 인도의 제약산업이 발전하게 된 배경과 세계가 인도 제약 시장에 주목하는 이유를 분석하여 보고서를 작성해 보자.

관련학과
의예과, 치의예과, 한의예과, 약학과, 한약학과

영역
유럽·아메리카 지역의 역사

성취기준

[12세사04-01] 그리스·로마 문명의 특징을 이해하고, 고대 지중해 세계의 형성과 발전에 대해 탐구한다.

▶ 그리스·로마 문명을 통해 오늘날 유럽 사회가 형성된 근원에 접근해 본다. 서유럽 사회가 게르만족의 이동 이후 중세 봉건제 사회로 이행하는 과정을 살펴본다. 크리스트교의 성립과 발전이 서유럽 사회 및 비잔티움 제국에 미친 영향을 알아본다.

[12세사04-02] 서유럽 봉건 사회의 전개 양상을 탐구하고, 르네상스에서 시작된 세계관의 변동을 설명한다.

[12세사04-03] 신항로 개척이 가져온 유럽의 흥기와 절대 왕정의 등장에 대해 탐구하여 유럽 사회의 변화된 모습을 파악한다.

탐구주제

① 흑사병 발생 시기는 14세기로 1348년에서 1350년 무렵이다. 발생 시기는 짧았지만 중세 유럽 인구의 1/3인 2,500만 명 정도가 사망했다. 흑사병이 일반인을 비롯해 수도사의 목숨까지 앗아가자 교회 중심 사회였던 중세 유럽의 교회는 권위를 상실하게 된다. 신학보다 과학에 집중하는 문화가 자리 잡으면서 르네상스시대를 맞이하게 된다. 피터 테민 미국 매사추세츠공과대(MIT) 교수는 흑사병이 1차 산업혁명을 불러왔다고 주장했다. 흑사병이 유럽 사회에 가져온 1차 산업혁명의 특징을 조사해 보고, 이 산업혁명으로 의료 분야는 어떻게 발전했는지 탐구해 보자.

관련학과
의예과, 한의예과, 약학과, 한약학과, 건강관리학과

② 신항로 개척시대는 문명과 문화가 만날 때 의학이 발전한다는 것을 잘 보여준다. 서유럽 국가들이 식민지를 획득하면서 은과 향료뿐만 아니라 콜레라 같은 풍토병도 함께 들여왔다. 아메리카 원주민들은 유럽인들이 갖고 온 천연두로 인해 몰살의 지경까지 이른다. 「서민 교수의 의학 세계사(서민)」를 읽고, 신항로 개척과 의학의 관계를 탐구하여 발표해 보자.

관련학과
의예과, 한의예과, 보건관리학과, 의료복지공학과, 임상병리학과, 건강관리학과

③ 서기 79년경 베수비오 화산의 폭발로 사라진 비운의 도시, 이탈리아 폼페이의 '의사의 집'으로 추정되는 유적지에서 의료용 도구로 추정되는 유물들이 발굴되었다. 이 유물들의 출토로 고대 로마의 의료, 의학 체계에 대한 연구는 상당히 많은 성과를 거두었다. 고대 그리스인 의사였던 갈레노스와 소라노스의 의사로서의 삶과 업적을 조사하여 발표해 보자.

관련학과
의예과, 한의예과, 보건관리학과, 의료복지공학과, 건강관리학과

영역 # 제국주의와 두 차례 세계대전

성취기준

[12세사05-02] 제1, 2차 세계대전의 원인과 결과를 알아보고, 세계 평화를 실현하기 위한 방법에 대해 토론한다.

▶ 제국주의의 세계 분할이 제1차 세계대전으로 이어지는 과정을 살펴보고, 각국에서 전개된 민족 운동과 관련지어 파악한다. 대공황 이후 등장한 전체주의가 제2차 세계대전으로 이어지는 모습을 살펴본다. 세계대전을 경험한 국제사회가 전쟁의 재발을 막고 평화를 유지하기 위해 다양한 노력을 전개하였음을 이해한다.

탐구주제

1 인류에게 전쟁이 없던 시대가 있었을까. 역설적이지만 의학의 발전은 전쟁과 떼려야 뗄 수 없다. 다친 병사의 생명을 구하기 위한 의료인의 처절한 노력과 희생이 의학의 진전을 이루는 토대가 되었다. 「인류의 전쟁이 뒤바꾼 의학세계사(황건)」를 읽고, 제1·2차 세계대전을 토대로 이 전쟁이 의술을 어떻게 발전시켰으며, 질병과 죽음을 극복하는데 얼마나 기여했는지 탐구하여 발표해 보자.

관련학과

의예과, 약학과, 보건관리학과, 의료복지공학과, 건강관리학과

2 국제보건(International health)은 국가 간의 보건의료 협력에 관한 내용과 개발도상국에 관한 보건의료 문제를 다루는 분야이다. 제1회 국제보건 회의는 보건 문제에 관한 최초의 국제회의로 1851년 파리에서 개최되었다. 제1차 세계대전 후 국제연맹하에서 보건위원회가 만들어졌으나, 제2차 세계대전으로 보건기구의 활동이 중단되었다가 제2차 세계대전 후 국제연합(UN)이 조직되었으며 전문기구의 하나로 세계보건기구(WHO)가 설립되었다. 의약학 및 보건학과 관련된 국제기구를 조사해 보고, 이러한 국제기구들을 알리기 위한 보고서를 작성해 보자.

관련학과

의예과, 약학과, 보건관리학과, 의료복지공학과, 건강관리학과

영역 ## 현대 세계의 변화

성취기준

[12세사06-02] 세계화와 과학·기술 혁명이 가져온 현대 사회의 변화를 파악하고, 지구촌의 갈등과 분쟁을 해결하려는 태도를 기른다.

▶ 세계화·정보화·과학기술의 발달 등 현대 사회의 다양한 특성을 이해한다. 세계 각지에서 나타나고 있는 갈등과 분쟁을 세계사적 관점에서 접근함으로써 원인을 규명하고 해결 방안을 모색한다.

탐구주제

1 신데믹은 2개 이상의 유행병이 동시 혹은 연이어 집단으로 나타나면서 서로 상승작용을 일으키고 사태를 악화하는 것을 말한다. 신데믹은 1990년대 중반 미국 코네티컷 대학의 의학 인류학자 메릴 싱어가 처음 사용한 용어다. 코로나19 발생 이후 지난 5월까지 세계 각국의 연구자들은 코로나19와 환경문제 연관성을 다룬 논문을 최소 200편 이상 발표했다. 현재 신데믹을 이루는 4가지 재앙(코로나19, 기후 변화, 플라스틱, 미세먼지)은 서로가 영향을 주고 받는다. 이 4가지 재앙의 영향 관계를 설명하고, 이를 해결하기 위한 방안을 토의해 보자.

관련학과

의예과, 약학과, 보건관리학과, 의료복지공학과, 건강관리학과

2 세계적인 미래학자인 토마스 프레이 미국 다빈치 연구소장은 'GSI-2020 국제포럼'에서 코로나19가 기존 삶과 경제 구도를 바꾼 가운데 인터넷·센서·제조기술에 강점을 보유한 한국이 위기를 기회로 활용해 포스트 코로나 시대를 대비해야 한다고 조언했다. 기술 발전에 따라 위기 속에서도 새로운 기회의 장이 펼쳐질 것이라 예견한 것이다. 대표적인 기술로 디지털 트윈, 유전자가위 기술을 꼽았는데 이 두 기술은 의료보건 분야에서 이미 활용되고 있으나, 문제점도 발생하고 있다. 디지털 트윈과 유전자가위 기술을 접목한 사례를 조사하고 문제점에 따른 해결 방안에 대해서 토의해 보자.

관련학과

의예과, 치의예과, 한의예과, 약학과, 한약학과, 수의예과, 보건관리학과, 물리치료학과, 스포츠의학과, 스포츠재활학과, 운동재활복지학과, 운동처방학과, 의료복지공학과, 작업치료학과, 재활학과, 재활공학과, 응급구조학과, 임상병리학과, 건강관리학과, 스포츠건강관리학과

활용 자료의 유의점

- ⓘ 인터넷 자료, 서적 등을 활용하여 세계화가 진행되는 과정에서 나타나는 여러 현상 조사
- ⓘ 영화, 다큐멘터리 등 시청각 자료를 활용
- ⓘ 각 문명의 유물, 유적, 제도 등을 소개하는 안내 책자 활용
- ⓘ 동아시아 각국의 문화, 제도와 관련된 자료를 활용
- ⓘ 흥미와 이해도를 높이기 위해 시민 혁명이나 산업 혁명과 관련된 영화, 음악, 미술 등 다양한 매체를 활용

⊙ MEMO

사회과

5

경제

핵심키워드

☐ 의료 공공재   ☐ 의료 인력 확대와 공공의료 개혁   ☐ 보건산업   ☐ 신성장 산업

영역

시장과 경제활동

성취기준

[12경제02-03] 경쟁의 제한, 외부 효과, 공공재와 공유 자원, 정보의 비대칭성 등 시장 실패가 나타나는 요인을 파악한다.

[12경제02-04] 시장 실패 현상을 개선하기 위한 정부의 시장 개입과 그로 인해 나타날 수 있는 문제점을 이해하고 이를 보완할 수 있는 방안을 모색한다.

▶ 시장 실패와 정부 실패를 주제로 한 논쟁 문제 수업을 진행할 수 있다. 시장 실패가 나타날 때 정부가 개입해야 하는지 개입하지 말아야 하는지 모둠별로 찬반식 토론 수업을 진행한다.

탐구주제

5.경제 — 시장과 경제활동

① 국가는 국민이 납부한 세금에서 비용을 충당해 의료 시스템을 유지하고, 국민은 누구나 무료로 동일한 의료 서비스를 받는 국가가 존재한다. 이런 나라에서 의료는 공공재이며, 대부분 유럽 국가와 호주·캐나다같은 나라에서 채택하고 있다. 이런 나라에서 의료는 공공재다. 이와 달리 미국 같은 나라에서 시행하는 제도는 기본적으로 병원이나 보험회사가 주축이 된다. 의료 수가(진료비)나 의료 행위를 국가가 통제하지 않는다. 그렇다면 한국은 어떠한가? '의료는 공공재이다'라는 논제를 가지고 찬반 토론을 해 보자. 토론을 통해서 의료가 공공성을 지님으로써 나타나는 장단점을 파악하여 발표해 보자.

관련학과

의예과, 치의예과, 한의예과, 약학과, 한약학과, 수의예과, 간호학과, 보건관리학과, 물리치료학과, 미술치료학과, 언어치료학과, 스포츠의학과, 스포츠재활학과, 운동재활목시학과, 운동저방학과, 의료복지공학과, 작업치료학과, 재활학과, 재활공학과, 응급구조학과, 방사선학과, 안경광학과, 임상병리학과, 치위생학과, 치기공학과, 건강관리학과, 스포츠건강관리학과

탐구주제

②　2020년 8월 더불어민주당 의원 외 13명의 의원은 '재난 및 안전관리 기본법' 개정안을 발의했다. 재난에 필요한 자원에 '인력'을 포함하는 법 개정안을 발의한 것이다. 법이 시행되면 코로나19 상황에서 정부는 의료계 인력을 공식적으로 동원할 수 있게 된다. 의사 사회가 거부감을 드러낸 가운데 약사 사회는 동의한다는 의견과 강제 동원에 반대한다는 의견으로 나뉘고 있다. 2020년 9월, 114개 시민사회노동 단체들은 코로나19로 시민의 안전권이 심각한 위기에 있다면서 '의료인력 확대와 공공의료 개혁'을 촉구하고 있다. 현재 시행 중인 공공의료 정책을 조사해 보고, 새로 발의된 개정안에 대해 각 단체가 주장하는 내용을 비교 분석해 보자.

관련학과

의예과, 치의예과, 한의예과, 약학과, 한약학과, 수의예과, 간호학과, 보건관리학과, 물리치료학과, 미술치료학과, 언어치료학과, 스포츠의학과, 스포츠재활학과, 운동재활복지학과, 운동처방학과, 의료복지공학과, 작업치료학과, 재활학과, 재활공학과, 응급구조학과, 방사선학과, 안경광학과, 임상병리학과, 치위생학과, 치기공학과, 건강관리학과, 스포츠건강관리학과

영역

세계 시장과 교역

성취기준

[12경제04-01]　비교 우위에 따른 특화와 교역을 중심으로 무역 원리를 파악하고, 자유 무역과 보호 무역 정책의 경제적 효과를 이해한다.

▶ 국가 간 거래의 필요성을 인식하고 비교 우위에 따른 특화와 교역의 이득을 중점적으로 학습한다. 무역 정책과 관련해서는 자유 무역과 보호 무역의 논리를 균형 있게 다룬다.

탐구주제

①　우리나라는 세계로부터 코로나19 방역 모범국가로 평가받으며 보건산업은 신성장산업으로 발전하고 있다. 보건산업은 2020년 8월까지 연간 누적 수출액이 129억 달러로 전년 동기대비 29.5% 증가하는 등 괄목 성장했다. 의약품(51.2억 달러, +56.2%), 의료기기(31.7억 달러, +26.1%) 등 전 분야에서 상승세를 보이고 있다. 신성장 산업으로 떠오르는 보건산업이 경제 성장과 고용을 주도할 핵심산업으로 성장하기 위한 방안을 토의하여 발표해 보자.

관련학과

의예과, 치의예과, 한의예과, 약학과, 한약학과, 수의예과, 간호학과, 보건관리학과, 물리치료학과, 스포츠의학과, 의료복지공학과, 재활학과, 응급구조학과, 건강관리학과, 스포츠건강관리학과

활용 자료의 유의점

ⓘ 신문이나 뉴스 검색을 통해 시장 실패와 정부 실패가 나타난 구체적인 사례를 활용

ⓘ 공공의료 정책을 이해할 수 있는 각종 통계 자료와 당시 시대상을 한눈에 파악할 수 있는 사진 등 시각 자료 활용

ⓘ 한국은행 및 통계청 홈페이지를 방문하여 최근 10년간 우리나라 국내 총생산, 경제 성장률, 각종 고용 통계(경제활동참가율, 실업률, 고용률), 소비자 물가 지수, 인플레이션율 등을 조사하여 활용

사회과 6

정치와 법

핵심키워드

☐ 기본권의 내용 ☐ 지방자치 ☐ 이익집단 ☐ 시민단체 ☐ 언론 ☐ 민법 ☐ 인권 보장
☐ 근로자의 권리와 법 ☐ 국제법 ☐ 국제 문제 ☐ 국제기구 ☐ 건강권 ☐ 공공보건의료 ☐ 의대 정원 확대
☐ 공공의대 설립 ☐ 한국의료분쟁조정중재원 ☐ 의료분쟁 ☐ 아동인권보호관 제도 ☐ 세계보건기구

영역

민주주의와 헌법

성취기준

[12정법01-03] 우리 헌법에서 보장하는 기본권의 내용을 분석하고, 기본권 제한의 요건과 한계를 탐구한다.

▶ 우리 헌법이 어떤 기본권을 보장하고 어떤 경우에 기본권이 제한될 수 있는지에 대해서 분석하고, 기본권 제한의 한계와 방법에 대해서도 탐구한다.

탐구주제

6.정치와 법 ― 민주주의와 헌법

① 기본권 중 건강권은 2018년에 신설되어 헌법 개정안 제35조 5항에 명시되었다. 개정 전에는 '모든 국민은 보건에 관해 국가의 보호를 받는다'(헌법 제36조 3항)라고만 명시되어 있었다. 그러나 개정 후에는 '모든 국민은 건강하게 살 권리를 가진다. 국가는 질병을 예방하고 보건의료제도를 개선하기 위해 노력해야 하며, 이에 필요한 사항은 법률로 정한다'고 명시되어 있다. 그러나 보건의료 관련 단체들은 "권리 주체를 '국민'으로 한정했고, 건강의 사회적 결정요인과 건강 불평등 개념을 드러내지 않았으며, 국가의 의무를 명시적으로 표명하지 않았다는 점에서 아쉽다"고 의견을 발표했다. 건강권을 시대 흐름에 맞게 다시 개정한다면 어떤 사항들을 개정안에 포함시킬지 탐구하여 발표해 보자.

관련학과

의예과, 치의예과, 한의예과, 약학과, 한약학과, 보건관리학과, 스포츠의학과, 운동처방학과, 의료복지공학과, 건강관리학과, 스포츠건강관리학과

민주 국가와 정부

성취기준

[12정법02-03] 중앙 정부와의 관계 속에서 지방자치의 의의를 이해하고, 우리나라 지방자치의 현실과 과제를 탐구한다.

> ▶ 중앙 정부와 지방자치난제 간 조화로운 관계의 필요성을 인식하고, 현재 우리나라가 직면하고 있는 지방자치의 현실과 문제점을 진단하며 이를 해결하기 위한 구체적인 방안을 탐구하여 우리나라의 지방자치가 나아갈 방향을 모색한다.

탐구주제

6.정치와 법 — 민주 국가와 정부

① 건강권과 공공보건의료는 우리의 삶의 질을 좌우하는 정책과제 중의 하나가 되고 있으며, 지방자치단체 및 의회의 현안으로 부상하고 있다. 우리나라의 공공의료 비중이 지속적으로 감소하여 국가와 지방자치단체가 수립한 보건의료정책을 집행할 직접적인 수단이 부족하며, 코로나19 등 신종·변종 감염병 출현 및 인구 고령화와 만성질환 증가에 대응하기 위해 공공의료를 획기적으로 확충해야 한다는 주장이 제기되고 있다. 공공보건의료의 현황을 조사하고, 공공보건의료체계 개선 방안에 대해 토의해 보자.

관련학과
의예과, 치의예과, 한의예과, 약학과, 한약학과, 보건관리학과, 스포츠의학과, 운동처방학과, 의료복지공학과, 건강관리학과, 스포츠건강관리학과

정치과정과 참여

성취기준

[12정법03-03] 정당, 이익집단과 시민단체, 언론의 의의와 기능을 이해하고, 이를 통한 시민 참여의 구체적인 방법과 한계를 분석한다.

> ▶ 정당, 이익집단, 시민단체, 언론 등 다양한 정치 주체의 기능과 역할을 이해하고, 우리가 일상생활에서 실천할 수 있는 시민 참여의 구체적인 방법을 탐색한다.

탐구주제

(1) 2020년 9월 정부와 여당은 의협과 의대 정원 확대 및 공공의대 설립 추진을 코로나19가 안정화될 때까지 중단하고 원점에서 다시 논의하기로 합의했다. 이에 노동, 시민사회단체는 보건의료 정책은 시민의 건강과 안전 보장을 최우선으로 해야 하는 사회정책이라는 점에서 노동·시민·정부로 구성된 협의체에서 논의하고 추진되어야 한다고 주장하며, 시민과 함께하는 보건의료개혁 6대 개혁안을 발표했다. 의료보건 분야의 시민단체 현황과 주요활동을 분석해보고, 의료정책 결정 과정에 있어서 시민단체의 역할에 대해 토의해 보자.

관련학과

의예과, 치의예과, 한의예과, 약학과, 한약학과, 보건관리학과, 의료복지공학과, 건강관리학과

(2) 전 국민 의료보험, 의약분업 등 의료계의 요구에 반하는 정책이 시행되면서부터 의료분야 이익단체들의 목소리도 커지고 있다. 특히 2000년도의 의약분업 실시, 2020년 공공의료 정책과 더불어 발생한 의사 파업은 보건의료 정책 수립에 있어 이익집단과의 정책적 조율이 매우 중요함을 보여준 사건이라고 할 수 있다. 의료분야 이익집단의 다양한 정책개입 사례들을 조사하고, 의료정책 결정 과정에 있어서 이익집단의 역할에 대해 토의해 보자.

관련학과

의예과, 치의예과, 한의예과, 약학과, 한약학과, 보건관리학과, 의료복지공학과, 건강관리학과

영역 개인 생활과 법

성취기준

[12정법04-02] 재산 관계(계약, 불법행위)와 관련된 기본적인 법률 내용을 이해하고, 이를 일상생활의 사례에 적용한다.

▶ 민법의 주요 내용인 재산 관계를 계약, 불법행위 개념에 초점을 맞추어 기본적인 법률 내용을 확인하고 이를 일상생활의 사례에 적용한다. 여기서 민사 소송 등 분쟁 해결 절차는 다루지 않는다.

탐구주제

(1) 의료분쟁은 의료사고로 발생하는 환자와 의사의 다툼이다. 의료분쟁은 환자의 항의와 타협으로 마무리되기도 하지만, 사적 차원의 합의가 이루어지지 않으면 조정, 중재, 소송 등의 모습으로 전개된다. 의료사고가 항상 의료분쟁으로 직결되는 것은 아니지만 의료분쟁 건수는 지속적으로 증가해 왔다. 한국의료분쟁조정중재원의 역할과 의료분쟁 발생 시 조치할 사항을 조사하여 발표해 보자.

관련학과

의예과, 치의예과, 한의예과, 약학과, 한약학과, 수의예과, 간호학과, 보건관리학과, 물리치료학과, 스포츠의학과, 스포츠재활학과, 운동재활복지학과, 운동처방학과, 의료복지공학과, 작업치료학과, 재활학과, 재활공학과, 응급구조학과, 건강관리학과, 스포츠건강관리학과

영역 ## 사회생활과 법

성취기준

[12정법05-03] 법에 따라 보장되는 근로자의 기본적인 권리를 이해하고, 이를 일상생활의 사례에 적용한다.

▶ 노동법에 의해 보호되는 근로자의 권리에 대한 이해를 바탕으로 사회생활에서 발생하는 다양한 법적 문제를 탐구한다. 이때 청소년(미성년자)들이 근로 계약을 맺었을 때 어떤 권리가 있고 법적으로 어떤 보호를 받을 수 있는지에 대해서도 탐구한다.

탐구주제

6.정치와 법 — 사회생활과 법

1 2020년 1월 아동·청소년 대중문화예술인 노동인권 개선 토론회에서 아동·청소년 연기자들의 학습권, 노동권, 노동 환경 및 복지, 건강 등이 보장되고 있는지를 알아보기 위하여 미취학 아동부터 고등학생까지 103명을 대상으로 설문 조사를 실시하였다. 설문조사 결과, 출연료 미지급 경험 28.16%, 드라마 출연 계약 내용 모름 29.13%, 사고 예방 교육 없음 92.23%로 나타났다. 대중문화예술 분야에 종사하는 아동·청소년들의 실질적인 기본권 보호를 위해 이 토론회 에서 아동인권보호관 제도가 제안되었다. 아동인권보호관 제도는 아동·청소년 대중문화예술인의 건강과 안전·복지 보장, 용역 제공 시간 또는 휴식 시간 보장, 정당한 출연료 지급 등을 관리하고 감시하는 실질적인 장치의 한 예이다. 해외에서 시행 중인 아동인권보호관 제도를 조사해 보고, 우리나라 상황에 맞는 아동인권보호관 제도 정립에 대해 토 의해 보자.

관련학과
의예과, 한의예과, 보건관리학과, 건강관리학과

영역 ## 국제 관계와 한반도

성취기준

[12정법06-02] 국제 문제(안보, 경제, 환경 등)를 이해하고, 이를 해결하기 위해 국제기구들이 수행하는 역할과 활 동을 분석한다.

▶ 국제연합, 국제사법재판소 등 국제기구들이 다양한 국제 문제와 관련해서 어떤 역할과 활동을 수행하 는지를 탐색한다.

탐구주제

① 세계보건기구(WHO)는 국제연합(UN)의 전문 기구이다. 2020년 기준 194개 회원국이 WHO에 가맹되어 있으며, 그 목적은 세계 인류가 가능한 한 최고의 건강 수준에 도달하는 것이다. WHO의 설립은 1946년에 허가되었으며 1948년 4월 7일에 정식으로 발족되었다. WHO는 세계 각지에 6개 지역 기구로 분산되어 있으며 지역 기구마다 지역위원회와 지역 사무국이 구성되어 있다. 세계보건기구(WHO)의 목적과 역할을 조사하여 발표해 보자.

관련학과

의예과, 치의예과, 한의예과, 약학과, 한약학과, 수의예과, 간호학과, 보건관리학과, 물리치료학과, 스포츠의학과, 의료복지공학과, 재활학과, 응급구조학과, 건강관리학과

활용 자료의 유의점

- ⚠ 주요 개념과 원리를 가르칠 때는 정치와 법 생활의 구체적인 경험이나 사례를 활용
- ⚠ 우리나라의 정치 현실을 다루는 경우에는 국내의 주요 신문이나 방송, 인터넷 등을 활용하여 구체적인 사례를 활용
- ⚠ 정치과정과 정치 참여 관련 주요 개념에 대해서 가르칠 때는 용어 및 의미와 함께 신문이나 인터넷 등 우리나라 정치 상황과 관련해서 구체적인 사례를 활용
- ⚠ 신문이나 방송, 인터넷 등을 활용하고 국내 사례뿐만 아니라 외국의 사례도 적절히 활용
- ⚠ 시민 참여와 관련해서 우리나라의 구체적인 사례를 찾아 제시하는 것과 더불어 외국 사례와 비교하여 활용
- ⚠ 직접 관련 기관을 방문해서 조사하거나 해당 기관의 사이트에 접속하여 관련 자료를 수집하여 활용

💬 **MEMO**

핵심키워드

☐ 사회 불평등 양상 ☐ 간호조무사 차별 ☐ 차별대우 ☐ 간호조무사와 간호사의 역할 갈등 ☐ 사회적 거리두기
☐ 성 소수자 ☐ 인구성장률 제로시대 ☐ 고통수명 ☐ 기대수명 ☐ 엘니뇨

영역 **개인과 사회 구조**

성취기준

[12사문02-02]	사회적 지위와 역할의 의미를 설명하고 역할 갈등의 원인 및 해결 방안을 탐색한다.
[12사문02-04]	개인과 사회 구조의 관계 속에서 발생하는 일탈 행동을 다양한 관점에서 분석한다.

▶ 개인, 집단, 사회 구조의 관계 속에서 발생하는 다양한 일탈 행동을 아노미 이론, 차별 교제 이론, 낙인 이론 등을 통해 분석하고 비교하며 각 이론의 유용성과 한계를 인식한다.

탐구주제
7.사회·문화 — 개인과 사회 구조

① 대한간호조무사협회가 '2019년 간호조무사 임금·근로조건 실태조사' 결과에 따르면 현장의 간호조무사들은 간호사들에 비해 차별받고 있다고 생각하는 것으로 나타났다. 간호사와 동일하거나 유사한 업무를 하고 있다고 답한 간호조무사는 85%로 상당수였다. 이처럼 간호사와 업무가 유사하다고 체감하는 간호조무사는 높은 비율을 차지했으나, 처우에 대해서는 차이가 있는 것을 넘어 부당하다고 느끼는 경우가 많았다. 간호사와 유사한 업무를 수행하면서 차별적 대우를 받는 문제를 개선하기 위해서는 간호조무사만의 역할을 규명하는 것이 필요하다. 간호사와 간호조무사의 역할을 구분해 보고, 이들의 갈등을 해결할 방안에 대해 토의해 보자.

관련학과
간호학과

사회 계층과 불평등

성취기준

[12사문04-03] 다양한 사회 불평등 양상을 조사하고 그와 관련한 차별을 개선하기 위한 방안을 모색한다.

> ▶ 사회적 소수자, 성 불평등, 빈곤의 양상과 그 문제점 및 해결 방안을 탐색한다. 특히 사회적 소수자는 인종, 민족, 국적, 신체 등 다양한 요인에 의해 규정될 수 있다는 점과 그로 인해 발생하는 차별에 대한 대응이 필요하다는 점을 인식한다.

[12사문04-04] 사회 복지의 의미를 설명하고 복지 제도의 유형과 역할 및 한계를 분석한다.

탐구주제

7.사회·문화 — 사회 계층과 불평등

① 2020년 5월 황금연휴 시기, 며칠간 코로나19 신규 확진자가 나오지 않는다는 이유로 '사회적 거리두기'가 '생활 속 거리두기'로 전환되었으나, 이태원 클럽들을 중심으로 집단감염 사태가 발생했다. 몇몇 언론은 특정 장소들과 남성 동성애자 집단을 연결시키며 성 소수자에 대한 혐오를 조장할 수 있는 무책임한 보도를 내놓아 검진에 대한 불안을 가중시켰다. 사회적 소수자에 대한 차별 의식이 그대로 드러난 것이다. 사회적 소수자 차별 사례를 분석하고, 개선 방안을 제도적 차원과 의식적 차원으로 분류하여 토의해 보자.

관련학과

의예과, 한의예과, 약학과, 한약학과, 보건관리학과, 건강관리학과

현대의 사회 변동

성취기준

[12사문05-03] 저출산·고령화와 다문화적 변화로 인해 대두되는 과제를 제시하고 이에 대한 대응 방안을 모색한다.

> ▶ 저출산·고령화, 다문화적 변화, 전 지구적 수준의 문제 등과 관련한 쟁점을 제시하고 각 쟁점에 대해 합리적인 대안을 결정해 보도록 한다.

[12사문05-04] 전 지구적 수준의 문제와 그 해결 방안을 탐색하고 세계시민으로서 지속 가능한 사회를 위해 노력하는 태도를 기진디.

> ▶ 환경 문제, 자원 문제, 전쟁과 테러 등의 양상을 살펴보고, 이에 대응하는 과정에서 세계시민으로서의 의식과 실천이 중요하다는 점을 인식한다.

탐구주제

① 우리나라의 저출산·고령화는 유례를 찾을 수 없을 정도로 급속하다. 우리나라의 인구성장률은 1990년 전반부터 1.0% 이하로 감소했는데 2005~2010년 0.3%, 2015~2020년 0.2%를 기록했다. 2020년 이후에는 인구성장률 제로시대에 진입할 것으로 예상된다. 정부는 건강 100세라는 국정운영 방침을 내세우고, 국민 삶의 질 제고에 많은 관심을 보이고 있다. 앞으로의 문제는 얼마만큼 고통수명을 줄인 상태에서 기대수명을 늘릴 수 있는지가 관건이다. 저출산·고령화로 야기되는 의료보건 분야의 문제점을 분석하고 해결 방안을 토의해 보자.

관련학과

의예과, 보건관리학과, 건강관리학과

② 엘니뇨는 열대 태평양에서 해수온이 평상시보다 높아지는 기상 패턴이 불규칙적으로 반복되는 현상으로, 먼 거리의 날씨 변화에까지 파급효과를 미친다. 미국 항공우주국(나사) 연구팀은 2015~2016년 엘니뇨로 인한 강수량과 지표면 온도, 초목의 변화가 질병의 전파에 알맞은 조건들을 만들어 냈고, 이로 말미암아 미국 남서부 콜로라도와 뉴멕시코에서는 페스트와 한타바이러스, 탄자니아에서는 콜레라, 브라질과 동남아시아 등지에서는 뎅기열이 많이 발생했다고 밝혔다. 엘니뇨 현상이 인간 생활에 미치는 영향을 분석하고, 이와 관련된 문제를 해결하기 위한 토의를 해 보자.

관련학과

의예과, 수의예과, 약학과, 한약학과, 보건관리학과, 건강관리학과

활용 자료의 유의점

① 다양한 사회적 소수자 문제를 소재로 다룬 대중매체를 활용

① 역할극 모형 등을 활용하여 아노미 이론, 차별 교제 이론, 낙인 이론을 적용한 역할극을 활용

① 사회 불평등을 묘사하고 있는 예술 작품 또는 사회 불평등 문제를 다룬 신문 기사를 활용

① 통계 자료 활용, 참여 관찰, 심층 면접, 설문 조사, 대중매체 분석 등과 같은 다양한 사회과학 자료 수집 방법을 익혀서 활용

① 그래프, 통계표, 슬라이드, 영화, 연감, 신문, 방송, 사진, 기록물, 민속자료, 유물, 여행기 등 다양한 자료를 활용

💬 **MEMO**

사회문제 탐구

☐ 인공 수정 ☐ 유전자 조작 ☐ 윤리적 쟁점 ☐ 게임 과몰입 ☐ 질병코드화 ☐ 학교 폭력
☐ 통합돌봄(커뮤니티케어) ☐ 지역포괄케어 ☐ 다직종팀 ☐ 만성질환 ☐ 초고령사회 ☐ 노인 만성질환
☐ 유병률 ☐ 치료율 ☐ 트랜스젠더 ☐ 성 소수자 차별 ☐ 이주 노동자

영역 ## 사회문제의 이해

성취기준

[12사탐01-03] 사회문제 탐구 과정에서 발생할 수 있는 윤리적 쟁점을 파악하고, 이에 대한 해결 방안을 모색한다.

탐구주제

8.사회문제 탐구 — 사회문제의 이해

① 영화 '가타카'에서는 인공 수정을 통해 아이를 낳는데 부모가 가진 모든 결점을 없애고 가장 우수한 유전자만을 가진 완벽한 아이를 만든다. 유전자 조작으로 태어난 사람들이 사회 상층부를 이루는 반면, 전통적인 부부관계로 태어난 사람들은 열등한 것으로 취급받아 사회 하층부로 밀려난다. 이 영화는 유전자 조작에 의해 모든 가능성을 배제해버린 극도로 통제된 사회의 모습을 보여준다. 유전자 조작과 관련된 윤리적 쟁점을 논의해 보고, 이에 대한 해결 방안을 토의해 보자.

관련학과
의예과, 약학과, 한약학과, 보건관리학과, 임상병리학과, 건강관리학과

영역 ## 게임 과몰입

성취기준

[12사탐02-02] 또래집단에 대한 관찰을 통해 게임 과몰입으로 인해 나타나는 문제점을 인식하고, 사회문제 탐구 절차를 적용하여 게임 과몰입 문제에 대한 탐구 계획을 수립한다.

| [12사탐02-03] | 청소년 게임 과몰입의 원인에 대한 다양한 관점을 파악하고, 토의 등을 통해 게임 과몰입 문제의 해결 방안을 도출한다. |

탐구주제

1 '게임을 많이 하는 것이 병일까?' 이 주제로 격렬한 논쟁이 펼쳐지고 있다. 일각에선 "치료가 필요한 질병이다"고 주장하지만 다른 한편에선 "질병으로 규정할 만한 근거가 충분하지 않다"고 반박한다. 의학 집단과 게임 산업 관계자들이 대립하는 가운데, 의학 집단 내에서도 의견 차이가 발생하고 있다. 정부 부처 내에서도 두 가지 목소리가 나온다. 보건복지부와 여성가족부는 게임 과몰입 질병코드화를 찬성하는 반면 문화체육관광부는 이에 맞서는 형국이다. '게임 과몰입은 질병인가, 질병이 아닌가?'에 대한 근거 자료를 조사하여 토의해 보자.

관련학과

의예과, 약학과, 한약학과, 보건관리학과, 운동처방학과, 건강관리학과, 스포츠건강관리학과

2 코로나19로 대외활동이 줄어들고 PC 및 스마트폰을 이용한 게임사용이 증가한 요즘, 과도한 게임사용으로 인한 청소년들의 게임 과몰입을 완화 및 예방하기 위한 대책이 절실하다. 게임문화재단에서 진행하는 '게임 과몰입 문화예술 치유 프로그램'은 게임 과몰입 완화를 위한 의료행위보다는 문화예술 과목을 통한 대안 교육을 통해 게임 과몰입 청소년들의 게임 역기능 개선 및 건전한 게임문화를 확산하는데 그 의미를 두고 있다. 각 지방자치단체나 민간단체에서 진행하는 게임 과몰입 예방 및 치유 프로그램을 조사하고, 청소년들의 참여를 독려할 수 있는 안내문을 만들어 발표해보자.

관련학과

의예과, 약학과, 한약학과, 보건관리학과, 운동처방학과, 건강관리학과, 스포츠건강관리학과

영역 　**학교 폭력**

성취기준

| [12사탐03-02] | 학교 공동체에서 발생하는 폭력 문제의 심각성을 인식하고, 사회문제 탐구 절차를 적용하여 학교 폭력 문제에 대한 탐구 계획을 수립한다. |
| [12사탐03-03] | 학교 폭력의 원인에 대한 다양한 관점을 확인하고, 토의 등을 통해 학교 폭력의 해결 방안을 도출한다. |

탐구주제

1 학교폭력의 피해를 입은 경우 물리적인 측면보다는 정신적인 문제가 더 클 수 있다. 폭력을 경험한 청소년들은 스트레스, 우울감, 공포심, 자존감의 저하 등 정신적인 어려움을 겪을 뿐만 아니라, 나아가서는 자살과 같은 극단적인 선택을 하기도 한다. 학교 폭력 사례들을 분석하여 피해자들이 겪는 물리적·정서적 상처를 조사해 보고, 이들을 지원하기 위한 방안을 탐구해 보자.

관련학과

의예과, 한의예과, 건강관리학과

탐구주제

② 학교 폭력을 근절하기 위해서는 피해자에 대한 치료도 필요하지만 가해자에 대한 치료도 필요하다. 가해자들은 '폭력은 내가 원하는 것을 얻기 위한 효과적인 방법이다', '약한 사람은 폭력을 당하는 이유가 있다', '상대방이 나를 공격하기 전에 내가 먼저 공격해야 한다' 등 왜곡된 인지를 갖고 있는 경우가 많다. 학교폭력 가해자 유형을 분석해보고, 각 유형에 맞는 맞춤형 치료 방법을 탐구해 보자.

관련학과

의예과, 한의예과, 건강관리학과

영역

저출산·고령화에 따른 문제

성취기준

[12사탐04-02]	통계 자료를 통해 우리나라의 저출산·고령화 현황을 분석하고, 사회문제 탐구 절차를 적용하여 저출산·고령화로 인해 나타날 수 있는 문제점에 대한 탐구 계획을 수립한다.
[12사탐04-03]	저출산·고령화의 원인에 대한 다양한 관점을 파악하고, 비용 편익 분석 등을 통해 저출산·고령화 문제 해결을 위해 제시된 대안들을 평가한다.

탐구주제

① 우리나라에서는 2018년 11월 지역사회 통합돌봄(커뮤니티 케어) 기본계획이 발표되어 재택의료 정책이 추진되고 있다. 의사, 간호사 등 의료진이 거동이 불편한 사람들의 집을 직접 찾아가 진료, 간호하는 방문의료를 본격 제공할 예정이지만, 시행되기까지는 아직 시간이 필요하다. 미국, 싱가포르에서 실시하고 있는 재택의료 서비스를 분석해보고, 우리나라 실정에 맞는 통합돌봄에 대해 탐구해 보자.

관련학과

의예과, 간호학과, 한의예과, 약학과, 한약학과, 건강관리학과

---

② 노인의 경우 신체적 문제뿐만 아니라 인지기능 문제, 사회·경제적인 문제를 안고 있어 병원에서 치료를 받고 퇴원해 집으로 돌아가면 질환이 재발하는 경우가 많다. 그러기에 일본에서는 지역포괄케어와 다직종팀이 연계하여 퇴원 후 환자의 생활까지 지원한다. 다직종팀이란 환자 건강관리를 위해 의사, 간호사, 약사, 영양사, 재활관계자 등 9가지 다양한 직종으로 구성된 팀이 환자에게 복합 요소적인 서비스를 지원하는 것을 말한다. 일본에서 시행하고 있는 지역포괄케어와 다직종팀 제도에 대해 조사해 보고, 우리나라 의료보건 체계에서 개선할 수 있는 방안을 탐구해 보자.

관련학과

의예과, 간호학과, 한의예과, 약학과, 한약학과, 건강관리학과

(3) 우리나라는 2025년께 전체 인구 대비 65세 이상 노인 비율이 20%인 초고령사회에 진입할 것으로 전망된다. 인구 고령화 현상으로 인한 각종 주요 만성질환의 유병률이 증가하고 있는데 60세 이상 노인의 유병률은 전체인구의 평균 치보다 2~3배로 높은 수준에 이르고, 65세 이상의 만성질환 유병률은 전체 평균에 비해 질병에 따라 2~7배까지 높게 나타나고 있다. 노인들의 만성질환 유병률과 치료율을 조사하여 예방을 위한 대책을 탐구해 보자.

관련학과
의예과, 간호학과, 한의예과, 약학과, 한약학과, 건강관리학과

영역 | **사회적 소수자에 대한 차별**

성취기준

[12사탐05-02] 사회적 소수자 문제가 지구촌 곳곳에서 나타나고 있음을 인식하고, 사회문제 탐구 절차를 적용하여 사회적 소수자 차별 문제에 대한 탐구 계획을 수립한다.

[12사탐05-03] 사회적 소수자에 대한 편견과 차별의 발생 원인에 대한 다양한 관점을 파악하고, 토의 등을 통해 사회적 소수자 차별 문제의 해결 방안을 도출한다.

탐구주제

8.사회문제 탐구 — 사회적 소수자에 대한 차별

(1) 책 「오롯한 당신(김승섭 외)」의 부제는 '트랜스젠더, 차별과 건강'이다. 이 책에서 우리는 트랜스젠더가 겪는 정신과 상담, 호르몬 치료, 성전환 수술 등 의료 이용 과정을 살피고 설문조사 결과를 통해 트랜스젠더가 의료 이용 과정에서 마주하는 장벽을 구체적인 수치로 만나게 된다. 이 책을 읽고, 사회적 소수자들의 의료 시설 이용 시 불평등 상황을 분석하고 차별을 개선하기 위한 방안을 발표해 보자.

관련학과
의예과, 보건관리학과, 건강관리학과

---

(2) 우리는 이미 다문화사회에 살고 있다. 국내 체류 등록 외국인은 200만 명을 넘어섰고, 외국인 근로자 비중은 32.1%로 추정된다고 한다. 그러나 코로나19 사태에도 공적 마스크 지급이나 정부재난지원금 지급 기준에 부합되지 않는 이주 노동자가 많다. 이주민노동인권센터 소장의 말에 의하면 "이주 노동자는 공적 마스크를 살 수 없어서 본국에서 사오는 친구도 있었다"고 한다. 노동뿐만 아니라 취업, 교육 등 많은 분야에서 차별의 대상이 되고 있다. 외국인 근로자에 대한 차별이 발생하는 원인과 이에 대한 해결 방안을 탐구하여 발표해 보자.

관련학과
의예과, 보건관리학과, 건강관리학과

사회문제 사례연구

성취기준

[12사탐06-01]	자신이 일상생활에서 경험하는 사회문제 중 하나를 탐구 대상으로 선정하고, 선정 이유에 대해 설명한다.
[12사탐06-02]	선정한 사회문제를 해결하기 위한 탐구 계획을 수립하고, 다양한 자료 수집 방법을 활용하여 선정한 사회문제의 현황을 분석한다.
[12사탐06-03]	선정한 사회문제를 바라보는 다양한 관점을 파악하고, 토의를 통해 해결 방안을 도출한다.
[12사탐06-04]	토의를 통해 도출된 사회문제 해결 방안을 직접 실천해보고, 사회문제 탐구 및 해결 과정에 대한 보고서를 작성하여 발표한다.

탐구주제

8.사회문제 탐구 ― 사회문제 사례연구

의예과

❶ 중고생들의 스마트폰 중독 요인 분석과 대책 방안 제시
❷ 중고생들의 에너지드링크 섭취 실태 조사 및 건강에 미치는 영향 연구
❸ 청소년 주의력결핍 과잉행동장애(ADHD) 진단 및 치료 방안
❹ 인간배아 복제 기술과 줄기세포 연구의 내용과 앞으로 전망 분석
❺ 뇌사판정과 장기이식의 윤리적 문제와 개선 방안
❻ 임신 14주까지 낙태 허용한 개정 법률안의 한계점과 개선방안

수의예과

❶ 동물실험에 대한 윤리적 쟁점과 개선 방안 연구
❷ 반려동물이 노인의 고독사 예방에 미치는 영향 분석

치의예과

❶ 흡연이 구강 건강에 미치는 영향 및 흡연 예방 전략 모색
❷ 음료수 종류 및 섭취 시간이 치아 부식에 미치는 영향 분석

한의예과

❶ 우리나라의 한의학을 활용한 난임 치료 사례 연구

간호학과

❶ 간호간병통합서비스 제도의 문제점 및 향후 정책 방향
❷ 간호사 '태움 문화'의 문제점 분석 및 개선 방안 모색

탐구주제

약학과, 한약학과

❶ 동물의 인체의약품 사용에 대한 국내·외 법령 비교연구
❷ 청소년의 약물 오남용 사례 분석 및 대책 방안 연구

보건관리학과, 건강관리학과

❶ 미세먼지가 건강에 미치는 영향과 각국의 미세민지 대응 정책 분석
❷ 청소년의 패스트푸드 식사가 비만 위험요인에 미치는 영향
❸ IoT 기반 스마트 헬스케어 이용과 청소년의 정신건강 간 상관관계 연구

미술치료학과

❶ 미술치료가 노인의 우울 완화에 미치는 효과 분석
❷ 미술치료가 호스피스 환자들의 정서안정에 미치는 효과 연구
❸ 미술치료가 품행장애 청소년의 우울 및 공격성에 미치는 영향 연구

스포츠의학과, 스포츠재활학과, 운동재활복지학과, 운동처방학과, 스포츠건강관리학과

❶ 노인 치매 예방을 위한 건강증진 프로그램 분석 및 지원 대책 연구
❷ 배드민턴 운동이 비만 청소년의 체지방률과 체력증진에 미치는 영향 분석

활용 자료의 유의점

⚠ 실생활과 관련된 구체적인 사회문제 사례들을 활용
⚠ 사회문제를 소개하거나 관련 자료를 수집할 때 미디어를 적극적으로 활용
⚠ 통계 자료 활용, 참여 관찰, 심층 면접, 설문 조사, 대중매체 분석 등과 같은 다양한 사회과학 자료 수집 방법을 익혀서 활용

💬 MEMO

사회과
9

한국지리

핵심키워드

☐ 지리정보시스템(GIS) ☐ 보건의료 빅데이터 ☐ HealthMap ☐ 이상 기후 ☐ 기후 위기
☐ 그린 뉴딜 정책 ☐ 폭염 ☐ 여성의 농업노동 ☐ 의료 불균형 ☐ 의료질 격차

영역 | 국토 인식과 지리 정보

성취기준

[12한지01-03] 다양한 지리 정보의 수집·분석·표현 방법을 이해하고, 지역 조사를 위한 구체적인 답사 계획을 수립한다.

▶ 최근 급속도로 발달하여 실생활에서도 활발하게 적용되고 있는 지리정보시스템에 대한 이해를 높이되 종이 지도, 인쇄 이미지(그래프, 사진 등), 각종 서적 등에 나타나 있는 지리 정보의 중요성도 파악하도록 한다.

탐구주제

9.한국지리 — 국토 인식과 지리 정보

① '지리정보시스템(GIS)'이란 지리 및 지리 정보 데이터를 분석·가공하는 시스템을 말한다. 질병관리본부에서는 방역 활동의 효율성을 높이기 위해 방역 지리정보시스템을 개발하여 실시간 감염병 매개체 모니터링, 소독 의무시설 취약지, 감염병 매개체 발생 취약지의 약품 관리 등에 이용하고 있다. 또한 GIS와의 연계를 통해 지역별 감염별 발생 현황을 파악할 수 있어 감염병 관리의 효율성을 높이는 등 보건의료 빅데이터 활용의 새로운 가치 창출에 기여할 수 있다. 보건의료 빅데이터의 GIS 적용 사례를 조사하여 발표해 보자.

관련학과

의예과, 치의예과, 한의예과, 수의예과, 간호학과, 보건관리학과, 의료복지공학과, 응급구조학과, 건강관리학과

② 미국의 'HealthMap'은 구글맵을 기반으로 전염병의 발생을 모니터링하고 공중보건의 위험요소에 대해 실시간 감시체계를 보여주는 지리 정보를 제공하고 있다. 세계보건기구(WHO)를 통해 전 세계의 전염병에 대한 정보가 실시간으로 업데이트되고 있으며, 이러한 정보는 'HealthMap' 웹페이지에서 지도형태로 무료로 제공되고 있다. 지리정보시스템(GIS)를 활용한 다른 나라의 사례를 더 분석하고, GIS를 활용하여 공공의료 서비스를 강화할 수 있는 방안을 토의해 보자.

관련학과

의예과, 치의예과, 한의예과, 수의예과, 간호학과, 보건관리학과, 의료복지공학과, 응급구조학과, 건강관리학과

기후 환경과 인간 생활

성취기준

[12한지03-02]　다양한 기후 경관을 사례로 기후 특성이 경제생활 등 주민들의 일상생활에 미치는 영향을 설명한다.

▶ 기후는 자연 및 인문 경관의 형성·변화에 큰 영향을 미치며, 의식주를 중심으로 한 주민들의 생활양식과도 밀접하게 관련되어 있다. 또한, 최근 들어 기후의 경제적 측면이 갖고 있는 중요성이 강조되고 있다. 이는 우리 국토를 변화시키는 원인이 되기도 하며, 지구적 차원에서부터 지역적 수준까지 다양한 층위에 걸쳐 주민들의 일상에 영향을 주고 있음을 파악하도록 한다.

탐구주제

9.한국지리 — 기후 환경과 인간 생활

① 최근 국내뿐만 아니라 전 세계적으로 이상 기후가 발생하면서 많은 국가들이 피해를 입고 있다. 우리나라를 포함한 중국, 일본 등 아시아 지역 국가는 폭우로 인한 피해를 입고 있으며, 스페인과 프랑스, 영국 등을 포함한 유럽 지역 국가는 기온이 40도 가까이 오르면서 역대 최고의 폭염에 시달리고 있다. 또한 이상 기후로 인해 호흡계 질환, 매개체 감염, 수인성 질병 등이 증가될 것으로 예측된다. 기후 위기로부터 벗어나기 위해 전 세계는 물론 우리나라도 '그린 뉴딜' 정책으로 노력을 기울이고 있다. 그린 뉴딜 정책이란 무엇이며, 한국형 그린 뉴딜 정책이란 무엇인지 조사하여 발표해 보자.

관련학과
의예과, 간호학과, 한의예과, 약학과, 한약학과, 건강관리학과

② 폭염은 기후 변화와 이로 인한 지구온난화가 실제로 우리 삶에 어떤 영향을 미치는지 생생하게 보여주는 현상이다. 폭염은 열사병뿐 아니라 탈수나 전해질 장애를 포함한 광범위한 질병을 초래한다. 기후 변화는 이제 '기후 위기'라고 일컬어지며, 시민의 건강과 생명에 직접적으로 피해를 주고 있다. 폭염으로 인해 발생하는 질병과 치료법을 조사하고, 우리가 일상생활 속에서 기후 변화를 막기 위해 실천할 수 있는 방법을 발표해 보자.

관련학과
의예과, 간호학과, 한의예과, 약학과, 한약학과, 건강관리학과

생산과 소비의 공간

성취기준

[12한지05-02]　농업 구조 변화의 원인 및 특성을 이해하고, 이로 인해 발생하는 다양한 문제의 해결 방안을 탐구한다.

탐구주제

1 우리나라의 급속한 산업 발달이 가져온 농촌 청·장년층의 도시 유출로 농촌의 노인층 비율이 상대적으로 많아지고 있다. 또한 여성의 농업노동 참여율이 높아져서 농촌 여성들은 관절염, 골다공증 등 근·골격계 질환을 많이 앓고 있다. 문제는 농촌 여성들이 농촌의 부족한 의료서비스 여건 속에서 근·골격계 질환 등을 미치료 상태로 방치하고 있다는 점이다. 현 농촌 여성들의 유병률 실태를 분석해보고, 농촌 여성의 건강습관을 바꾸고 상태를 호전시킬 수 있는 방안을 찾아서 발표해 보자.

관련학과

의예과, 간호학과, 한의예과, 약학과, 한약학과, 건강관리학과

영역

우리나라의 지역 이해

성취기준

[12한지07-03] 수도권의 지역 특성 및 공간 구조 변화 과정을 경제적·문화적 측면에서 이해하고, 수도권이 당면하고 있는 문제점 및 이의 해결 방안에 대해 탐구한다.

탐구주제

1 대형 의과대학 부속병원들이 서울과 수도권에 집중 설립되고 있어서 정치와 경제, 문화는 물론 의료서비스까지 서울 수도권 집중 현상이 빚어지고 있다. 지역민들은 큰 병이 나면 보따리를 싸들고 상급의료 기관이 집중돼 있는 수도권 병원으로 가야 하기 때문에 환자와 가족들이 겪는 고통과 경제적 피해가 심각한 지경이다. 날이 갈수록 수도권과 지방의 의료 불균형이 심화되고 있는 것이다. 수도권과 지방의 의료질 격차를 줄일 구체적 대안을 탐구해 보자.

관련학과

의예과, 치의예과, 한의예과, 수의예과, 간호학과, 보건관리학과, 의료복지공학과, 응급구조학과, 건강관리학과

활용 자료의 유의점

- (!) 지형 모식도나 사진, 다큐멘터리 등 다양한 종류의 시청각 자료를 활용
- (!) 멀티미디어 장비를 활용하여 기후 경관 사진 및 동영상, 각종 그래프 등을 활용
- (!) 인터넷에서 쉽게 접할 수 있는 대축척 지도, 위성 영상, 항공 사진, 로드뷰 등 다양한 시각 및 영상 자료 활용
- (!) 최근 각종 기후 데이터, 기후 현상과 경관을 보여주는 사진 및 멀티미디어 영상 등 자료 활용
- (!) 지리 정보의 수집·분석·표현 등과 관련된 기능적 측면의 지리 교수·학습이 충분히 이루어질 수 있도록, 최근 보편화된 인터넷 및 교육용 멀티미디어 관련 장비와 콘텐츠 활용

세계지리

핵심키워드

☐ 사막화의 심각성   ☐ 사막화로 인한 질병   ☐ 사막화 방지   ☐ 생태 발자국   ☐ 자연재해   ☐ 국가가뭄
☐ 오염 물질의 국제적 이동   ☐ 국제 난민   ☐ 세계 사막화 방지의 날   ☐ 국가가뭄 정보분석시스템
☐ 공공-민간 파트너십 협력

영역 **건조 아시아와 북부 아프리카**

성취기준

[12세지05-03]   건조 아시아와 북아프리카의 주요 사막화 지역과 요인을 조사하고, 사막화의 진행으로 인한 여러
가지 지역 문제를 파악한다.

▶ 사막화의 진행이 지구적 쟁점이자 심각한 지역 문제로 대두되고 있는 만큼 주요 사막화 지역과 그 요
인, 사막화로 파생되는 여러 가지 문제들을 조사하게 함으로써 지역 쟁점 및 과제를 파악하도록 한다.

탐구주제

① 사막화를 황사 발생 원인 중 하나인 환경문제쯤으로 인식하고 있지만 실제 사막화된 지역에서는 생태계 파괴, 질병
및 기아 초래 등으로 인간의 생존이 위협받고 있다. 매년 6월 17일은 UN이 정한 '세계 사막화 방지의 날'로 사막화의
심각성을 알리고 사막화 방지를 위한 국제적인 협력을 도모하고자 노력하고 있다. 국내에서는 산림청 등 관련 정부
부처와 지방자치단체, NGO 등이 주로 중국과 몽골에서 여의도 면적의 62배가 넘는 광대한 사막화 지역에 나무를 심
고, 자원봉사단을 파견하는 등 황사 및 사막화 방지를 위한 다양한 활동들을 벌여왔다. 사막화로 인해 발생하는 질병
을 조사하고, 사막화 방지를 위한 해결 방안을 발표해 보자.

관련학과
보건관리학과, 의료복지공학과, 건강관리학과

탐구주제

(2) 영국 이스트앵글리대학 환경과학 연구팀은 '지구 표면 온도가 산업혁명 이전보다 2℃ 올라가면 육지 20~30%가량이 사막처럼 심각한 수준으로 건조해지고, 결국 육지의 1/4 가량이 사막화될 수 있다'는 연구 결과를 발표했다. 여이에 사막화를 겪고 있는 각국이 사막화 방지를 위해 기술과 아이디어를 쏟고 있을 뿐만 아니라, 여러 나라가 협력 체제를 구축하고 있다. 대표적으로 중국은 히말라야의 만년설이 녹은 물을 사막지대로 끌어와 사막을 녹지화하는 거대 프로젝트를 예정하고 있다. 미국 매사추세츠 공대(MIT)에서는 올해 사막의 공기에서 물을 추출하는 새로운 물 추출 시스템을 개발해 실용화 연구에 돌입하고 있다. 사막화의 원인과 심각성을 조사하고, 사막화 방지를 위한 각국의 연구 사례를 발표해 보자.

관련학과

보건관리학과, 의료복지공학과, 건강관리학과

영역 ## 평화와 공존의 세계

성취기준

[12세지08-02] 지구적 환경 문제에 대처하기 위한 국제적 노력이나 생태 발자국, 가뭄 지수 등 지표들을 조사하고, 우리가 일상에서 실천할 수 있는 방안들을 제안한다.

[12세지08-03] 세계의 평화와 정의를 위한 지구촌의 주요 노력들을 조사하고, 이에 동참하기 위한 세계시민으로서의 바람직한 가치와 태도에 대해 토론한다.

▶ 지구온난화 및 오염 물질의 국제적 이동 등 지구적 환경 문제에 대한 국제적 노력이나 협약, 세계유산의 지정과 관리, 국제 난민의 실태와 인도적 지원, 다양한 지역 분쟁에 대한 조정 등을 비롯한 세계 평화와 정의를 위한 노력들을 학습하고, 그러한 노력에 적극 동참할 수 있는 세계시민으로서의 소양과 태도를 함양한다.

탐구주제

(1) 생태 발자국은 한 사람이 생활할 때 필요한 모든 자원과 에너지, 그리고 그것을 버릴 때 드는 비용을 땅의 크기로 바꿔 계산한 것이다. 지구의 건강을 지키기 위한 노력의 일환으로 세계 과학자들은 생태 발자국을 매해 계산한다. 2019년 기준 전 세계 78억 인구가 먹고 쓰고 버리기 위해 필요한 면적은 지구 1.7배다. 한국인이 지금처럼 에너지를 쓰면서 내부 순환이 가능하려면 무려 남한 면적의 8.5배에 달하는 영토가 필요하다. 생태 발자국 분석은 인류의 위기를 깨닫게 하고 지속 가능한 삶의 방향을 제시한다는 점에서 의미 있다. 세계 각국의 생태 발자국 지수를 조사하여 생태 발자국을 줄이기 위한 방안을 탐구해 보자.

관련학과

보건관리학과, 의료복지공학과, 건강관리학과

② 전 세계가 자연재해의 역습을 받고 있다. 2020년 스페인, 이탈리아, 프랑스 등 유럽에서는 폭염과 가뭄으로 비상사태가 선포됐으며 호주 전역과 미국 캘리포니아, 러시아 시베리아 등 각지에서는 이상 고온으로 인해 사상 최악의 산불이 발생하기도 했다. 가뭄은 홍수 등 다른 자연재해와는 달리 진행속도가 느리지만 일단 발생하게 되면 경제적·사회적·환경적으로 폭넓고 지속적인 영향을 미치게 되고, 정신적·육체적 스트레스와 호흡기 질병을 가져온다. 각국의 가뭄 지수를 조사하고, 국가가뭄 정보분석시스템을 활용하여 우리나라의 가뭄 현황과 대처 방법을 발표해 보자.

관련학과
보건관리학과, 의료복지공학과, 건강관리학과

③ 최근 국제화 시대를 맞이하여 사회, 환경, 빈곤 등 다양한 국제적인 이슈를 공동으로 대응하고자 하는 요구에 따라 국제개발 협력이 단순 원조가 아닌 개발도상국 발전을 위한 개발이라는 차원으로 인식과 범위가 확대되고 있다. 선진국들과 국제기구들은 주로 저개발국 및 개발도상국을 지원하는 국제보건의료 분야의 공적개발 원조사업을 지속적으로 진행하여 왔지만, 이제는 정부와 민간의 협력을 강조하는 공공-민간 파트너십의 영역을 확대해 나갈 필요가 있다. 선진국들이 보건·의료 분야의 공공-민간 파트너십 협력을 어떻게 실시하고 있는지 조사해 보고, 우리나라의 공공-민간 파트너십 기본 방향 및 비전에 대해 토의해 보자.

관련학과
보건관리학과, 의료복지공학과, 건강관리학과

활용 자료의 유의점

- ⓘ 뉴스, 다큐멘터리, 영화 등 국제적 이슈를 다룬 보도 및 영상 자료들을 활용
- ⓘ 생활 경험 속에서 학생들도 흔히 접할 수 있고 흥미를 가질 수 있는 사례들을 활용
- ⓘ 최근의 국내외 이슈와 관련되어 있거나 일상 속에서 쉽게 접할 수 있는 지도, 경관 사진, 동영상 등 학생들이 관심 가질만한 시청각 자료들을 준비해서 수시로 활용
- ⓘ 지구촌의 지속가능성에 위협이 되는 지구적 환경 문제나 지역 분쟁 등에 대한 학습에 있어서는 언론이나 매체에 보도되는 주요 사례들을 활용
- ⓘ 현대 지리 정보를 제공하는 인터넷 지도 서비스 사이트나 지리정보시스템을 중심으로 현대의 주요 지리 정보들을 이해하고 실생활에 활용

💬 **MEMO**

여행지리

핵심키워드

☐ 의료관광지   ☐ 제주 헬스케어타운   ☐ 지역 의료 개선   ☐ 의료서비스센터   ☐ 생태관광   ☐ 생태도시
☐ 대한한의약해외봉사단(KOMSTA)   ☐ 의료봉사단체   ☐ 세계 빈곤퇴치의 날   ☐ 공정여행
☐ 대안여행   ☐ 생태관광지원센터

영역 **매력적인 자연을 찾아가는 여행**

성취기준

[12여지02-03]	천연기념물, 국립공원, 남극 같은 지구환경의 다양성과 지속가능성을 위해 여행이 제한되고 있는 지역의 가치를 이해하고, 보존과 개발의 갈등 속에서 변화하고 있는 모습을 탐구한다.
[12여지02-04]	우리나라의 매력적인 생태 및 자연여행이라는 주제로 우리나라의 생태 및 자연에 대한 이해를 높이고 즐길 수 있는 여행지를 선정하고 소개한다.

탐구주제

11.여행지리 — 매력적인 자연을 찾아가는 여행

① 의료관광지로서 '대한민국의 아름다운 섬, 제주'를 향한 관심이 높아지고 있다. 한국의 훌륭한 의료기술과 의료진 그리고 치료에서 휴양으로 변화하는 의료관광 패러다임의 교차점에 '제주'가 있다. 너욱이 세수 헬스케어타운 난지에 의료 및 연구시설 유치를 위한 '의료서비스센터'가 건립되어 의료관광 활성화와 지역 의료 환경이 개선될 것으로 기대된다. 제주도가 의료관광 발전과 지역 의료 개선이라는 두 목표를 달성할 수 있는 방안에 대해 토의해 보자.

관련학과
의예과, 치의예과, 한의예과, 약학과, 한약학과, 수의예과, 보건관리학과, 스포츠의학과, 의료복지공학과, 응급구조학과, 건강관리학과,
스포츠건강관리학과

② 생태관광이란 생태·경관이 우수한 지역에서 환경의 중요성을 체험하는 자연친화적인 관광이다. 기존 대중관광의 폐해를 해소하는 대안관광으로, 환경성 질환자(아토피, 천식 등)에게 자연치유 효과가 있다. 환경부는 이를 위해 2014년 문화체육관광부와 공동으로 '생태관광 활성화 추진계획'을 마련하여 생태관광 잠재력이 높은 영산도 국립공원 명품마을, 제주 선흘1리, 강원도 인제 생태마을, 전북 고창 용계마을 등 4개 지역을 엄선·지원했다. 현재 4개 지역의 생태관광 실태를 분석하여 국가나 민간단체 차원의 생태관광 활성화 방안을 토의해 보자.

관련학과
의예과, 한의예과, 약학과, 한약학과, 보건관리학과, 건강관리학과, 스포츠건강관리학과

인류의 성찰과 공존을 위한 여행

성취기준

[12여지04-02]   분쟁, 재난, 빈곤, 환경 문제 등으로 고통받는 지역으로의 봉사여행이 지역과 여행자에게 주는 긍정적 변화를 탐구하고 인류의 행복한 공존을 위한 노력에 공감하고 실천 방법을 모색한다.

탐구주제

11.여행지리 — 인류의 성찰과 공존을 위한 여행

① (사)대한한의약해외봉사단(KOMSTA)은 젊은 한의사들이 주축이 되어 해외 오지나 분쟁지역 등에서 의료혜택을 제대로 받지 못하는 이들에게 인술을 실천해 온 봉사단체이다. 1993년 네팔 의료봉사를 시작으로 2019년 베트남 의료봉사까지 꾸준한 활동으로 한의학의 나눔과 세계화에 기여하고 있다. 국내 의료봉사단체의 활동 현황을 조사해 보고, 의료봉사를 지원하기 위한 방안을 토의해 보자.

관련학과

의예과, 치의예과, 한의예과, 약학과, 한약학과, 간호학과, 보건관리학과, 물리치료학과, 의료복지공학과, 재활학과, 응급구조학과, 건강관리학과

② '세계 빈곤퇴치의 날'의 유래는 1987년 프랑스 파리 '인권과 자유의 광장'에서 조제프 레신스키 신부 주도로 열린 '절대빈곤퇴치운동 기념비' 개막 행사다. 기념비에는 '가난이 있는 곳에 인권 침해가 있다. 인권을 보호하는 것은 우리의 의무'라고 적혀 있다. '빈곤 탈출만큼 중요한 인권 신장은 없다'는 인식이 퍼지면서 UN은 1992년부터 매년 10월 17일을 '세계 빈곤퇴치의 날'로 지정했다. 2019년 노벨 경제학상은 빈곤 퇴치를 연구한 학자들에게 돌아갔다고 한다. 국내외에서 빈곤 퇴치를 위해 헌신하는 사람들의 행적을 조사해 보고, 빈곤퇴치 봉사단체 지원 방안을 토의해 보자.

관련학과

의예과, 한의예과, 약학과, 한약학과, 보건관리학과, 건강관리학과, 스포츠건강관리학과

여행자와 여행지 주민이 모두 행복한 여행

성취기준

[12여지05-02]   공정여행, 생태관광 등 다양한 대안여행이 출현한 배경과 각 대안여행 별 특징을 사례를 통해 조사하고 특히 관심이 가는 대안여행에 대해 분석·탐구한다.

[12여지05-03]   여행자에게는 의미 있는 경험이 되고 여행지 주민에게는 경제적 이익과 긍지, 지속 가능한 개발이 된 사례를 찾아 분석한 뒤 우리 지역 여행 상품 개발에 적용한다.

탐구주제

1 공정여행이란 여행지의 환경에 해를 끼치지 않고, 여행지의 현지 문화를 존중하며, 여행지의 주민들에게 적절한 비용을 지불함으로써 지역 경제에 혜택이 돌아가도록 노력하는 대안적인 여행을 말한다. 부탄 헌법 9조는 '국가는 근대 의학과 전통 의학 모두에서 기본적인 공공의료 서비스를 무상으로 제공해야 하고, 개인이 통제할 수 없는 이유로 적절한 생활을 영위하기 어려운 질병이나 장애 혹은 부족이 발생한 경우에 인전징치를 제공해야 한다'고 규정하고, 부탄 곳곳에 설치되어있는 보건진료소, 기초보건소, 지역병원, 광역종합병원, 국가종합병원에서 받은 진료·치료에 들어간 비용은 모두 국가가 지불하고 있다고 한다. 공정여행을 계획할 때, 여행한 지역의 의료보건 정책을 분석하여 우리나라에서 접목시킬 수 있는 방안을 발표해 보자.

관련학과

의예과, 치의예과, 한의예과, 약학과, 한약학과, 간호학과, 보건관리학과, 물리치료학과, 의료복지공학과, 재활학과, 응급구조학과, 건강관리학과

2 자연환경보전법에 정의된 생태관광은 생태계가 특히 우수하거나 자연경관이 수려한 지역에서 자연자산의 보전과 현명한 이용을 통해 환경의 중요성을 체험할 수 있는 자연친화적인 관광을 말한다. 생태 자원이 풍부한 제주에 적합한 관광은 의료관광을 접목한 생태 의료관광이라 할 수 있다. 제주는 2015년 전국 최초로 생태관광 육성 및 지원에 관한 조례를 제정하고 생태관광 지원센터를 개설하여 운영하고 있다. 국내외 생태관광과 의료관광의 성공 사례와 실패 사례를 분석하여 생태 의료 관광 발전 방안을 탐구해 보자.

관련학과

의예과, 치의예과, 한의예과, 약학과, 한약학과, 간호학과, 보건관리학과, 물리치료학과, 의료복지공학과, 재활학과, 응급구조학과, 건강관리학과

활용 자료의 유의점

(!) 종이 지도뿐 아니라 디지털 지도, 영상 매체, 도서(여행안내서, 여행기, 잡지, 지역지리 전문서), 여행 블로그같은 인터넷 자료, 사진, 통계 자료 및 여행가 경험을 적극적으로 활용

(!) 여행에 필요한 지도 활용법, 여행 사진 찍기, 여행에서의 관찰법, 여행기 쓰기, 여행 기록 정리하고 공유하기 등 실용적인 지식과 기능도 유용하게 활용

💬 **MEMO**

도덕과 교과과정

생활과 윤리

핵심키워드

☐ 인공 임신 중절 ☐ 태아의 생명권 ☐ 여성의 신체적 자율권 ☐ 안락사 ☐ 조력 자살 ☐ 뇌사 ☐ 장기 기증
☐ 생명 복제 ☐ 유전자 치료법 ☐ 직업적 책임감 ☐ 의료윤리 4원칙 ☐ 윤리의식 ☐ 과학자의 양심

영역 ## 생명과 윤리

성취기준

[12생윤02-01] 삶과 죽음에 대한 다양한 윤리적 문제를 인식하고, 이에 대한 여러 윤리적 입장을 비교·분석하여,
인공 임신 중절·자살·안락사·뇌사의 문제를 자신이 채택한 윤리적 관점으로 설명할 수 있다.

▶ 학생들은 학습 과정에서 삶과 죽음에 대한 다양한 윤리적 문제를 인식하고, 이에 대한 여러 윤리적 입
장을 비교·분석하여 인공 임신 중절·자살·안락사·뇌사의 문제를 자신이 채택한 윤리적 관점으로 설명
할 수 있어야 한다.

[12생윤02-02] 생명의 존엄성에 대한 여러 윤리적 관점을 비교·분석하고, 생명복제, 유전자 치료, 동물의 권리문제
를 윤리적 관점에서 설명하며 자신의 관점을 윤리 이론을 통해 정당화할 수 있다.

탐구주제

1.생활과 윤리 — 생명과 윤리

① 정부는 헌법재판소가 2019년 4월 인공 임신 중절을 죄로 규정한 형법 조항들에 대해 헌법 불합치 결정 후 후속 조치
를 진행해 왔다. 헌법 불합치 결정된 조항은 임신한 여성의 자기낙태를 처벌하는 형법 제269조 제1항과 임신한 여성
의 촉탁 또는 승낙을 받아 낙태한 경우를 처벌하는 형법 제270조 제1항 중 의사에 관한 내용이다. '인공 임신 중절'을
둘러싼 윤리적 논쟁, 즉 '태아의 생명권과 여성의 신체적 자율권'을 둘러싼 도덕성과 권리 논쟁은 헌법재판소 결정 이
후에도 계속될 것이다. 인공 임신 중절 사례를 분석해보고, 윤리적 관점에서 자신의 생각을 발표해 보자.

관련학과
의예과, 한의예과, 약학과, 한약학과, 보건관리학과, 건강관리학과

② 2019년 3월 일부 언론에는 2016년과 2018년에 총 2녕의 한국인이 안락사를 돕는 스위스의 비영리딘체 디그니다
스(DIGNITAS)에서 스스로 생을 마감했다는 사실을 보도했다. 대부분의 국가에서 조력 자살은 금지되어 있다. 그러나
미국의 일부 주와 스위스, 네덜란드 등에서는 합법화되어 있다. 스위스는 세계에서 유일하게 외국인에게도 조력 자살
을 허용하고 있다. 우리나라에서 현재 안락사나 조력 자살은 불법이다. 안락사의 윤리적 문제는 안락사 시술의 의도

가 남의 고통을 덜어주려는 순수한 마음이라 하더라도, 생명을 인위적으로 종식시키는 것이 과연 도덕적으로 옳은가 하는 것이다. 안락사를 합법화하고 있는 나라들은 사회적·국민적 합의를 노출하였는지 조사해 보고, 윤리적 관점에서 자신의 생각을 발표해 보자.

관련학과
의예과, 치의예과, 한의예과, 약학과, 한약학과, 간호학과, 보건관리학과, 의료복지공학과, 응급구조학과, 건강관리학과

③ 프랑스 소설가 마일리스 드 케랑갈의 작품 「살아있는 자를 수선하기」는 급작스러운 사고를 당하여 뇌사 판정을 받게 된 열 아홉 살 청년 시몽 랩브르의 '심장 이식' 과정을 둘러싸고 전개되는 24시간의 이야기를 다룬 작품이다. 이 책은 '장기 기증'이라는 소재를 통하여 삶과 죽음의 경계, 죽음에 대한 윤리와 애도, 생명의 의미 등을 이야기하고 있다. 20세기에 들어와 호흡과 심장 박동이 중단된 환자마저 소생시킬 수 있을 정도로 의료 기술이 발달하면서 심폐사를 죽음 판정의 기준으로 삼는 것에 대한 문제가 제기되고 있다. 이 책을 읽고, 뇌사의 윤리적 문제에 대해서 토의해 보자.

관련학과
의예과, 치의예과, 한의예과, 약학과, 한약학과, 수의예과, 보건관리학과, 의료복지공학과, 재활학과, 재활공학과, 응급구조학과, 건강관리학과

④ 「완벽에 대한 반론(마이클 샌델)」이라는 책은 부제가 '생명공학 시대, 인간의 욕망과 생명윤리' 이다. 인간 복제, 줄기세포 연구 등 유전공학의 다양한 이슈들과 함께 생명 윤리를 둘러싼 다양한 도덕적 난제들을 제시하면서, 인간 생명의 근원을 재설계하는 것이 과연 옳은지에 관한 도덕적 판단을 촉구하고 있다. 생명 복제는 찬성과 반대 의견이 분분할 정도로 윤리적인 쟁점을 지니고 있다. 이 책을 읽고, 생명 복제 사례들을 더 분석하여 자신의 생각을 발표해 보자.

관련학과
의예과, 치의예과, 한의예과, 약학과, 한약학과, 수의예과, 보건관리학과, 의료복지공학과, 재활학과, 재활공학과, 응급구조학과, 건강관리학과

⑤ 4차 산업혁명 시대를 맞아 신기술에 기반한 유전자 치료법이 계속 등장하고 있다. 미국 식품의약국(FDA)은 2017년 하반기에 유전자 치료제 3개를 승인했고, 몇 년 안에 난치성 질환 치료의 주류가 될 것이라고 밝혔다. 또한 고통받는 환자들이 유전자 치료에 빠르게 접근할 수 있도록 관련 절차를 간소화하는 방안도 고려하는 등 관련 규제 측면에서 앞서가고 있다. 이에 우리나라에서도 연구 참여자의 안전성은 충분히 보장하면서도 유연성 있게 관련 규정을 개정해야 한다는 목소리가 높아지고 있다. 유전자 치료 사례를 통해 유전자 치료가 지닌 장단점을 조사하고, 윤리적 관점에서 유전자 치료에 대한 자신의 생각을 발표해 보자.

관련학과
의예과, 한의예과, 약학과, 한약학과, 보건관리학과, 건강관리학과

영역

사회와 윤리

성취기준

[12생윤03-01] 직업의 의의를 행복의 관점에서 이해하고, 다양한 직업군에 따른 직업윤리를 제시할 수 있으며 공동체 발전을 위한 청렴한 삶의 필요성을 설명할 수 있다.

▶ 진로교육과 연계하여 다양한 직업을 직·간접적으로 경험할 수 있는 기회를 부여하고, 자신이 갖고자 하는 직업에서 요구되는 윤리적 자세에 대해 생각해 볼 수 있는 기회를 제공하는 데 주안점을 둔다.

탐구주제

1 최근 5년 간 살인·강도·절도·폭력 등 4대 범죄를 저지른 의사가 약 3,000명에 달하는 것으로 나타났다. 성범죄를 저지른 의사도 600명을 넘었다. 의료인은 환자의 생명과 건강을 판단하고 치료하는 막중한 책임을 맡고 있으며, 그에 따른 직업적 책임감과 윤리의식을 요구받고 있다. 그러나 현행법에서는 살인이나 강도, 성폭행 등 일반 형사범죄를 범한 경우에도 의사 면허를 취소할 수 없으며, 중대한 의료사고를 내거나 성범죄를 저지른 경우라도 이를 공개할 의무가 없는 실정이다. 의사들이 준수해야 할 의료윤리 4원칙을 조사해 보고, 시대에 맞게 더 강화해야 할 의료윤리가 있다면 발표해 보자.

관련학과

의예과, 치의예과, 한의예과, 약학과, 한약학과, 수의예과, 간호학과, 보건관리학과, 물리치료학과, 미술치료학과, 언어치료학과, 스포츠의학과, 스포츠재활학과, 운동재활복지학과, 운동처방학과, 의료복지공학과, 작업치료학과, 재활학과, 재활공학과, 응급구조학과, 방사선학과, 안경광학과, 임상병리학과, 치위생학과, 치기공학과, 건강관리학과, 스포츠건강관리학과

영역

과학과 윤리

성취기준

[12생윤04-01] 과학기술 연구에 대한 다양한 관점을 조사하여 비교·설명할 수 있으며 이를 과학기술의 사회적 책임 문제에 적용하여 비판 또는 정당화할 수 있다.

탐구주제

1 연극 '코펜하겐'은 '과학자의 양심'을 두고 실제 미국과 독일 과학자들이 첨예하게 대립했던 실제 사건을 다루고 있다. 핵분열, 원자탄의 제조과정 그리고 상보성의 원리 등 널리 알려진 물리학의 개념들을 주요 소재로 하면서 과학의 사회적 책임과 윤리에 대해 생각해 보게 하는 연극이다. '양심이 없는 과학은 영혼의 파괴자일 뿐이다'라는 말은 르네상스 시대의 교육자인 라블레가 과학과 과학자가 취해야 할 책임과 덕목을 표현한 것이다. 「과학자가 되는 길(미국 과학한림원 외)」을 읽고, 과학자가 연구를 수행하면서 연구 윤리를 준수하는 것이 왜 지속적인 과학 발전을 위해 중요한지 토의해 보자.

관련학과

의예과, 치의예과, 한의예과, 약학과, 한약학과, 수의예과, 간호학과, 보건관리학과, 물리치료학과, 미술치료학과, 언어치료학과, 스포츠의학과, 스포츠재활학과, 운동재활복지학과, 운동처방학과, 의료복지공학과, 작업치료학과, 재활학과, 재활공학과, 응급구조학과, 방사선학과, 임상병리학과, 건강관리학과, 스포츠건강관리학과

활용 자료의 유의점

- (!) 주제와 관련된 다양한 사례들을 수집하여 자료로 활용
- (!) 실생활과 관련된 구체적인 도덕 문제 사례들을 활용
- (!) 도덕 문제를 소개하거나 관련 자료를 수집할 때 미디어를 적극적으로 활용
- (!) 신문, 인터넷, 영화 등을 활용하여 자기주도적으로 수업에 참여할 수 있도록 자료 활용
- (!) 통계 자료 활용, 참여 관찰, 심층 면접, 설문 조사 등과 같은 다양한 도덕 문제 자료 수집 방법을 익혀서 활용

수학과 교과과정

수학과

1

수학

☐ 반데르몬드 ☐ 매듭 이론 ☐ 드레포일 매듭 ☐ 리프 매듭 ☐ 3D프린터 ☐ 코로나바이러스
☐ 재활치료센터 ☐ 재활 기구 ☐ 홀로그램 ☐ 사람의 생존 조건 ☐ 물 섭취 ☐ 질병의 분류
☐ 혈액형 ☐ 생활 속 다양한 지수 ☐ 야간점자 ☐ 훈맹정음

영역 **문자와 식**

성취기준

[10수학01-03]	나머지정리의 의미를 이해하고, 이를 활용하여 문제를 해결할 수 있다.
[10수학01-12]	간단한 삼차방정식과 사차방정식을 풀 수 있다.
[10수학01-13]	미지수가 2개인 연립이차방정식을 풀 수 있다.

탐구주제

1.수학 — 문자와 식

(1) 반데르몬드는 프랑스의 수학자다. 1771년 매듭 이론의 중요성을 강조하였고 염색체의 연결을 중요시 하는 DNA 연구에도 매듭 이론은 중요하게 활용된다. 리스팅의 매듭연구가 알렉산더의 매듭으로 발전하면서 드레포일 매듭과 리프 매듭이 되었다. 매듭과 DNA 사이의 관계를 밝히고, 사용되는 의학 분야를 탐구하여 발표해 보자.

관련학과
의예과, 치의예과, 한의예과, 약학과, 한약학과, 수의예과, 간호학과, 임상병리학과

---

(2) 3D프린터나 애니메이션은 방정식을 활용한다. 그림을 확대하거나 반복된 장면을 그리는 과정은 수학식을 활용하면 간단히 할 수 있다. 영상 배경 디자인의 경우, 수학식보다 함수식을 반복적으로 사용하면 간단하다. 3D프린터나 애니메이션에서 활용하는 방정식을 탐구해 보자.

관련학과
의예과, 치의예과, 한의예과, 약학과, 한약학과, 수의예과, 간호학과, 임상병리학과

탐구주제

(3) 스누라이프 뉴스에 의하면 중국 당국이 발표한 중국 내 코로나바이러스의 확진자와 사망자의 수가 2차 함수의 그래프와 유사하다고 발표했다. 2020년 1월 자료를 바탕으로 작성한 그래프를 확장하여, 2020년 전체를 바탕으로 하는 한국에서의 바이러스 곡선을 작성하고 비교해 보자.

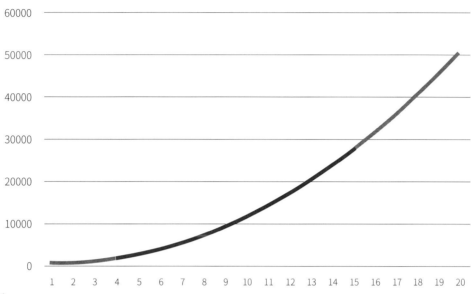

관련학과

의예과, 한의예과, 약학과, 임상병리학과, 건강관리학과

영역

기하

성취기준

[10수학02-01]　　두 점 사이의 거리를 구할 수 있다.

[10수학02-07]　　좌표평면에서 원과 직선의 위치 관계를 이해한다.

탐구주제

(1) 재활치료센터에 가면 여러 가지 치료 기구들이 있다. 다리를 사용하기 불편한 환자들을 위해 자전거 타기와 같은 장치가 마련되어 있는데 사람의 몸과 다리 길이를 예상하여 의자의 위치와 높낮이를 조설하는 기능을 갖추고 있나. 팔을 위한 기구, 걷기를 위한 기구, 구 모양의 기구 등 다양한 기구들의 용도와 수학적 원리를 탐구해 보자.

관련학과

미술치료학과, 언어치료학과, 스포츠재활학과, 건강관리학과

수와 연산

성취기준

[10수학03-01]	집합의 개념을 이해하고, 집합을 표현할 수 있다.
[10수학03-02]	두 집합 사이의 포함 관계를 이해한다.
[10수학03-03]	집합의 연산을 할 수 있다.
[10수학03-06]	충분조건과 필요조건을 이해하고 구별할 수 있다.

탐구주제

1.수학 — 수와 연산

① 홀로그램은 빛의 간섭 효과로 3차원 영상을 만드는데, 2개 빛의 간섭 효과로 정보를 저장하거나 재생하는 디스크가 만들어져 의학적으로 사용되고 있다. 홀로그램 밴드의 의학적 사용과 수학적 원리를 찾아 탐구해 보자.

관련학과
의예과, 한의예과, 약학과, 한약학과, 운동처방학과, 응급구조학과

② 사람이 생존하는데 물의 섭취는 반드시 필요하지만, 물을 섭취하는 것만으로 충분하다고 할 수는 없다. 이처럼 우리 주변의 의학 지식들 중에서 충분조건과 필요조건을 설명할 수 있는 다양한 사례를 조사하여 발표해 보자.

관련학과
의예과, 약학과, 건강관리학과, 스포츠건강관리학과

③ 인간이 앓고 있는 질병은 그 종류가 12,000여 가지가 넘게 존재하며, 이러한 질병은 원인과 부위에 따라 분류된다. 질병의 분류에 대하여 조사하고 이를 집합의 개념을 이용하여 나타내 보자. 각각의 분류에서 참인 명제와 거짓인 명제를 만들고, 명제의 역이 참인지 판별해 보자. 또한 각 명제에서 충분조건과 필요조건은 무엇인지 탐구해 보자.

관련학과
의예과, 한의예과, 보건관리학과, 건강관리학과

함수

[10수학04-01]   함수의 개념을 이해하고, 그 그래프를 이해한다.

[10수학04-02]   함수의 합성을 이해하고, 합성함수를 구할 수 있다.

[10수학04-04]   유리함수 $y = \dfrac{ax+b}{cx+d}$ 의 그래프를 그릴 수 있고, 그 그래프의 성질을 이해한다.

[10수학04-05]   무리함수 $y = \sqrt{ax+b} + c$의 그래프를 그릴 수 있고, 그 그래프의 성질을 이해한다.

탐구주제

1.수학 — 함수

① ABO식 혈액형에서는 A항원만 있으면 A형, B항원만 있으면 B형, A, B항원이 모두 있으면 AB형, 모두 없으면 O형으로 분류한다. 또, Rh식 혈액형에서는 Rh항원이 있으면 Rh^+, 없으면 Rh^-로 분류한다. 혈액형을 나누는 방법을 탐구해 보자.　(남호영·박제남, 교실 밖 세상을 풀어버린 수학)

관련학과
건강관리학과, 스포츠건강관리학과, 의료복지학과

② 불쾌지수, 체질량지수, 물가지수, 식생지수, 빅맥지수, 가뭄지수, 물가지수, 스트레스지수, 주가지수, 감성지수, 감염재생산지수 등과 같이 생활 중에는 다양한 지수가 있다. 건강을 확인하고 예방하기 위한 지수와 수치를 탐구해 보자.

관련학과
건강관리학과, 스포츠건강관리학과, 의료복지학과

경우의 수

[10수학05-01]   합의 법칙과 곱의 법칙을 이해하고, 이를 이용하여 경우의 수를 구할 수 있다.

탐구주제

(1) 프랑스의 육군 장교 바르비에(C, Barbier)는 전쟁터에서 어두운 밤에 군사용 작전 명령문을 읽을 수 있는 야간문자를 고안하였다. 이는 일반 사람들이 읽기 어려워 군사용으로는 실패했지만, 훗날 파리맹학교에 재학 중이던 루이 브라유(Louis Braille)에 의해 6점 점자로 수정·보완되어 활용되었다. 우리 나라에서는 일제의 혹독한 감시 속에서도 시각장애인들이 한글을 익힐 수 있도록 시각장애인 교육에 매진했던 박두성 선생이 6년간의 연구 끝에 훈맹정음을 발표했다. 한글점자인 훈맹정음은 그 원리가 독창적이며 사용이 편리하다. 훈맹정음의 독창성과 수학적 원리에 대하여 탐구해 보자.

관련학과

언어치료학과, 작업치료학과, 의료복지공학과, 재활학과, 보건관리학과

활용 자료의 유의점

- (!) 도형의 방정식 학습을 통해 기하와 대수의 연결성 이해
- (!) 수학의 여러 내용 영역과 연계하여 집합과 명제의 필요성과 유용성을 인식
- (!) 대응으로 정의된 함수의 예를 찾아보는 활동을 통해 함수의 유용성을 인식
- (!) 실생활 문제를 해결해 봄으로써 다양한 상황에서 순열과 조합의 필요성과 유용성을 인식

💬 MEMO

수학과

2

수학 Ⅰ

핵심키워드

☐ 정보전달 속도 ☐ 베버의 법칙 ☐ 산성도 ☐ 몸의 산성화 ☐ 신체·감성·지성지수
☐ 뇌파 ☐ 의학 분야 활용 삼각함수 ☐ 푸리에 변환

영역

지수함수와 로그함수

성취기준

[12수학Ⅰ01-02]	지수가 유리수, 실수까지 확장될 수 있음을 이해한다.
[12수학Ⅰ01-04]	로그의 뜻을 알고, 그 성질을 이해한다.
[12수학Ⅰ01-05]	상용로그를 이해하고, 이를 활용할 수 있다.
[12수학Ⅰ01-07]	지수함수와 로그함수의 그래프를 그릴 수 있고, 그 성질을 이해한다.
[12수학Ⅰ01-08]	지수함수와 로그함수를 활용하여 문제를 해결할 수 있다.

탐구주제

2.수학Ⅰ — 지수함수와 로그함수

(1) 최근 인터넷이나 스마트폰을 이용한 소셜 네트워크 서비스(SNS)의 발달로 정보의 전달 속도가 매우 빨라졌다. 이로 인해 사람들은 원하는 정보에 쉽게 접근할 수 있게 되었을 뿐 아니라 다양한 사람들과 자신의 관심 분야에 대한 정보를 공유할 수 있게 되었다. 이와 같이 정보 전달의 속도가 빨라진 현상을 지수함수의 개념을 바탕으로 설명해 보자. 또한 건강, 의학 등과 관련된 많은 정보들이 빠르게 전달됨으로 인하여 생기는 순기능과 역기능에 대하여 토의해 보자.

관련학과

의예과, 약학과, 재활학과, 건강관리학과, 한의예과, 간호학과

(2) 19세기 독일의 생리학자 베버(Webaer,E.H. 1795-1878)는 '자극의 크기가 변화된 것을 느끼려면 처음 주어진 자극과 일정한 크기 이상 차이가 나는 자극이 주어져야 하며, 자극의 변화를 느낄 수 있는 최소 변화량은 처음 자극의 세기에 비례한다'는 사실을 알아냈다. 이를 베버의 법칙이라 한다. 이를 바탕으로 페히너(Fechner,G.T.1801-1887)는 로그함수의 개념을 활용하여 감각의 세기와 자극의 세기의 관계를 연구하였다. 이와 관련된 내용을 탐구해 보자.

관련학과

의예과, 한의예과, 수의예과, 물리치료학과, 스포츠재활학과, 임상병리학과

---

(3) 산성도는 용액 속에 든 수소 이온 농도에 의해 결정된다. pH(수소이온 지수)는 0부터 14까지의 수로 나타낸다. (pH=-log [H^+]) 용액 중에 수소 이온이 1.0×10^{-7}g 있다면 이때의 pH는 7이다. 식에 마이너스가 붙어 있기 때문에 수소 이온 농도가 열 배 증가할 때 pH가 1만큼 감소한다. 우리 몸은 pH 7.3~7.45 정도의 약알칼리 상태일 때를 정상으로 간주한다. 우리 몸의 산성화가 건강에 미치는 영향과 질병에 대하여 탐구해 보자.

관련학과

의예과, 한의예과, 약학과, 한약학과, 간호학과, 건강관리학과, 보건관리학과, 치위생학과

영역 ## 삼각함수

성취기준

[12수학 I 02-02] 삼각함수의 뜻을 알고, 사인함수, 코사인함수, 탄젠트함수의 그래프를 그릴 수 있다.

[12수학 I 02-03] 사인법칙과 코사인법칙을 이해하고, 이를 활용할 수 있다.

탐구주제

2.수학 I — 삼각함수

(1) 삼각함수를 사용하여 사람들의 개인적으로 가지고 있는 신체·감성·지성지수의 주기들을 볼 수 있다. 개인마다 각기 다른 지수를 갖고 있음을 알 수 있는데, 개인의 신체지수를 탐색하여 자신의 지수를 확인하고 상대방의 지수와 비교하며 토론해 보자.

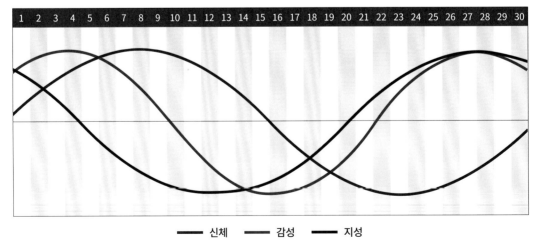

―― 신체 ―― 감성 ―― 지성

관련학과

스포츠의학과, 운동처방학과, 재활공학과

탐구주제

(2) 수학자 푸리에(Fourier,J.B.J. 1768-1830)는 주기적으로 변하는 모든 변화는 삼각함수의 합으로 표현할 수 있다고 하였다. 사람은 생각하거나 활동할 때 뇌신경들 사이의 신호 전달에 따라 '뇌파'라는 파동이 생긴다. 그런데 뇌파 관찰 결과 속에는 환자의 호흡, 심장 박동 등에 따른 다른 파동들도 복잡하게 섞여 있다. 이때 푸리에 변환을 활용하면 순수한 뇌파만을 얻어낼 수 있다고 한다. 뇌파와 비슷하게 심장의 전파 파동을 측정하는 심전도 검사, 청력 검사에도 푸리에 변환을 활용한 삼각함수가 이용된다. 이처럼 삼각함수가 의학 분야에 쓰이는 사례를 탐구해 보자.

관련학과
의예과, 간호학과, 방사선학과, 임상병리학과, 재활학과, 물리치료학과, 건강관리학과

활용 자료의 유의점

(!) 수학의 기본 성격을 이해하고 활용할 수 있는 능력을 바탕으로 새롭고 의미 있는 아이디어를 다양한 분야에 적용

(!) 구체적인 자연 현상이나 사회 현상을 지수함수와 로그함수로 표현하고 이 과정에서 나타나는 간단한 방정식과 부등식을 풀어 문제를 해결해 봄으로써 지수함수와 로그함수의 유용성과 가치를 인식

(!) 삼각함수가 포함된 방정식과 부등식은 삼각함수의 그래프를 해석하거나 사인법칙과 코사인법칙을 활용하여 문제를 해결하는 과정에서 나타나는 간단한 경우를 활용

💬 **MEMO**

수학Ⅱ

핵심키워드

☐ 생장 곡선 ☐ 증가 곡선 ☐ 하겐-푸아죄유 식 ☐ 프아죄유의 모세관 법칙 ☐ 해머던지기 ☐ 원심력
☐ 영상의학 검사기기 ☐ 고령인구 사망원인 ☐ 혈관질환 ☐ 염료 희석법

영역 **함수의 극한과 연속**

성취기준

[12수학Ⅱ01-02]   함수의 극한에 대한 성질을 이해하고, 함수의 극한값을 구할 수 있다.

[12수학Ⅱ01-04]   연속함수의 성질을 이해하고, 이를 활용할 수 있다.

탐구주제

3. 수학Ⅱ — 함수의 극한과 연속

① 개체군의 생장 곡선을 그릴 때 기대되는 증가 곡선은 무한대로 발산하게 된다. 하지만 실제로 환경저항이 존재하기 때문에 실제 증가 곡선은 환경 수용력에 수렴하는 형태로 함수가 뻗어 나간다. 이처럼 우리 주변에는 조건에 따라 발산과 수렴이 달라지는 경우가 많다. 그 예를 찾아보고 발산과 수렴 형태의 그래프를 현상을 해석하는 자료로 사용하는 것이 적절한지 토론해 보자.

관련학과
의예과, 약학과, 보건관리학과, 건강관리학과

💬 **MEMO**

미분

성취기준

[12수학II 02-02] 미분계수의 기하적 의미를 이해한다.

[12수학II 02-06] 접선의 방정식을 구할 수 있다.

[12수학II 02-08] 함수의 증가와 감소, 극대와 극소를 판정하고 설명할 수 있다.

[12수학II 02-09] 함수의 그래프의 개형을 그릴 수 있다.

[12수학II 02-11] 속도와 가속도에 대한 문제를 해결할 수 있다.

탐구주제

3.수학II ― 미분

① 하겐-푸아죄유 식은 관에 흐르는 점성을 갖는 유체의 흐름을 해석하기 위한 식이다. 이후 영국의 수학자 스토크스(Stokes)경이 식을 응용해 '어떤 관에 흐르는 점성을 갖는 유체의 흐름 해석을 위한 일반식'을 만들면서 다양한 분야로 확장될 수 있었다. 푸아죄유의 모세관 법칙(Poiseuille's Law)에 대하여 조사한 후 혈관에서 혈액의 흐름에 대하여 탐구해 보자.

관련학과
의예과, 간호학과, 임상병리학과, 건강관리학과

② 육상 경기 중 하나인 해머던지기는 원심력을 이용하여 중심각이 40°인 부채꼴 모양의 해머를 경기장 안으로 던지는 경기이다. 해머던지기 선수가 해머를 놓는 순간, 날아가는 해머의 방향을 곡선에서 접선의 방정식을 활용하여 탐구해 보자.

관련학과
스포츠재활학과, 운동재활복지학과, 운동처방학과, 스포츠의학과

적분

성취기준

[12수학II 03-03] 정적분의 뜻을 안다.

[12수학II 03-05] 곡선으로 둘러싸인 도형의 넓이를 구할 수 있다.

[12수학II 03-06] 속도와 거리에 대한 문제를 해결할 수 있다.

탐구주제

(1) 영상의학과에서 시행하는 단순 X선 촬영, 초음파, 컴퓨터단층촬영(CT), 자기공명영상(MRI)과 같은 많은 검사들은 각각의 검사기기로 단면 영상을 얻은 후에 3D라고 하는 입체 영상으로 재구성하는 과정을 거친다. 그 과정에서 적분법을 이용한 컴퓨터 소프트웨어를 사용한다. 이처럼 의료분야, 특히 영상의학과의 영상획득 후 처리 과정에서 적분법의 개념이 사용되어 병의 진단에 도움을 주고 있는 사례를 탐구해 보자.

관련학과
의예과, 간호학과, 방사선학과, 임상병리학과, 물리치료학과, 스포츠의학과

---

(2) 우리나라 65세 이상의 고령 인구에서 사망 원인 1위의 질환은 뇌졸중, 동맥경화, 심근경색과 같은 혈관질환이다. 이런 혈관질환 대부분은 혈액이 어떤 저항 때문에 혈관을 따라 잘 흐르지 못하기 때문에 생기는 질환이다. 심장의 건강 상태를 알아보는 한 가지 방법은 단위 시간에 심장으로부터 뿜어져 나오는 혈액의 양인 심박출량을 측정하는 것이다. 심박출량은 염료 희석법으로 측정하는데 이 과정에서 적분의 개념이 사용된다. 염료 희석법에 대하여 탐구해 보자.

관련학과
의예과, 수의예과, 임상병리학과, 스포츠의학과, 스포츠건강관리학과

활용 자료의 유의점

> ⚠ 수학의 기본 성격을 이해하고 활용할 수 있는 능력을 바탕으로 문제 해결, 추론, 창의·융합, 의사소통, 태도 및 실천역량 함양
> ⚠ 미분법을 단순히 적용하기보다는 미분의 의미를 이해하고, 이를 활용하여 여러 가지 문제를 해결함으로써 미분의 유용성과 가치를 인식
> ⚠ 적분법을 단순히 적용하기보다는 적분의 의미를 이해하고, 이를 활용하여 여러 가지 문제를 해결함으로써 적분의 유용성과 가치를 인식

💬 **MEMO**

수학과

4

미적분

핵심키워드

☐ 눈송이 곡선   ☐ 프랙탈(Fractal)   ☐ 지문   ☐ 성문(Voice print)   ☐ 푸리에   ☐ 도함수
☐ 3D프린터   ☐ 3D프린터의 원리

영역 ## 수열의 극한

성취기준

[12미적01-02]	수열의 극한에 대한 기본 성질을 이해하고, 이를 이용하여 극한값을 구할 수 있다.
[12미적01-05]	등비급수의 뜻을 알고, 그 합을 구할 수 있다.
[12미적01-06]	등비급수를 활용하여 여러 가지 문제를 해결할 수 있다.

탐구주제

4.미적분 — 수열의 극한

① 정삼각형의 각 변을 3등분하고 그 중앙에 있는 선분과 같은 길이를 한 변으로 하는 작은 삼각형을 만드는 과정을 계속 반복하면 눈송이 같은 모양이 만들어진다. 이처럼 만든 코흐의 눈송이 곡선은 넓이가 유한하고 둘레의 길이는 무한하다. 극한의 개념을 활용하여 코흐의 눈송이 곡선을 탐구해 보자. 또한 부분이 전체를 닮는 자기 유사성을 갖고 있는 복잡한 도형을 프랙탈(fractal)이라 하는데, 사람의 폐는 기능의 효율성을 높이기 위하여 프랙탈 구조를 하고 있다. 폐의 구조와 그 원리에 대하여 탐구해 보자.

관련학과

의예과, 약학과, 물리치료학과, 스포츠의학과

미분법

성취기준

[12미적02-04]	삼각함수의 극한을 구할 수 있다.
[12미적02-05]	사인함수와 코사인함수를 미분할 수 있다.
[12미적02-12]	함수의 그래프의 개형을 그릴 수 있다.
[12미적02-14]	속도와 가속도에 대한 문제를 해결할 수 있다.

탐구주제

4.미적분 — 미분법

① 사람마다 지문이 다른 것처럼 목소리도 각 사람마다 특징을 가지고 있는데 이를 성문(Voice print)이라고 한다. 사람의 목소리를 구별하는 성문 분석은 제2차 세계대전 중 미국이 적의 무전병 목소리를 분석해 중요한 정보를 알아내기 위해 처음으로 사용했다. 그 후에는 성문 분석 기술이 발달하면서 지문이나 혈액형 등과 함께 사람을 구별하는 단서로 사용되고 있다. 수학자 푸리에(Fourier, J.B.J. 1768-1830)는 주기적으로 변하는 모든 변화는 삼각함수의 합으로 표현할 수 있다고 하였다. 목소리를 파동의 형태로 나타낸 후 관찰해 보고, 삼각함수의 덧셈법칙 개념을 활용하여 사람을 구별하는 기술에 대해 탐구해 보자.

관련학과
언어치료학과, 응급구조학과, 건강관리학과, 보건관리학과, 의예과, 간호학과

② 우리 생활에서 일어나는 다양한 현상의 변화를 파악할 때 도함수를 활용하면 도움이 된다. 대표적으로 의학 분야 역시 도함수를 활용하여 여러 가지 문제를 해결한다. 예를 들어 주사를 맞으면 시간에 따라 혈액 속에 들어간 주사약의 농도가 변하게 된다. 이때 혈액 속 주사약의 농도의 변화를 파악하기 위하여 도함수를 활용한다. 혈액 속 주사약의 농도 변화에 대하여 탐구해보고, 약의 흡수와 효과 및 유의점과 부작용 능에 대하여 노의해 보사.

관련학과
약학과, 한약학과, 간호학과, 보건관리학과, 응급구조학과

적분법

성취기준

[12미적03-03]	여러 기지 함수의 부정적분과 정적분을 구할 수 있다.
[12미적03-05]	곡선으로 둘러싸인 도형의 넓이를 구할 수 있다.

탐구주제

1 3D프린터로 물체의 모형을 제작하려면 3차원 디자인, 디자인 분석, 3차원 인쇄라는 3단계 과정을 거쳐야 한다. 이중 3D프린터가 디자인을 분석하는 단계에서 미분의 원리가 사용되고, 분석된 자료를 이용하여 설계도에 그려진 대로 물건의 모형을 3차원으로 인쇄하는 단계에서는 적분의 원리가 사용된다. 3D프린터에 사용되는 미적분의 원리를 탐구하고 의학 분야에 활용되는 사례를 조사해 보자.

관련학과

치기공학과, 의예과, 물리치료학과, 스포츠의학과, 재활공학과, 의료복지공학과

활용 자료의 유의점

- ⚠ 수열의 극한에 대한 기본 성질은 구체적인 예를 통해 직관적으로 이해
- ⚠ 삼각함수의 덧셈정리와 관련하여 복잡하지 않은 상황이나 문제를 활용
- ⚠ 도함수의 다양한 활용을 통해 미분의 유용성과 가치를 인식
- ⚠ 정적분의 다양한 활용을 통해 적분의 유용성과 가치를 인식

💬 **MEMO**

수학과 5

확률과 통계

핵심키워드

☐ 인간 게놈 프로젝트 ☐ 코로나19 확산 ☐ 의료 진단 검사 ☐ 의료 진단 키트의 민감도
☐ 근시 ☐ 유전병 ☐ 랜덤 변수 실험

영역 **확률**

성취기준

[12확통02-01]	통계적 확률과 수학적 확률의 의미를 이해한다.
[12확통02-03]	확률의 덧셈정리를 이해하고, 이를 활용할 수 있다.
[12확통02-04]	여사건의 확률의 뜻을 알고, 이를 활용할 수 있다.
[12확통02-05]	조건부 확률의 의미를 이해하고, 이를 구할 수 있다.

탐구주제

5.확률과 통계 — 확률

1 1900년에 시작되어 2003년에 완성된 인간 게놈 프로젝트(Human Genome Project)는 셀레라 게노믹스라는 민간 법인의 후원을 받아 발전의 계기를 마련하였다. 생명체의 유전정보는 아데닌(A), 타이민(T), 구아닌(G), 사이토신(S)과 같이 4가지 염기를 갖는 이중구조로 AGG, AGT, TCA 등 순서를 가진 배열로 나타낸다. 사람의 인간 게놈 프로젝트는 질병을 치료하고 유전병을 발견하고 치료하는 사전활동에 큰 효과를 줄 것이다. 게놈 프로젝트를 정의하고 구조를 디자인해 보는 활동을 탐구해 보자.

관련학과
의예과, 치의예과, 한의예과, 약학과, 한약학과, 수의예과, 간호학과, 임상병리학과

탐구주제

② 이 데이터는 2020년 3월 미국과 이탈리아의 코로나19 확산에 대해 예측하는 수학적 통계자료이다. 수학적 예측과 실제 발병한 통계적 확률을 통계청 자료를 활용하여 비교해 보고, 수학적 확률과 통계적 확률의 차이점을 탐구해 보자.

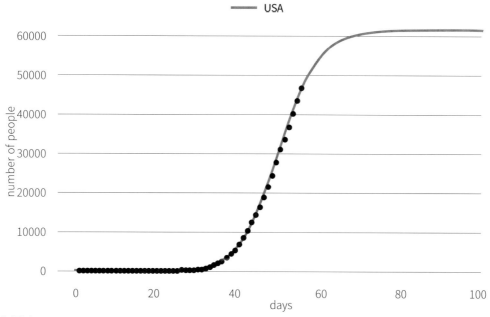

관련학과

의예과, 치의예과, 한의예과, 약학과, 한약학과, 수의예과, 간호학과, 보건관리학과, 임상병리학과, 운동처방학과

③ 의료 진단 검사에서 양성 반응이 나타나면 감염되었음을, 음성 반응이 나타나면 감염되지 않았음을 뜻한다. 그러나 진단 검사용 의료 키트가 항상 정확한 것은 아니어서 감염되어 있는 경우에도 음성 반응을 나타내기도 한다. 감염되었을 때 양성 반응이 나타날 확률을 그 의료 진단 키트의 민감도라고 하는데 민감도가 클수록 의료 진단 키트의 정확도는 높다고 할 수 있다. 의료 진단 검사의 민감도와 특이도에 대한 개념을 조사하고 조건부 확률의 개념을 활용하여 탐구해 보자.

관련학과

의예과, 치의예과, 한의예과, 수의예과, 간호학과, 임상병리학과, 방사선학과

④ 근시는 초점이 망막 앞에 맺혀 가까운 곳이 잘 보이고 먼 곳이 잘 안 보이는 병이다. 이 병의 원인으로는 과인슐린 혈증과 같은 영양 요인, 작업의 근거리 요인, 스트레스와 같은 환경적 요인 등으로 구분할 수 있다. 그러나 현재는 환경적 요인보다 유전적 요인에 의한 병으로 인지되고 있는데, 어떤 조건 하에서 근시가 나타나는지 조건부 확률을 탐구해 보자.

관련학과

의예과, 한의예과, 약학과, 한약학과, 보건관리학과, 의료복지공학과, 재활학과, 재활공학과, 건강관리학과

💬 **MEMO**

성취기준

[12확통03-04]	정규분포의 뜻을 알고, 그 성질을 이해한다.
[12확통03-06]	표본평균과 모평균의 관계를 이해하고 설명할 수 있다.
[12확통03-07]	모평균을 추정하고, 그 결과를 해석할 수 있다.

탐구주제

(1) 통계학은 많은 자료를 산술적 방법으로 관찰하고 비교, 정리, 분석하여 어떤 현상을 해석한다. 통계자료는 과학적인 과정을 거쳐 산출된 믿을만한 증거로 받아들여지기 때문에 통계자료를 인용하는 신문기사를 쉽게 찾아볼 수 있다. 통계가 인용된 의학 관련 신문기사를 탐구하고, 의학 분야에서 통계가 어떻게 활용되는지 분석하여 발표해 보자.

관련학과

의예과, 치의예과, 한의예과, 약학과, 한약학과, 수의예과, 간호학과, 보건관리학과, 물리치료학과, 미술치료학과, 언어치료학과, 스포츠의학과, 스포츠재활학과, 운동재활복지학과, 운동처방학과, 의료복지공학과, 작업치료학과, 재활학과, 재활공학과, 응급구조학과, 방사선학과, 안경광학과, 임상병리학과, 치위생학과, 치기공학과, 건강관리학과, 스포츠건강관리학과

(2) 1799년 조지 워싱턴이 중병에 걸렸을 때 그의 담당의사는 사혈요법이나 수은의 복용과 같은 치료법을 처방했다. 과거 의학사를 살펴보면 이처럼 의학적 인과관계를 명확히 알 수 없는 괴이한 치료법들을 발견할 수 있다. 하지만 제2차 세계대전 이후 통계적 실험 방법인 랜덤 변수 실험(Randomized Controlled Trials)이 시도되면서 의사들은 인지전 편향에서 벗어나 상황을 좀 더 객관적으로 바라볼 수 있게 되었다. 랜덤 변수 실험이란 무엇인지 치료법이나 신약의 개발과 같은 사례를 중심으로 탐구해 보자. *(벌거벗은 통계학, 찰스 윌런, 책읽는 수요일)*

관련학과

의예과, 한의예과, 약학과, 한약학과, 보건관리학과, 건강관리학과

활용 자료의 유의점

- ⚠ 생활 주변의 다양한 소재를 활용하여 확률을 도입
- ⚠ 통계적 확률과 수학적 확률의 관계를 이해하고 통계적 확률을 다룰 때 충분히 많은 횟수의 시행을 구현하기 위하여 공학적 도구를 이용
- ⚠ 표본평균은 추출한 표본에 따라 다른 값을 가질 수 있는 확률변수이며, 표본평균의 분포를 도입할 때 공학적 도구를 이용
- ⚠ 자료를 수집하고 정리하여 결과를 분석하는 활동을 통해 통계와 관련된 실생활 문제를 해결함으로써 통계의 유용성과 가치를 인식

수학과

6

기하

핵심키워드

☐ 광역학요법   ☐ 암세포 치료 요법   ☐ 타원의 성질   ☐ SI벡터의학   ☐ 구 모양의 타이어

영역

이차곡선

성취기준

[12기하01-02]   타원의 뜻을 알고, 타원의 방정식을 구할 수 있다.

탐구주제

6.기하 — 이차곡선

① 타원의 초점으로 빛을 모아 신체 부위의 한 곳에 빛을 쏘여서 치료하는 기법이 광역학요법(Photodynamic therapy)이다. 극소의 암세포를 죽일 수 있는 이 요법은 광범위한 분야에 적용될 예정이다. 타원을 직접 제작해 보고 한 곳으로 집적시킬 수 있는 원리를 탐구해 보자.

관련학과
방사선학과, 의학과, 의예과

② 타원의 한 초점에서 나온 빛이나 소리는 타원에 반사되어 다른 초점에 모인다. 미국의 국회의사당, 영국 런던의 성 바오로 대성당(whispering gallery)은 이러한 성질을 적절하게 이용한 장소들이다. 의료 분야에서 타원의 성질을 이용하여 기기를 만든다면 정확하고 효율적인 치료를 할 수 있다. 타원의 성질을 이용한 의학기술에 대하여 조사해 보자.

관련학과
의예과, 방사선학과, 건강관리학과, 약학과, 간호학과

평면벡터

성취기준

[12기하02-01]	벡터의 뜻을 안다.
[12기하02-03]	위치벡터의 뜻을 알고, 평면벡터와 좌표의 대응을 이해한다.
[12기하02-04]	두 평면벡터의 내적의 뜻을 알고, 이를 구할 수 있다.

탐구주제

6.기하 ─ 평면벡터

1 SI벡터의학이란 기존의 질병치료에 으레 이용되던 수술이나 절제, 주사 등 공격적이고 침습적인 치료에서 벗어나 비침습적이고 통증없이 치료를 하는 새로운 패러다임이다. 사람의 인체를 평생 힘들게 하는 것이 바로 중력이라는 벡터이며, 인체는 중력에 대항하기 위해 뼈대와 힘줄, 그리고 뼈대에 의지하는 오장육부와 조직들과 같은 벡터구조를 갖고 있다는 것이다. SI벡터의학이란 무엇이며 이를 적용하여 치료가능한 질병은 어떤 것들이 있는지 탐구해 보자.

관련학과

한의예과, 한약학과, 운동처방학과, 물리치료학과, 스포츠재활학과

공간도형과 공간좌표

성취기준

| [12기하03-05] | 좌표공간에서 두 점 사이의 거리를 구할 수 있다. |
| [12기하03-07] | 구의 방정식을 구할 수 있다. |

탐구주제

6.기하 ─ 공간도형과 공간좌표

1 구 모양의 타이어는 미국의 한 시사 주간지가 선정한 2016년 올해의 발명품 25가지 중 하나이다. 기존의 타이어와 비교하여 구 모양의 타이어는 자동차를 어느 방향으로든 움직일 수 있다는 장점이 있다. 예를 들어 자동차를 제자리에서 돌릴 수도 있고, 직각으로 차선을 변경할 수도 있으며 평행 주차를 쉽게 할 수도 있다. 반면 도로와 접하는 면적이 좁기 때문에 안정성에 문제가 생길 수 있다. 현재 전문가들은 이 문제를 해결하여 구 모양의 타이어를 상용화하기 위해 연구 중이다. 구 모양 타이어의 원리와 상용화 연구에 대하여 조사해 보고, 이를 활용한 물리치료법이나 의료 기구를 구상해 보자.

관련학과

의료복지공학과, 재활공학과, 치기공학과, 물리치료학과, 스포츠의학과

활용 자료의 유의점

- ⚠ 이차곡선과 그 접선이 실생활에 활용되는 다양한 예를 제시함으로써 그 유용성과 가치를 인식
- ⚠ 벡터를 표현하고 탐구하는 방법에는 화살표를 이용한 기하적 방법과 좌표를 이용한 대수적 방법이 있음을 인식
- ⚠ 벡터를 활용하여 다양한 문제를 해결함으로써 그 유용성과 가치를 인식
- ⚠ 공간좌표의 개념과 성질을 이용하여 공간도형에 대한 문제를 해결
- ⚠ 우리 주변의 자연이나 건축물, 예술작품 등에 나타난 공간도형의 성질을 이해하고, 수학의 심미적 가치를 인식

💬 MEMO

수학과

7

실용 수학

☐ 피보나치   ☐ 「산반서」   ☐ 피보나치 수열   ☐ 황금비   ☐ 레오나르도 다빈치   ☐ 비트루비안 맨
☐ 체질량지수(BMI)   ☐ 투영법   ☐ 투영도   ☐ 가습기 살균제   ☐ 세이버메트릭스   ☐ 나이팅게일

영역 규칙

성취기준

[12실수01-01]	다양한 현상에서 규칙을 찾고, 이를 식으로 나타낼 수 있다.
[12실수01-03]	실생활에서 도형의 닮음이 이용되는 예를 찾고 그 원리를 이해한다.
[12실수01-04]	실생활에서 도형의 합동이 이용되는 예를 찾고 그 원리를 이해한다.

탐구주제

7.실용 수학 — 규칙

① 피보나치(Fibonacci)가 쓴 책 「산반서(Liber abaci)」에는 1 1 2 3 5 8 13 21 34 55 89 … 과 같은 수들이 나오는데 이 수들을 피보나치 수열이라 한다. 피보나치 수열은 우리의 인체에도 반영되어 있다. 인체의 다양한 부분에서 피보나치 수열을 발견해 보자.

관련학과
의예과, 한의예과, 간호학과, 운동재활복지학과, 물리치료학과

② 황금비(Golden ratio)는 어떤 두 수의 비율이 그 합과 두 수 중 큰 수의 비율과 같도록 하는 비율로, 근삿값이 약 1.618 인 무리수이다. 레오나르도 다빈치의 「비트루비안 맨(Vitruvian Man)」을 참고하여 인체의 황금비를 찾아 보자. 또한 손, 귀 등 인체의 다양한 부분에서 황금비를 탐구해 보자.

관련학과
의예과, 한의예과, 간호학과, 운동재활복지학과, 물리치료학과

탐구주제

3 벨기에 수학자 케틀레(1796~1874)는 체질량지수(BMI)를 만들었다. 체질량지수(BMI)는 키와 몸무게를 측정하여 건강 상태를 알아보는 지수 식으로 현대에 널리 사용된다. 체질량지수란 무엇인지 식의 의미를 알아보고, 지수로 나온 수치가 18.5 미만, 18.5~23, 23~25, 25~30, 35 이상이 갖는 의미와 건강 정도를 탐구해 보자.

관련학과

의예과, 한의예과, 간호학과, 운동재활복지학과

영역 **공간**

성취기준

[12실수02-01] 평면도형과 입체도형의 모양은 관찰하는 시각에 따라 다르게 보일 수 있음을 이해한다.

[12실수02-03] 입체도형의 겨냥도와 전개도를 다양하게 그릴 수 있다.

[12실수02-04] 겨냥도와 전개도를 이용하여 입체도형을 만들 수 있다.

탐구주제

1 입체도형을 평면 위에 나타내는 그림은 조감도, 전개도, 겨냥도, 단면도 등으로 다양하지만 주로 입체도형의 한쪽만 나타내기 때문에 전체를 파악하기 어렵다. 이를 보완하기 위해 투영법을 이용한다. 투영법은 정면과 위, 옆에서 보이는 물체의 모습을 평면 위에 그려 전체를 쉽게 파악할 수 있도록 한 것이며, 투영법으로 그린 그림을 투영도라고 한다. 이때 물체를 정면, 위, 아래, 옆, 뒤에서 보고 그린 그림을 차례대로 정면도, 평면도, 저면도, 측면도, 배면도라고 한다. 투영법의 기초인 화법기하학은 프랑스 수학자 몽주(Monge, G., 1746~1818)가 고안한 것으로 3차원 공간의 입체를 2차원 평면에 투사하는 방법을 연구하면서 탄생했다. 인체의 다양한 부분을 투영도로 나타내보자.

관련학과

의예과, 수의예과, 간호학과, 스포츠의학과, 임상병리학과

💬 **MEMO**

성취기준

[12실수03-02]	실생활 자료를 수집하고 그림, 표, 그래프 등을 이용하여 정리할 수 있다.
[12실수03-03]	다양한 자료를 분석하여 결과를 해석할 수 있다.
[12실수03-04]	목적에 맞게 자료를 수집, 정리, 분석, 해석하여 산출물을 만들 수 있다.

탐구주제

7.실용 수학 — 자료

1 질병이 발생하면 그 병이 다시 발생하지 않도록 예방하기 위해서 원인을 찾아야 한다. 이때 자료의 통계적 해석은 매우 중요한 근거가 된다. 한 예로 사회적으로 큰 문제가 되었던 가습기 살균제가 폐에만 문제를 일으키는지 아니면 다른 곳에도 문제를 일으키는지 '상관관계 분석'이라는 통계분석을 사용해 조사하였다. 이처럼 문제가 되는 현상의 원인을 찾고 해결하기 위해 통계분석을 활용하여 노력한 사례들을 조사해 보자.

관련학과

의예과, 한의예과, 약학과, 보건관리학과, 건강관리학과

2 세이버메트릭스(Sabermetrics)는 야구 통계학에서처럼 객관적인 근거를 통해 야구를 분석하고 연구한다. 즉 과학적인 기초자료와 여러 가지 분석방법을 사용하여 팀이 승리하고 패배한 이유를 설명한다. 세이버메트릭스는 미국야구협회의 머리글자 SABR에서 따온 이름으로 미국의 야구 저술가이자 통계학자인 빌 제임스(Bill James)가 만든 말이다. 세이버메트릭스에서 다루고 있는 개념들에 대하여 조사해 보고 이러한 분석이 야구경기에 미친 영향에 대하여 탐구해 보자.

관련학과

스포츠의학과, 스포츠재활학과, 운동재활복지학과, 운동처방학과

3 나이팅게일(1820~1910)은 크림전쟁 당시 간호사였다. 그녀는 크림전쟁 부상병 간호를 담당하는 자원봉사대원으로 영국군 야전병원에 근무했다. 사망자 수를 조사하던 중 전투에서 전사한 인원보다 병으로 죽는 비율이 더 많음을 알게 되었고, 이를 통계 그래프로 나타내었다. 통계 그래프로 나타내기 위한 나이팅게일의 노력과 그래프 사용 방법에 대해 탐구해 보자.

관련학과

의예과, 한의예과, 보건관리학과, 건강관리학과, 간호학과, 통계학과

활용 자료의 유의점

- ! 식과 규칙에서는 도형수(삼각수, 사각수 등)나 피보나치 수열 등과 같이 잘 알려져 있고 흥미를 가질 수 있는 소재를 활용
- ! 실생활에서 활용되는 수식으로 불쾌지수, 체질량지수, 지니계수, 물가지수, 반발계수 등을 활용
- ! 도형의 닮음에서는 축척, 자기닮음 등을, 도형의 합동에서는 쪽매맞춤 등을 다루고, 이때 공학적 도구를 이용
- ! 시각에 따라 다르게 보이는 모양을 공학적 도구를 이용하여 확인
- ! 동일한 입체도형이라도 관찰하는 방향에 따라 겨냥도를 다양하게 그릴 수 있음을 확인
- ! 다양한 자료를 분석하여 결과를 해석할 때 표나 그래프를 이용
- ! 자료를 표나 그래프로 나타내고, 그 자료의 전체적인 경향과 분포를 파악하는 데 공학적 도구를 이용

수학과 8

경제 수학

☐ 퍼센트포인트　☐ 퍼센트　☐ 세금　☐ 조세　☐ 100세 시대　☐ 연금　☐ 미래 가격

영역 ## 수와 생활경제

성취기준

[12경수01-02]	경제지표의 증감을 퍼센트와 퍼센트포인트로 설명할 수 있다.
[12경수01-05]	세금의 종류에 따라 세금을 계산할 수 있다.

탐구주제

8.경제 수학 — 수와 생활경제

① 많은 사람들이 관심 있게 보는 신문의 경제란에는 매일 주가의 오르내림에 관한 기사가 실린다. 기사의 내용에서 퍼센트와 퍼센트포인트를 찾아보고 정확한 뜻을 조사해 보자. 의학과 관련된 신문 기사를 발췌하여 퍼센트가 사용되는 상황과 퍼센트포인트가 사용되는 상황을 찾아 의미를 비교하고, 그 차이점을 발표해 보자.

관련학과
보건관리학과, 건강관리학과, 스포츠건강관리학과

② 세금 또는 조세는 국가 및 지방자치단체가 국민을 위한 특정한 목적 달성 등을 위해 조성하는 국가의 생활비로, 일정한 규칙에 따라 개개인에게 소득 또는 생활 행위에 대한 지불을 요구하는 것이다. 따라서 세금은 국민들의 삶의 질과 매우 밀접한 관련이 있다. 국민의 건강과 관련된 세금에는 어떤 것이 있는지 조사해 보자. 또한 병원진료 영수증에 명시된 세금에 대하여 조사해 보자.

관련학과
보건관리학과, 건강관리학과, 스포츠건강관리학과

수열과 금융

성취기준

[12경수02-05]	연속복리를 이용하여 이자와 원리합계를 구하고, 미래에 받을 금액의 현재가치를 계산할 수 있다.
[12경수02-06]	연금의 뜻을 안다.
[12경수02-07]	연금의 현재가치를 계산할 수 있다.

탐구주제

8.경제 수학 — 수열과 금융

1 100세 시대라는 말이 일반화됐을 정도로 오래 사는 것이 당연한 것으로 여겨지는 시대이다. 점점 길어지는 평균수명 시대에 대비하기 위하여 사람들은 알맞은 연금, 보험 상품을 가입한다. 기말급 연금, 기시급 연금과 같은 연금 종류에 따라 현재 가격과 미래 가격의 계산법을 조사해 보자.

관련학과
건강관리학과, 스포츠건강관리학과, 보건관리학과

활용 자료의 유의점

! 경제 관련 함수를 다룰 때 독립변수는 자연수뿐만 아니라 실수가 될 수 있음을 가정
! 세금을 다룰 때, 동일한 세율을 적용하는 세금인 부가가치세와 소득이나 수익에 따라 차별화된 세율을 적용하는 누진세의 사례를 단순화하여 활용
! 미래의 각 시점마다 받게 되는 동일한 금액의 현재가치가 등비수열로 표현되고, 이들의 총합인 연금의 현재가치가 등비급수의 합으로 계산될 수 있음을 이해
! 의사결정 문제는 효용함수를 통한 소비자의 의사결정, 생산함수를 통한 생산자의 의사결정을 다룸을 인지

💬 **MEMO**

기본 수학

핵심키워드

☐ 의학 분류체계   ☐ 인공지능   ☐ 의학계의 인공지능   ☐ DNA 구성 요소 염기   ☐ 황금비   ☐ 황금비의 계산
☐ 동식물 분류체계   ☐ 현대 동물분류학   ☐ 숏의 원리   ☐ 바나나킥   ☐ 마그누스 효과   ☐ 뇌구조 지도
☐ 임상 의사결정 지원 시스템   ☐ 딥러닝 기술

영역 **경우의 수**

성취기준

[12기수01-02]   순열의 의미를 이해하고, 순열의 수를 구할 수 있다.

탐구주제

9.기본 수학 ─ 경우의 수

---

① 우리는 인공지능 스피커처럼 인공지능 기술이 적용된 제품을 주변에서 흔하게 접할 수 있다. 또한 자율주행자동차의 등장과 같이 인공지능 기술이 다양한 분야에 적용되며 새로운 시장이 형성되고 있다. 최근 글로벌 IT기업들은 새로운 인공지능 접목 분야로 의료·보건 분야를 지목하고 있으며 효율성과 질적 성장에 매우 큰 역할을 할 것이라 기대한다. 그러나 사람의 건강을 다루는 만큼 신중해야 하는 부분이기 때문에 걱정과 우려의 목소리도 큰 편이다. 알파고처럼 데이터에 의해 의사결정을 하는 인공지능의 특성에 대해 조사해 보고, 의학계에서 인공지능을 만드는 사람이 가져야 할 자질에 대해 자신의 생각을 발표해 보자.

관련학과
의예과, 치의예과, 한의예과, 약학과, 한약학과, 수의예과, 간호학과, 보건관리학과, 물리치료학과, 미술치료학과, 언어치료학과, 스포츠의학과, 스포츠재활학과, 운동재활복지학과, 운동처방학과, 의료복지공학과, 작업치료학과, 재활학과, 재활공학과, 응급구조학과, 방사선학과, 안경광학과, 임상병리학과, 치위생학과, 치기공학과, 건강관리학과, 스포츠건강관리학과

---

② 사람은 단백질로 구성되어 있고, 그 단백질의 모양에 따라 생김새가 달라진다. 이를 생물학적으로 규명하면 생명체의 DNA는 이중나선 구조로 아데닌(A), 사이토신(C), 구아닌(G), 타이민(T) 네 가지 종류의 염기로 구성되어 있다. 이 염기의 배열된 순서(염기서열)에 따라 유전 정보가 결정되고 생김새가 달라지는데, 이를 곱의 법칙을 이용한 경우의 수로 분서하여 생물체 발현과 그 다양성에 대하여 탐구해 보자.

관련학과
의예가, 치의예과, 한의예과, 약학과, 한약학과, 수의예과, 간호힉과, 보건관리학과, 물리치료학과, 미술치료학과, 언어치료학과, 스포츠의학과, 스포츠재활학과, 운동재활복지학과, 운동처방학과, 의료복지공학과, 작업치료학과, 재활학과, 재활공학과, 응급구조학과, 방사선학과, 안경광학과, 임상병리학과, 치위생학과, 치기공학과, 건강관리학과, 스포츠건강관리학과

문자와 식

성취기준

[12기수02-04] 간단한 이차방정식을 풀 수 있다.

탐구주제

9.기본 수학 ― 문자와 식

1 사람의 얼굴을 비롯한 몸, 손가락 등 신체 부위에서부터 심장 박동수, DNA의 가로·세로 비율까지 우리 인체는 수많은 황금비로 구성되어 있다. 그사람의 마음을 편하게 하기 위해 변기마저도 황금비로 만들어졌다고 한다. 사람 가까이에서 함께 하는 의료·보건 제품들의 길이를 측정하여 황금비 여부를 조사해 보고, 분석을 통해 각각을 탐구해 보자.

관련학과

보건관리학과, 물리치료학과, 미술치료학과, 스포츠의학과, 스포츠재활학과, 운동재활복지학과, 운동처방학과, 의료복지공학과, 작업치료학과, 재활학과, 재활공학과, 안경광학과, 치기공학과, 건강관리학과, 스포츠건강관리학과

집합과 함수

성취기준

[12기수03-02] 두 집합 사이의 포함 관계를 이해한다.

[12기수03-04] 함수의 개념을 이해하고, 그 그래프를 이해한다.

[12기수03-05] 함수의 합성을 이해하고, 합성함수를 구할 수 있다.

탐구주제

9.기본 수학 ― 집합과 함수

1 린네는 당시에 알려져 있던 대부분의 동식물을 분류할 수 있는 동식물 분류체계를 만들었다는 업적을 남겼다. 린네의 방식은 자연을 3개의 계로 나누는 것으로 시작하여 서로 포함 관계를 갖는 집단들로 구분하는데 그 구분법과 현대 동물분류학을 비교하여 발표해 보자.

관련학과

수의예과

탐구주제

(2) 의학에서 환자를 진찰하고 치료하는 전문분야를 진료과(診療科, speciality)라고 한다. 진료과는 환자, 질병, 기술, 행위 등에 따라 분류체계를 갖는다. 직접 환자를 진료하는지에 따라 임상의학과 임상지원의학으로 나누기도 하고, 수술과 약물치료의 비중에 따라 내과계와 외과계로 나누기도 한다. 또한 응급의학과와 같이 내·외과가 복합적인 진료과도 있다. 의료분야의 분류체계에 따른 분과의 종류와 특징을 탐구하고 집합 표현 방법에 따라 이미지화히여 발표해 보자.

관련학과

의예과, 치의예과, 한의예과, 약학과, 한약학과, 수의예과, 간호학과, 보건관리학과, 물리치료학과, 미술치료학과, 언어치료학과, 스포츠의학과, 스포츠재활학과, 운동재활복지학과, 운동처방학과, 의료복지공학과, 작업치료학과, 재활학과, 재활공학과, 응급구조학과, 방사선학과, 안경광학과, 임상병리학과, 치위생학과, 치기공학과, 건강관리학과, 스포츠건강관리학과

영역

도형의 방정식

성취기준

[12기수04-05] 좌표평면에서 원과 직선의 위치 관계를 이해한다.

[12기수04-06] 평행이동의 의미를 이해하고, 평행이동한 도형을 좌표평면에 나타낼 수 있다.

탐구주제

(1) 새로운 질병 치료의 시대는 우리 몸의 좌표를 통해 직접 보기 힘든 몸에 대한 더 많은 정보를 얻게 되면서 시작되었다. 대표적인 예에 해당하는 뇌구조 지도에 대해 조사해 보고, 의학적으로 어떻게 활용이 가능한지 탐구해 보자.

관련학과

의예과, 치의예과, 한의예과, 수의예과, 간호학과, 방사선학과

영역

최적화와 의사결정

성취기준

[12인수04-01] 주어진 자료로부터 분류와 예측을 할 때, 오차를 표현할 수 있는 함수를 구성하는 원리와 방법을 이해한다.

[12인수04-03] 합리적 의사결정과 관련된 인공지능 수학 탐구 주제를 선정하여 탐구를 수행하고 발표할 수 있다.

탐구주제

① 임상 의사결정 지원 시스템(Clinical Decision Supporting System)은 의사 및 기타 의료 전문가에게 임상 의사결정 지원을 제공하도록 설계된 의료 정보 기술 시스템이다. 일반적으로 진단, 치료 및 처방의 범위에서 의사결정을 보조하며, 최근에는 인공지능의 딥러닝 기술(Deep learning)을 이용해 과거 병력이나 의료 정보의 패턴을 학습하는 비지식 기반 시스템을 활용하려는 연구가 진행 중이다. 코로나19와 같은 팬데믹 기간 동안 임상 의사결정 지원을 어떻게 활용하였는지에 대하여 탐구해 보자. 또한 임상 의사결정 지원 시스템을 구현하고 사용하는 방법과 준비에 대하여 토의해 보자.

관련학과
의예과, 간호학과, 약학과, 보건관리학과, 응급구조학과, 임상병리학과, 건강관리학과

활용 자료의 유의점

① 실생활 문제를 해결해 봄으로써 다양한 상황에서 순열과 조합의 필요성과 유용성을 인식
① 집합의 연산은 두 집합의 합집합, 교집합, 여집합, 차집합의 개념을 이해
① 좌표평면과 좌표의 이해부터 시작하여 두 점 사이의 거리에는 피타고라스 정리를 이용, 이때 직관적인 이해를 위해 공학적 도구를 이용

💬 MEMO

인공지능 수학

☐ 척추수술로봇 ☐ 큐비스-스파인 ☐ 수술로봇 ☐ 임상 의사결정 지원 시스템(Clinical decision supporting system)
☐ 인공지능 ☐ 딥러닝 기술

영역 ## 인공지능 속의 수학

성취기준

[12인수01-02]　　인공지능에 수학이 활용되는 다양한 예를 찾아 설명할 수 있다.

탐구주제

10.인공지능 수학 ― 인공지능 속의 수학

① 세브란스병원은 국내 기술로 개발한 최초의 척추수술로봇 '큐비스-스파인'을 도입해 수술을 마쳤다. (2020.10.15. 뉴스) 사람 손을 대신해 예리한 메스를 잡아 암 덩어리를 잘라내고 실과 바늘로 찢어진 부위를 정밀하게 꿰매는 수술로봇 '다빈치'는 1999년부터 보급되기 시작해 널리 사용되고 있다. 수술로봇의 발전에 대하여 조사해 보고 의학 분야에 미치는 긍정적, 부정적 영향에 대하여 탐구해 보자.

관련학과
의예과, 한의예과, 간호학과, 물리치료학과, 의료복지공학과, 재활공학과, 치기공학과

💬 **MEMO**

최적화와 의사결정

성취기준

[12인수04-02]	함수의 최댓값 또는 최솟값을 찾아 최적화된 의사결정 방법을 이해할 수 있다.
[12인수04-03]	합리적 의사결정과 관련된 인공지능 수학 탐구 주제를 선정하여 탐구를 수행하고 발표할 수 있다.

탐구주제

10.인공지능 수학 — 최적화와 의사결정

1 왓슨 포 온콜로지(Watson for Oncology)는 암 환자에게 최적의 치료법을 권고하기 위해 개발된 의료 인공지능 시스템으로 지난 2016년에 국내 병원에 도입되어 운영되고 있다. 왓슨 포 온콜로지는 증거 기반의 맞춤 치료를 제시하여 의사들이 임상에서 의사결정을 내리는 것을 돕는다. 왓슨은 자연어 처리 기술을 통해 각종 의학 논문의 데이터와 의학 교과서를 학습하고 분석한다. 의료 분야에서 인공지능 기술의 적용사례를 조사하여 발표해 보자.

관련학과

의예과, 간호학과, 약학과, 보건관리학과, 응급구조학과, 임상병리학과, 건강관리학과

활용 자료의 유의점

ⓘ 인공지능이 활용되는 실생활 사례에서 수학이 활용되는 경우를 간단히 설명하고, 또 다른 예를 찾아보는 활동

ⓘ 인공지능 기술의 사례 등을 활용하여 인공지능 기술을 직접 시연해 보거나 아이디어를 구현하는 데 공학적 도구를 이용

ⓘ 의료분야에서 합리적 의사결정에 이용되고 있는 인공지능 기술의 사례를 수학과 관련된 주제와 연관지어 탐구

💬 **MEMO**

수학과 11 수학과제 탐구

핵심키워드

☐ 양적연구 ☐ 질적연구 ☐ 연구 윤리 ☐ 주제 설정 ☐ 탐구주제 ☐ 선행주제 ☐ 주제탐구 발표하기

영역 과제 탐구의 이해

성취기준

[12수과01-01] 수학과제 탐구의 의미와 필요성을 이해한다.

[12수과01-02] 수학과제 탐구의 방법과 절차를 이해한다.

[12수과01-03] 올바른 연구 윤리를 이해한다.

탐구주제

11.수학과제 탐구 ─ 과제 탐구의 이해

① 수학과제 탐구는 수학적 사실을 알아내거나 주변에서 일어나는 일들을 더 심층적으로 탐구하여 다른 분야와 함께 적용하는 것이다. 수학과제 탐구는 수학적으로 계산 가능한 방법을 사용하여 자료를 분석하는 양적연구와 인터뷰나 관찰 결과를 통해 다양한 정보를 얻어 심층적 조사와 경험을 바탕으로 의미를 도출하는 질적연구가 있다. 문헌연구법, 질문지법, 면접법, 참여관찰법, 실험법에 대하여 탐구해 보자.

관련학과
전 의약계열

② 연구 윤리란 연구자와 연구 참여자가 연구설계, 집행, 보고 전 과정에서 지켜야 하는 규범이다. 자신이나 타인의 창작물을 정당한 승인 없이 사용하는 표절, 실험과정에서의 데이터 취득, 보관하는 과정에서의 데이터 조작, 보고서 작성 시 거짓으로 기술하거나 과장하는 거짓 및 과장 진술, 자신의 발표된 동일 논문이나 내용을 재발표하는 중복 게재, 공헌이 없는 저자를 포함하거나 공헌이 있는 저자를 동의 없이 제외시키는 저자 기록위반, 동일 주제로 연구비를 이중으로 신청하여 사용하는 이중선정 등은 연구 윤리 위반에 속한다. 연구 진행 과정에서 일어나 여구 윤리 위반 사례를 통해 연구 윤리를 탐구해 보자.

관련학과
의예과, 치의예과, 한의예과, 약학과, 한약학과, 수의예과, 간호학과, 보건관리학과, 물리치료학과, 미술치료학과, 언어치료학과, 스포츠의학과, 스포츠재활학과, 운동재활복지학과, 운동처방학과, 의료복지공학과, 작업치료학과, 재활학과, 재활공학과, 응급구조학과, 방사선학과, 안경광학과, 임상병리학과, 치위생학과, 치기공학과, 건강관리학과, 스포츠건강관리학과

과제 탐구 실행 및 평가

성취기준

[12수과02-01]	수학과 관련된 여러 가지 현상에서 탐구 주제를 선정하고 탐구 문제를 구체화할 수 있다.
[12수과02-02]	선행 연구를 검토하고 적절한 탐구 방법을 찾아 탐구 계획을 수립할 수 있다.
[12수과02-03]	탐구 계획에 따라 탐구를 수행할 수 있다.
[12수과02-04]	탐구 결과를 정리하여 산출물을 만들고 발표할 수 있다.

탐구주제

11.수학과제 탐구 ─ 과제 탐구 실행 및 평가

(1) 주제 설정은 과제탐구의 가장 중요한 부분으로 일상과 관심사에서 출발한다. 주제 설정은 진로와 연결하거나, 다른 사람의 논문을 바탕으로 같은 주제 다른 연구방법을 택할 수도 있다. 이때 주제 범위는 구체적이고 명확하게 설정해야 한다. 수업이나 교내 활동에서 주제 선정을 기준으로 조를 정하고 주제에 대해 탐구해 보자.

관련학과

의예과, 치의예과, 한의예과, 약학과, 한약학과, 수의예과, 간호학과, 보건관리학과, 물리치료학과, 미술치료학과, 언어치료학과, 스포츠의학과, 스포츠재활학과, 운동재활복지학과, 운동처방학과, 의료복지공학과, 작업치료학과, 재활학과, 재활공학과, 응급구조학과, 방사선학과, 안경광학과, 임상병리학과, 치위생학과, 치기공학과, 건강관리학과, 스포츠건강관리학과

(2) 주제가 설정되면 자료를 검색하고 선행 연구 관련 논문을 보아야 한다. 에듀넷(www.edunet.net), 한국교육과정평가원(www.classroom.re.kr),한국과학창의재단(www.sciencell.com), 국립중앙과학관(www.science.go.kr), 국회도서관, 디비피아, 구글 학습 검색 및 네이버 전문정보, RISS, 카인즈, 국가통계포털, JSTOR, 특허정보검색서비스를 참고하여 주제와 관련된 자료를 탐색해 보자.

관련학과

의예과, 치의예과, 한의예과, 약학과, 한약학과, 수의예과, 간호학과, 보건관리학과, 물리치료학과, 미술치료학과, 언어치료학과, 스포츠의학과, 스포츠재활학과, 운동재활복지학과, 운동처방학과, 의료복지공학과, 작업치료학과, 재활학과, 재활공학과, 응급구조학과, 방사선학과, 안경광학과, 임상병리학과, 치위생학과, 치기공학과, 건강관리학과, 스포츠건강관리학과

(3) 탐구주제와 선행주제에 대한 자료를 찾아본 후 주제탐구와 관련하여 전체 내용에 대한 계획을 세우고 개요를 작성해야 한다. 주제, 목차, 서론, 본론, 결론, 참고문헌, 부록의 구체적 내용을 작성하고 이를 발표해 보자.

관련학과

의예과, 치의예과, 한의예과, 약학과, 한약학과, 수의예과, 간호학과, 보건관리학과, 물리치료학과, 미술치료학과, 언어치료학과, 스포츠의학과, 스포츠재활학과, 운동재활복지학과, 운동처방학과, 의료복지공학과, 작업치료학과, 재활학과, 재활공학과, 응급구조학과, 방사선학과, 안경광학과, 임상병리학과, 치위생학과, 치기공학과, 건강관리학과, 스포츠건강관리학과

(4) 주제탐구 발표하기는 연구 결과에 대한 마무리다. 발표 도구 준비하기, 팀원 역할 분담하기, 발표 흐름도 구성하기, 발표 내용 시나리오 작성하기, PPT 만들기 순서로 탐구주제에 대한 발표자료를 작성하여 탐구해 보자.

관련학과

의예과, 치의예과, 한의예과, 약학과, 한약학과, 수의예과, 간호학과, 보건관리학과, 물리치료학과, 미술치료학과, 언어치료학과, 스포츠의학과, 스포츠재활학과, 운동재활복지학과, 운동처방학과, 의료복지공학과, 작업치료학과, 재활학과, 재활공학과, 응급구조학과, 방사선학과, 안경광학과, 임상병리학과, 치위생학과, 치기공학과, 건강관리학과, 스포츠건강관리학과

활용 자료의 유의점

- (!) 다양한 탐구 유형과 사례를 통해 수학과제 탐구의 의미, 방법, 절차 등을 이해
- (!) 올바른 연구 윤리의 중요성을 인지하고 탐구 과정에서의 연구 윤리를 준수하고 체득
- (!) 탐구 산출물은 수학 소논문, STEAM형 산출물, 포스터, 보고서, 수학 잡지, 수학 동화(만화), 수학 신문 등 탐구 유형에서 선택
- (!) 탐구 주제의 성격에 따라 개인 또는 집단으로 수행할지 결정, 집단 탐구에서는 협력적인 태도로 과제를 탐구하고 책임감 있게 탐구를 수행할 수 있도록 균형 있는 역할 분담 필요

💬 **MEMO**

수학과

과학과 교과과정

통합과학

핵심키워드

☐ 염화 칼슘 ☐ 친환경 제설제 ☐ 하루 적정 물 섭취량 ☐ 핵산 ☐ 교통사고 ☐ 패시브 세이프티
☐ 액티브 세이브티 ☐ 야외운동기구 ☐ 안전사고 ☐ 탈 화산섬 ☐ 화산재 ☐ 생체 촉매 ☐ 효소
☐ 신장 ☐ 산염기 조절 ☐ 슈퍼박테리아 ☐ 감염병 ☐ 사막화 ☐ 고비사막 ☐ 태양광발전

영역 ## 물질의 규칙성과 결합

성취기준

[10통과01-05] 인류의 생존에 필수적인 산소, 물, 소금 등이 만들어지는 결합의 차이를 알고, 각 화합물의 성질을 비교할 수 있다.

▶ 화학 결합은 금속 원소와 비금속 원소 간의 이온 결합, 비금속 원소 간의 공유 결합을 다룬다.

탐구주제

1.통합과학 — 물질의 규칙성과 결합

① 겨울철 눈이 내리면 길 위에 뿌리는 하얀 가루인 제설제의 주성분은 염화 나트륨(소금)이나 염화 칼슘이다. 제설제는 눈에 섞인 물에 녹으면서 어는 점을 낮추는 원리로 빙판길이 되는 것을 막아준다. 문제는 눈만 녹이고 끝나는 게 아니라는 것이다. 제설제가 녹은 물이 길 위에 남아 콘크리트가 부식되고, 땅에 스며들어 가로수의 건강에도 악영향을 준다. 또한 염화 칼슘 등으로 오염된 수질을 국민이 먹었을 경우 위장장애 및 호흡기·피부질환을 초래할 수 있다. 염화 칼슘 제설제가 건강에 미치는 영향을 조사해 보고, 염화 칼슘을 대체할 수 있는 친환경 제설제를 탐구하여 발표해 보자.

관련학과

의예과, 치의예과, 한의예과, 약학과, 한약학과, 수의예과, 간호학과, 보건관리학과, 물리치료학과, 미술치료학과, 언어치료학과, 스포츠의학과, 스포츠재활학과, 운동재활복지학과, 운동처방학과, 의료복지공학과, 작업치료학과, 재활학과, 재활공학과, 응급구조학과, 방사선학과, 안경광학과, 임상병리학과, 치위생학과, 치기공학과, 건강관리학과, 스포츠건강관리학과

탐구주제

1.통합과학 ─ 물질의 규칙성과 결합

② 물을 많이 마시면 건강이 좋아진다는 사실은 오랫동안 통용되어 왔다. 물이 피부를 매끄럽게 만든다는 주장에서부터 암을 비롯한 각종 질병의 예방에 좋다는 주장에 이르기까지, 물은 생명의 근원이면서 만병통치약처럼 인식되기도 했다. 세계보건기구(WHO)는 하루 적정 물 섭취량을 8잔으로 권고하고 있다. 하지만 최근에는 이와 반대되는 주장도 설득력을 얻는 양상이다. 물을 하루 8잔 이상 마시는 것이 건강이나 피부에 좋다는 주장은 정확한 근거가 없으며, 물은 목이 마를 때만 마셔도 충분하다는 주장이다. 인체 내 물의 역할을 조사해 보고, 물과 질병간의 관계를 조사하여 토의해 보자.

관련학과

의예과, 치의예과, 한의예과, 약학과, 한약학과, 수의예과, 간호학과, 보건관리학과, 물리치료학과, 미술치료학과, 언어치료학과, 스포츠의학과, 스포츠재활학과, 운동재활복지학과, 운동처방학과, 의료복지공학과, 작업치료학과, 재활학과, 재활공학과, 응급구조학과, 방사선학과, 안경광학과, 임상병리학과, 치위생학과, 치기공학과, 건강관리학과, 스포츠건강관리학과

자연의 구성 물질

성취기준

[10통과02-02] 생명체를 구성하는 물질들은 기본적인 단위체의 다양한 조합을 통해 형성됨을 단백질과 핵산의 예를 통해 설명할 수 있다.

▶ 생명체 주요 구성 물질의 구조적 규칙성을 다루되, 일정한 구조를 가진 단위체들이 다양한 배열을 통해 여러 가지 구조와 기능을 획득한다는 개념을 단백질과 핵산의 예를 들어 설명하며, 구체적인 구조식이나 화학식은 다루지 않는다. 단위체 구성 성분에 대한 명칭 암기는 지양한다.

탐구주제

1.통합과학 ─ 자연의 구성 물질

① 핵산이란 생물 세포에 존재하는 고분자 물질로 생명의 유전 정보를 기록하는 역할을 한다. 대표적인 핵산으로는 DNA와 RNA가 있다. DNA는 생명 유지에 필요한 단백질 및 기타 구성요소를 만들기 위한 유전적 청사진이고, RNA는 유전자 발현이나 통제, 단백질 합성에 중요한 역할을 하는 핵산이다. 핵산은 노화 예방, 신진대사의 활성화, 항산화 효과, 치매 예방 등에 효과가 있다고 알려져 있다. 핵산의 기능을 조사하고, 핵산과 건강과의 관계에 대해 보고서를 작성해 보자.

관련학과

의예과, 보건관리학과, 건강관리학과

교과세특 탐구주제 바이블 의약계열편   **137**

역학적 시스템

[10통과03-02] 일상생활에서 충돌과 관련된 안전사고를 탐색하고 안전장치의 효과성을 충격량과 운동량을 이용하여 평가할 수 있다.

> ▶ 일상생활의 역학 시스템에서 물체의 관성 및 충돌에 의한 안전사고 예방을 위한 대비책 및 장치를 고안하는데 관성 법칙과 충격량을 활용하게 한다.

탐구주제

1.통합과학 — 역학적 시스템

① 교통사고 하면 먼저 떠오르는 것이 인명피해와 후유증이다. 그래서 자동차 운전자에게 가장 중요하게 여겨지는 것 중 하나가 바로 사고를 피하거나 만약의 상황에 피해를 최소화하는 충돌 안전에 관한 것이다. 충돌 안전에는 패시브 세이프티(Passive Safety)와 액티브 세이프티(Active Safety)가 있다. 세이프티 종류를 조사해 보고, 교통사고 예방과 방어에 대해 토의해 보자.

관련학과

의예과, 치의예과, 한의예과, 약학과, 한약학과, 수의예과, 간호학과, 보건관리학과, 물리치료학과, 미술치료학과, 언어치료학과, 스포츠의학과, 스포츠재활학과, 운동재활복지학과, 운동처방학과, 의료복지공학과, 작업치료학과, 재활학과, 재활공학과, 응급구조학과, 방사선학과, 안경광학과, 임상병리학과, 치위생학과, 치기공학과, 건강관리학과, 스포츠건강관리학과

② 공원이나 등산로에 비치된 야외운동기구에서 이용자의 안전사고가 빈번해지자 정부가 안전기준을 마련했다. 국가기술표준원의 세부기준안에 따르면 재료, 표면처리, 외형구조, 하중견딤, 신체끼임방지 등 구조·설계 요건과 운동지침, 기구의 주요기능, 안전 정보 등 표시사항의 요건 여부가 안전 기준의 주요 내용에 해당한다. 운동 관련 안전사고 예방 장치들을 조사해 보고, 이를 역학적으로 분석한 보고서를 작성하여 발표해 보자.

관련학과

의예과, 물리치료학과, 스포츠의학과, 스포츠재활학과, 운동재활복지학과, 운동처방학과, 재활학과, 재활공학과, 스포츠건강관리학과

지구 시스템

[10통과04-02] 다양한 자연 현상이 지구 시스템 내부의 물질의 순환과 에너지의 흐름의 결과임을 기권과 수권의 상호 작용을 사례로 논증할 수 있다.

> ▶ 지구 시스템에서는 각 권이 상호 작용하는 동안 에너지의 흐름과 물질의 순환으로 인해 지표의 변화, 날씨의 변화 등과 같은 여러 가지 지구과학적 현상이 일어남을 다룬다.

탐구주제

① 필리핀 마닐라 인근 탈 화산섬이 여전히 회색 증기를 분출하고 있는 가운데 전문가들은 탈 화산이 분출하는 재가 다른 화산재보다 건강에 더 치명적이라고 밝혔다. 호수를 안고 있는 지리적 이유 때문에 재가 호수의 물 분자와 결합해 특히 더 해롭다는 것이다. 화산재는 폭발 과정에서 뿜어내는 암석 조각들과 화산유리, 광물 또는 수정 등으로 구성된 혼합체다. 화산재는 화산의 종류와 분화의 형태에 따라 모양이 다르며, 이에 노출되면 눈, 폐 등 호흡기와 피부 등에 영향을 미칠 수 있다. 각국의 화산 폭발 사례를 조사해 보고, 화산재가 건강에 미치는 영향을 탐구하여 발표해 보자.

관련학과

의예과, 보건관리학과, 건강관리학과

영역

생명 시스템

성취기준

[10통과05-02] 생명 시스템 유지에 필요한 화학 반응에서 생체 촉매의 역할을 이해하고, 일상생활에서 생체 촉매를 이용하는 사례를 조사하여 발표할 수 있다.

▶ 효소가 다양한 생명 활동에 필요한 반응들을 가능하게 해준다는 수준에서 다루고, 효소의 상세 구조나 결합 방식은 언급하지 않는다.

탐구주제

① 생체 촉매란 생체 중의 여러 가지 화학반응에 관여하고 있는 촉매의 총칭이다. 효소, 비타민류, 호르몬류 등이 있고, 극소량으로도 경이적인 작용을 일으킨다. 일반 촉매에 비해 특이성이 뚜렷하고 복잡한 유기 화합물인 경우가 많다. 보통 효소를 가리키는 경우가 많다. 동물, 식물, 미생물에 이르기까지 모든 생명체를 유지시키는 수많은 생화학 반응들 중 거의 모든 것이 효소에 의해 이루어진다. 효소는 단백질의 일종으로 반응을 일으키는 촉매제 역할을 한다. 효소의 기능과 역할을 조사해 보고, 효소가 부족하면 어떤 현상이 초래될지 발표해 보자.

관련학과

의예과, 보건관리학과, 건강관리학과

💬 **MEMO**

화학 변화

성 취 기 준

[10통과06-04] 산과 염기를 섞었을 때 일어나는 변화를 해석하고, 일상생활에서 중화 반응을 이용하는 사례를 조사하여 토의할 수 있다.

▶ 중화 반응 과정에서의 변화는 용액의 온도 변화와 지시약의 색 변화만을 다룬다.

탐구주제

1.통합과학 — 화학 변화

① 신장은 우리 몸이 중성 상태로 잘 유지될 수 있도록 산과 염기의 균형을 조절한다. 신장의 주요 조절 기능인 산염기 조절에 이상이 생기면 급성 신손상의 위험이 증가할 뿐 아니라, 환자의 사망위험까지 높일 수 있다고 한다. 산과 염기는 여러 가지로 정의될 수 있지만 기본적으로 산은 물에 녹아서 수소 이온(H^+)을 내어놓는 물질이고, 염기는 수산화 이온(OH^-)을 내어놓는 물질로 표현될 수 있다. 염산(HCl)은 물에 녹아 수소 이온(H^+)과 염화 이온(Cl^-)으로 이온화되므로 산, 수산화 나트륨($NaOH$)은 물에 녹아 나트륨 이온(Na^+)과 수산화 이온 (OH^-)으로 이온화되므로 염기이다. 산과 염기의 중화 반응을 실험해 보고, 일상생활에서 중화 반응의 사례를 탐구하여 발표해 보자.

관련학과
의예과, 보건관리학과, 건강관리학과

생물다양성과 유지

성 취 기 준

[10통과07-02] 변이와 자연선택에 의한 진화의 원리를 이해하고, 항생제나 살충제에 대한 내성 세균의 출현을 추론할 수 있다.

▶ 변이와 다윈의 자연선택설만을 다루며, 그 밖의 진화의 증거(화석상의 증거, 생물지리학적 증거, 분자 생물학적 증거 등)는 다루지 않는다.

탐구주제

1.통합과학 — 생물다양성과 유지

① 슈퍼박테리아란 일반적으로 항생제 내성균, 즉 다수의 항생제에 내성을 가져 어떠한 강력한 항생제에도 저항하는 균으로 최근에는 슈퍼버그(Superbug) 또는 다제내성균이라고도 한다. 법정 감염병으로 지정되어 국가감시체계로 관리되는 슈퍼박테리아를 조사하고, 각 국의 슈퍼박테리아 감염에 관한 대응책을 탐구하여 발표해 보자.

관련학과
의예과, 수의예과, 보건관리학과, 건강관리학과

[10통과08-03] 엘니뇨, 사막화 등과 같은 현상이 지구 환경과 인간 생활에 미치는 영향을 분석하고, 이와 관련된 문제를 해결하기 위한 다양한 노력을 찾아 토론할 수 있다.

▶ 엘니뇨, 사막화 등은 대기 대순환과 해류의 분포와 관련지어 설명한다. 대기 대순환은 3개의 순환 세포가 생긴다는 수준에서만 다룬다.

탐구주제

1.통합과학 — 생태계와 환경

① 사막화(Desertification)란 건조지역(반건조, 건조 반습윤 지역 포함)의 숲과 초지가 사라지고, 강과 호수가 마르면서 메마른 사막으로 바뀌는 현상을 말한다. 몽골의 기후 변화와 사막화 수준은 심각하다. 고비사막은 매년 서울 면적의 5배가 넘는 3,370㎢씩 확대되고 있다. 이들 지역에서 기후 변화로 사막이 확대되면서 중국은 물론 한반도에서도 황사 피해가 커지고 있다. IPCC는 '기후 변화와 토지 특별보고서'에서 전 세계 인구 중 연간 약 40만 2,000명에 달하는 인구가 먼지폭풍이 초래한 심폐질환으로 사망한다고 밝혔다. 이에 국제연합(UN)은 사막화를 막고 환경을 보호하기 위해 매년 6월 17일을 '세계 사막화 방지의 날'로 지정했다. 사막화의 원인을 분석하고, 각국의 사막화 해결 방안을 탐구하여 보고서를 작성해 보자.

관련학과
의예과, 한의예과, 간호학과, 건강관리학과

② 지구온난화의 영향으로 전 세계 기후 변화는 더욱 가속화되는 추세이다. 이에 따라 우리나라 생태환경도 변화하고 있다. 기상청에 따르면 지난 100년간 지구의 기온은 0.74℃ 오른 반면 우리나라는 세계 평균기온보다 0.6℃ 높은 1.5℃나 상승해 지구온난화 현상이 빨리 진행되고 있음을 알 수 있다. 기후 변화는 인구이동, 경제적 고난, 환경적 퇴화 문제의 영향을 받으나 인간의 건강 또한 온도, 강수 패턴 등 기후 변화에 의한 영향을 받고 있다. 기후 변화가 질환과 전염병 확산에 어떤 영향을 미치는지 조사해서 발표해 보자.

관련학과
의예과, 치의예과, 한의예과, 약학과, 한약학과, 수의예과, 간호학과, 보건관리학과, 물리치료학과, 작업치료학과, 재활학과, 재활공학과, 임상병리학과

💬 **MEMO**

발전과 신재생 에너지

[10통과09-04] 핵발전, 태양광 발전, 풍력 발전의 장단점과 개선방안을 기후 변화로 인한 지구 환경 문제 해결의 관점에서 평가할 수 있다.

▶ 핵발전, 태양광 발전, 풍력 발전의 기초 원리만 다루고, 환경 문제와 관련지어 각각의 상난점을 이야기 한다. 태양 전지는 태양빛을 받으면 전류가 형성된다는 수준에서 다룬다.

탐구주제

1.통합과학 — 발전과 신재생 에너지

① 태양광 발전(PV)은 햇빛을 직류 전기로 바꾸어 전력을 생산하는 발전 방법이다. 태양광 발전은 여러 개의 태양 전지들이 붙어있는 태양광 패널을 이용한다. 태양광 에너지 중심체계로의 전환은 국가적 과제로 총력 추진되며 가속화되고 있다. 이 가운데 납과 크롬, 카드뮴 등 발암물질의 누출가능성과, 이로 인한 국민건강의 위해, 산사태, 토사유출 등에 대한 우려의 목소리도 증폭되고 있다. 태양광 발전의 문제점을 조사하고, 이에 대한 해결 방안과 향후 전망을 토의해 보자.

관련학과
의예과, 한의예과, 간호학과, 건강관리학과

활용 자료의 유의점

⚠ 1족과 17족의 성질에 관한 실험은 안전을 위하여 교사의 시범 실험, 관련 동영상 시청, 자료 해석 등을 활용
⚠ 지구 시스템의 균형이 깨짐으로써 인간 세계에 주는 영향에 대해 조사·토론할 때, 주제와 관련된 과학 이론이나 보도, 영상물 등을 활용
⚠ DNA의 염기 배열 순서가 생명체에서는 특정한 단백질을 결정한다는 것을 모형을 활용하여 설명

💬 **MEMO**

과학탐구실험

핵심키워드

☐ 멘델레예프   ☐ 원소의 주기율표   ☐ 사피엔스   ☐ 대멸종   ☐ 전염병   ☐ 생체실험
☐ 생명존중 연구 윤리   ☐ 첨단 과학기술   ☐ 나노기술   ☐ 과학원리

영역 **역사 속의 과학 탐구**

성취기준

[10과탐01-02]   과학사에서 우연한 발견으로 이루어진 탐구 실험을 수행하고, 그 과정에서 발견되는 과학의 본성을 설명할 수 있다.

▶ 여러 대에 걸친 과학자들의 꾸준한 노력 속에서 뛰어난 과학자의 우연한 발견에 의해 완성된 과학 지식의 대표 사례 중 하나는 주기율표이다.

[10과탐01-03]   직접적인 관찰을 통한 탐구를 수행하고, 귀납적 탐구 방법을 설명할 수 있다.

▶ 지질 시대에 걸친 생물 대멸종에 대한 가설 도출 등이 있다.

탐구주제

2.과학탐구실험 ― 발전과 신재생 에너지

① 「멘델레예프의 꿈」은 1869년 원소의 주기적 성질을 밝혀내기 위해 3일 밤낮 끊임없이 생각에 몰두하는 멘델레예프의 모습을 묘사하면서 시작한다. 그러한 멘델레예프의 모습을 통해 과학, 구체적으로는 화학의 길고 긴 역사에 대한 그의 이야기 보따리를 풀어놓는다. 그의 업적과 열정을 생각하며 멘델레예프에게 감사의 편지를 써보자. *(멘델레예프의 꿈, 몸과 마음, 폴 스트레턴)*

관련학과

의예과, 한의예과, 간호학과, 건강관리학과

탐구주제

(2) 「사피엔스」의 저자 유발 하라리는 사피엔스 수렵 채집인들에 의한 멸종을 멸종의 제1물결, 농업혁명 이후의 멸종을 제2물결, 오늘날 산업활동에 의한 멸종을 제3물결로 나눈다. 유발 하라리는 '설사 기후 변화가 우리를 부추겼다 할지라도 결정적 책임은 인류에게 있다'는 다소 격양된 문체로 인간들이 지금까지 벌어진 멸종행위들에 대해 심각한 죄책감을 느끼는 것에 대한 당위성을 주장한다. 이러한 주장에 대한 자신의 입장을 정하고 논리적으로 주장하는 글을 써보자.

(사피엔스, 김영사, 유발 하라리)

관련학과

의예과, 한의예과, 수의예과, 건강관리학과

영역 | 생활 속의 과학 탐구

성취기준

[10과탐02-05] 탐구 활동 과정에서 지켜야 할 생명 존중, 연구 진실성, 지식 재산권 존중 등과 같은 연구 윤리와 함께 안전 사항을 준수할 수 있다.

[10과탐02-06] 과학 관련 현상 및 사회적 이슈에서 과학 탐구 문제를 발견할 수 있다.

탐구주제

(1) 제니퍼라이트의 「세계사를 바꾼 전염병 13가지」는 코로나바이러스 못지 않게 인류를 공포에 떨게 한 13가지 전염병의 극복 과정을 해박한 역사 지식과 함께 풀어내고 있다. 13가지 전염병 중 1가지를 골라서 전염병이 언제 어떤 상황에서 발생했고 어떤 피해와 공포를 야기했는지, 사람들은 이를 어떻게 대처하며 극복했는지 사례를 들어 보고서를 작성해 보자.

(세계사를 바꾼 전염병 13가지, 산처럼, 제니퍼라이트)

관련학과

의예과, 치의예과, 한의예과, 약학과, 한약학과, 수의예과, 간호학과, 보건관리학과, 물리치료학과, 미술치료학과, 언어치료학과, 스포츠의학과, 스포츠재활학과, 운동재활복지학과, 운동처방학과, 의료복지공학과, 작업치료학과, 재활학과, 재활공학과, 응급구조학과, 방사선학과, 안경광학과, 임상병리학과, 치위생학과, 치기공학과, 건강관리학과, 스포츠건강관리학과

---

(2) 터스키기 매독 실험은 과학사에 있어 일본의 마루타 실험 못지 않은 비윤리적 실험의 대명사격인 사건으로, 약 40년간 미국 앨라배마주 터스키기 지역에서 정부 주도 하에 비밀스럽게 자행된 끔찍한 생체실험 사건이다. 실험을 직접 주도했던 공중보건국의 의사들은 사건이 폭로된 뒤에도 '실험 대상자들은 어차피 치료도 못 받고 죽을 처지인데 연구 성과를 내는데 기여하면 좋은 거 아니냐'는 발언을 했다. 연구 윤리에 입각하여 이 발언에 대한 자신의 생각을 발표해 보자.

관련학과

의예과, 치의예과, 한의예과, 약학과, 한약학과, 수의예과, 간호학과, 보건관리학과, 물리치료학과, 미술치료학과, 언어치료학과, 스포츠의학과, 스포츠재활학과, 운동재활복지학과, 운동처방학과, 의료복지공학과, 작업치료학과, 재활학과, 재활공학과, 응급구조학과, 방사선학과, 안경광학과, 임상병리학과, 치위생학과, 치기공학과, 건강관리학과, 스포츠건강관리학과

성취기준

[10과탐03-01~02] 첨단 과학기술 속의 과학 원리를 찾아내는 탐구 활동을 통해 과학 지식이 활용된 사례를 추론할 수 있다. 그리고 첨단 과학기술 및 과학 원리가 적용된 과학 탐구 활동의 산출물을 공유하고 확산하기 위해 발표 및 홍보할 수 있다.

탐구주제

2.과학탐구실험 — 첨단 과학 탐구

① 「재미있는 나노 과학기술여행」은 우리 조상들이 이용한 나노기술과 최첨단 기술에 활용되는 나노기술, 우리나라 나노기술의 현황 등에 대해 정리한 책이다. 책을 읽고 나노기술이 우리 실생활에 어떻게 적용되고 있는지, 향후 어떻게 우리의 삶을 바꿔 놓을 수 있을지에 대해 정리해 보자. 그리고 자연의 현상에 숨어 있는 나노기술의 비밀과 이것을 이용한 과학기술의 이론을 분석하여 발표해 보자. (재미있는 나노 과학기술여행, 양문출판사, 금동화)

관련학과

의예과, 치의예과, 한의예과, 약학과, 한약학과, 수의예과, 간호학과, 보건관리학과, 물리치료학과, 미술치료학과, 언어치료학과, 스포츠의학과, 스포츠재활학과, 운동재활복지학과, 운동처방학과, 의료복지공학과, 작업치료학과, 재활학과, 재활공학과, 응급구조학과, 방사선학과, 안경광학과, 임상병리학과, 치위생학과, 치기공학과, 건강관리학과, 스포츠건강관리학과

활용 자료의 유의점

(!) 과학자 이야기, 과학사, 시사성 있는 과학 내용 등을 활용하며, 개방형 질문을 적극 활용

(!) 모형이나 시청각 자료, 컴퓨터나 스마트 기기, 인터넷 등 최신 정보통신기술과 기기 등을 과학 실험과 탐구에 적절히 활용

(!) 학습 내용, 실험 여건, 지도 시간, 학생의 능력과 흥미 등 개인차를 고려하여 적절한 학습 방법을 활용

(!) 과학의 잠정성, 과학적 방법의 다양성, 과학 윤리, 과학·기술·사회의 상호 관련성, 과학적 모델의 특성, 관찰과 추리의 차이 등 과학의 본성과 관련된 내용에 대한 소재를 적절히 활용

💬 MEMO

과학과

3

물리학 I

핵심키워드

☐ 역류열교환　　☐ 완충 효과　　☐ 자기공명영상(MRI)　　☐ 웨어러블 의료장비　　☐ 전자기 유도 현상
☐ 파동의 특징　　☐ 간섭 현상　　☐ 적외선 분광법

영역 ## 역학과 에너지

성취기준

[12물리 I 01-01]　여러 가지 물체의 운동 사례를 찾아 속력의 변화와 운동 방향의 변화에 따라 분류할 수 있다.

▶ 여러 가지 물체의 운동을 속력만 변하는 경우, 운동 방향만 변하는 경우, 속력과 운동 방향이 모두 변하는 경우로 분류하게 한다.

[12물리 I 01-08]　열이 모두 일로 전환되지 않는다는 것을 사례를 들어 설명할 수 있다.

탐구주제

3.물리학 I ─ 역학과 에너지

① 역류열교환이란 항온동물에서 서로 역방향으로 흐르는 동맥혈과 정맥혈의 사이에 열의 교환이 이루어지는 현상을 말한다. 추운 곳에 사는 순록, 물범, 고래 등 포유류와 갈매기 등과 같은 물새는 종마다 얼개가 다르다. 그러나 다리와 지느러미, 부리 등을 통해 열을 빼앗기지 않기 위해 열교환 방식을 사용한다. 사람을 포함한 많은 동물들의 역류열교환 시스템을 탐구해 보고, 역류열교환 시스템이 갖는 의의를 발표해 보자.

관련학과
의예과, 치의예과, 한의예과, 약학과, 한약학과, 수의예과, 간호학과, 보건관리학과, 물리치료학과, 작업치료학과, 재활학과, 재활공학과, 임상병리학과

---

② 에어백, 방탄복, 구조용 트램펄린 등 외부 충격을 줄여 주는 일상생활 속 물체들을 찾아 보자. 그 물체들이 어떻게 완충 효과를 내는지 힘-시간 그래프와 충격량을 활용하여 발표해 보자.

관련학과
스포츠의학과, 스포츠재활학과, 운동재활복지학과, 운동처방학과, 작업치료학과, 재활학과, 응급구조학과

물질과 전자기장

성취기준

[12물리 I 02-05] 전류에 의한 자기 작용이 일상생활에서 적용되는 다양한 예를 찾아 그 원리를 설명할 수 있다.

[12물리 I 02-07] 일상생활에서 전자기 유도 현상이 적용되는 다양한 예를 찾아 그 원리를 설명할 수 있다.

탐구주제

3.물리학 I — 물질과 전자기장

(1) 건강검진을 받으러 가면 다양한 의료기기를 마주하게 된다. 이 중에는 전자기를 이용한 장치들도 있는데 대표적으로 자기공명영상(MRI; Magnetic Resonance Imaging)이 있다. 조영제를 사용하는 MRI 검사를 받기 위해서는 물을 포함해 금식을 해야 하며, 검사 전 자성에 영향을 받는 귀금속 부착물을 제거해야 한다. 그 이유를 MRI의 원리를 활용하여 발표해 보자.

관련학과

의예과, 치의예과, 한의예과, 약학과, 한약학과, 수의예과, 간호학과, 보건관리학과, 물리치료학과, 방사선학과, 임상병리학과, 치위생학과, 치기공학과, 건강관리학과

(2) 웨어러블(wearable) 의료장비란 사람이 착용할 수 있는 기기로 피부에 부착하거나 체내에 삽입하여 사람의 건강 정보를 알려주는 전자기기이다. 특히 이러한 장치들 중 무선 충전방식을 사용하는 장비는 전자기 유도 현상을 이용한다. 이처럼 전자기학적 성질을 이용하는 웨어러블 의료장비를 한가지 정하여 그 원리를 탐구하여 발표해 보자. 그리고 웨어러블 의료장비의 문제점이 있다면 발표해 보자.

관련학과

의예과, 치의예과, 한의예과, 약학과, 한약학과, 수의예과, 간호학과, 보건관리학과, 물리치료학과, 스포츠의학과, 스포츠재활학과, 운동재활복지학과, 운동처방학과, 의료복지공학과, 작업치료학과, 재활학과, 재활공학과, 건강관리학과, 스포츠건강관리학과

파동과 정보통신

성취기준

[12물리 I 03-04] 파동의 간섭이 활용되는 예를 찾아 설명할 수 있다.

▶ 파동의 간섭을 활용한 예로 빛이나 소리와 관련된 다양한 현상을 정성적으로 다룬다.

[12물리 I 03-05] 빛의 이중성을 알고, 영상정보가 기록되는 원리를 설명할 수 있다.

▶ 영상정보 기록 장치의 예로 전하 결합 소자(CCD)를 이용한다.

탐구주제

(1) 파동의 특징에는 대표적으로 간섭, 회절 등이 있다. 이 중 간섭 현상은 외과적 수술(신장 결석 제거)에서 사용되고, 전투기 조종사들의 청력 보호를 위한 노이즈 캔슬링 헤드폰 설계에도 사용된다. 또한 X선의 회절무늬 분석은 DNA가 이중나선 구조임을 밝히는데 사용되었다. 이처럼 파동의 특징이 건강 및 의약학 분야에 사용된 사례를 찾아서 원리와 함께 발표해 보자.

관련학과

의예과, 치의예과, 한의예과, 약학과, 한약학과, 수의예과, 간호학과, 보건관리학과, 물리치료학과, 의료복지공학과, 작업치료학과, 재활학과, 재활공학과, 방사선학과, 안경광학과, 임상병리학과, 치위생학과, 치기공학과

(2) 적외선 분광법(Infrared Spectroscopy; IR)이란 가시광선 영역에서 분자가 흡수하는 특정 주파수를 통해 어떤 작용기로 이루어져 있는지 보는 방법이다. 적외선 분광법을 의약품 분석에 사용한 사례를 찾아보고, 그 원리를 탐구하여 발표해 보자.

관련학과

의예과, 치의예과, 한의예과, 약학과, 한약학과, 수의예과, 간호학과, 보건관리학과, 물리치료학과, 의료복지공학과, 작업치료학과, 재활학과, 재활공학과, 방사선학과, 안경광학과, 임상병리학과, 치위생학과, 치기공학과

활용 자료의 유의점

- (!) 충격량을 다룰 때는 학생들이 직접 관찰하거나 동영상 등을 분석하면서 자신들의 경험 활용
- (!) 물리학 및 물리학과 관련된 과학 상식과 사회적 쟁점에 대한 자료 활용
- (!) 물리학자 이야기, 물리학사, 시사성 있는 물리 내용 등을 활용
- (!) 과학의 본성과 관련된 내용에 대한 소재를 적절히 활용
- (!) 학생의 흥미를 유발할 수 있으면서 자연 현상과 현대 문명을 이해하는데 중요한 물리 현상 활용
- (!) 학습 내용과 관련된 첨단 과학이나 기술을 다양한 형태의 자료로 활용

💬 **MEMO**

과학과

4

물리학Ⅱ

핵심키워드

☐ 핵자기 공명 분석법(NMR Spectroscopy) ☐ 거울과 렌즈 ☐ 의료장비 렌즈
☐ X선 결정학(X-ray Crystallography) ☐ 단백질의 구조 결정 ☐ 헤모글로빈의 구조

영역 | **전자기장**

성취기준

[12물리Ⅱ02-02] 정전기 유도와 유전 분극을 이해하고, 이 현상이 적용되는 예를 찾아 설명할 수 있다.

탐구주제

4.물리학Ⅱ — 전자기장

① 의약품 분석에는 다양한 방법이 사용되는데 대표적으로 핵자기 공명 분석법 (Nuclear Magnetic Resonance Spectroscopy; NMR Spectroscopy)이 있다. 자기장 속에서 원자가 특정 전자기파와 공명하는 현상을 통해 분자의 물리화학적 성질 및 구조를 알아낼 수 있다. NMR의 원리, NMR 장점, NMR 한계점, NMR 통한 의약품 분석 사례를 조사하여 발표해 보자.

관련학과
의예과, 치의예과, 한의예과, 약학과, 한약학과, 수의예과, 간호학과, 보건관리학과, 물리치료학과, 의료복지공학과, 작업치료학과, 재활학과, 재활공학과, 방사선학과, 안경광학과, 임상병리학과, 치위생학과, 치기공학과

💬 **MEMO**

성취기준

[12물리Ⅱ03-01]	전자기파의 간섭과 회절을 이해하고 이와 관련된 다양한 예를 조사하여 설명할 수 있다.
[12물리Ⅱ03-04]	볼록 렌즈에서 상이 맺히는 과정을 도식을 이용하여 설명하고, 초점과 상의 관계를 정량적으로 구할 수 있다.
[12물리Ⅱ03-05]	이중 슬릿의 간섭 실험을 이용하여 빛의 파장을 구할 수 있다.

탐구주제

4.물리학Ⅱ ─ 파동과 물질의 성질

① 내시경, 전자 현미경 등 의료장비와 분석기기에는 다양한 종류의 렌즈가 사용된다. '정립', '도립', '실상', '허상'의 개념을 찾아보고, 거울과 렌즈에서 상이 맺히는 과정을 탐구한 보고서를 발표해 보자.

관련학과

의예과, 치의예과, 한의예과, 약학과, 한약학과, 수의예과, 간호학과, 보건관리학과, 물리치료학과, 미술치료학과, 언어치료학과, 스포츠의학과, 스포츠재활학과, 운동재활복지학과, 운동처방학과, 의료복지공학과, 작업치료학과, 재활학과, 재활공학과, 응급구조학과, 방사선학과, 안경광학과, 임상병리학과, 치위생학과, 치기공학과, 건강관리학과, 스포츠건강관리학과

② X선 결정학(X-ray Crystallography)이란 X선의 회절을 통해 회절된 빛의 세기와 각도를 측정하며 결정의 구조를 3차원으로 규명할 수 있는 방법이다. 이를 통해서 단백질의 구조 결정을 알 수 있는데, 웹사이트 'Uniprot (www.uniprot.org)'에서는 다양한 단백질의 X선 결정 구조를 제공한다. 우리 몸의 산소전달을 담당하고 있는 단백질인 적혈구의 Hemoglobin X선 결정 구조를 검색해 보면, 4개의 단위체로 구성되어 있음을 확인할 수 있다. 이 웹사이트를 이용하여 헤모글로빈의 구조를 다양한 각도에서 관찰하고, 어느 부위에 산소(O_2)가 결합하는지 탐구한 보고서를 발표해 보자.

관련학과

의예과, 치의예과, 한의예과, 약학과, 한약학과, 수의예과, 간호학과, 보건관리학과, 물리치료학과, 미술치료학과, 언어치료학과, 스포츠의학과, 스포츠재활학과, 운동재활복지학과, 운동처방학과, 의료복지공학과, 작업치료학과, 재활학과, 재활공학과, 응급구조학과, 방사선학과, 안경광학과, 임상병리학과, 치위생학과, 치기공학과, 건강관리학과, 스포츠건강관리학과

활용 자료의 유의점

- ⚠ 물리학 및 물리학과 관련된 과학 상식과 사회적 쟁점에 대한 자료를 활용
- ⚠ 물리학자 이야기, 물리학사, 시사성 있는 물리 내용 등을 활용
- ⚠ 과학의 본성과 관련된 내용에 대한 소재를 적절히 활용
- ⚠ 자연 현상과 현대 문명을 이해하는데 중요한 물리 현상을 활용
- ⚠ 학습 내용과 관련된 첨단 과학이나 기술을 다양한 형태의 자료로 활용

과학과

5

화학 Ⅰ

핵심키워드

☐ 의약학 시약 ☐ 구조식 ☐ 분자량 ☐ 합성 의약품 ☐ 아스피린 ☐ 동위원소 ☐ 주기율표
☐ 다전자 원자 ☐ 전자 배치의 규칙 ☐ 수소결합 ☐ 암 ☐ DNA 염기구조 ☐ TLC(얇은 막 크로마토그래피)
☐ 다양성자산 ☐ 아미노산 ☐ 단백질 중합체

영역

화학의 첫걸음

성취기준

[12화학Ⅰ01-01] 화학이 식량 문제, 의류 문제, 주거 문제 해결에 기여한 사례를 조사하여 발표할 수 있다.

▶ 화학이 문제 해결에 기여한 사례를 중심으로 다루며, 화학 반응식을 강조하지 않는다.

[12화학Ⅰ01-02] 탄소 화합물이 일상생활에 유용하게 활용되는 사례를 조사하여 발표할 수 있다.

▶ 일상생활에서 사용하고 있는 메테인, 에탄올, 아세트산 등과 같은 대표적인 탄소 화합물의 구조와 특징을 다루되, 결합각은 다루지 않는다. 또한 탄소 화합물의 체계적 분류, 유도체의 특성, 관련 반응, 방향족 탄화수소, 단백질, DNA 등은 다루지 않는다.

[12화학Ⅰ01-04] 여러 가지 반응을 화학 반응식으로 나타내고 이를 이용해서 화학 반응에서의 양적 관계를 설명할 수 있다.

탐구주제

5.화학Ⅰ — 화학의 첫걸음

① 의약학 연구에 많이 사용되는 시약에는 대표적으로 메테인, 에탄올, 아세트산이 있다. 이들의 구조식을 통해 분자량을 구해 보자. 구조식과 분자량은 분자의 물리, 화학적 성질과 관련이 있다. 어떠한 상관 관계가 있는지 원리와 함께 조사해 보고, 이를 바탕으로 끓는점, 녹는점, 산성도 등 특징을 비교하여 발표해 보자.

관련학과

의예과, 치의예과, 한의예과, 약학과, 한약학과, 수의예과, 간호학과, 임상병리학과, 치위생학과

탐구주제

(2) 해열진통제 아스피린은 1897년 독일의 화학사 펠릭스 호프만이 합성한 최초의 합성 의약품이다. 아스피린의 기원은 수천 년을 거슬러 올라가는데, 살리실산(Alicylic Acid)이 함유된 버드나무 껍질은 해열, 진통, 소염 효과를 위해 사용되었다. 아스피린의 분자구조식을 찾아보고, 각 작용기에 대해 조사해 보자. 또한 살리실산으로부터 아스피린이 만들어지는 합성 반응식을 조사해 보고, 각 매커니즘이 진행되는 원리를 보고서로 작성해 보자.

관련학과
의예과, 치의예과, 한의예과, 약학과, 한약학과, 수의예과, 간호학과, 임상병리학과, 치위생학과

(3) 동위원소란 원자번호는 같지만 원자량은 다른 원소로, 수소(H) 원자의 동위원소로는 중수소(^{2}H)와 삼중수소(^{3}H)가 있다. 반면 동소체란 같은 종류의 원소로 되어있으나 물리, 화학적 성질 또는 분자식이 다른 물질로, 탄소(C)의 동소체로는 다이아몬드, 흑연, 탄소나노튜브 등이 있다. 이와 같이 동위원소와 동소체가 존재하는 원자들을 조사해 보고, 이를 찾아내는 방법과 존재 이유를 조사하여 보고서를 작성해 보자.

관련학과
의예과, 치의예과, 한의예과, 약학과, 한약학과, 수의예과, 간호학과, 임상병리학과, 치위생학과

영역

원자의 세계

성취기준

[12화학 I 02-03] 전자 배치 규칙에 따라 원자의 전자를 오비탈에 배치할 수 있다.

[12화학 I 02-04] 현재 사용하고 있는 주기율표가 만들어지기까지의 과정을 조사하고 발표할 수 있다.

[12화학 I 02-05] 주기율표에서 유효 핵전하, 원자 반지름, 이온화 에너지의 주기성을 설명할 수 있다.

▶ 전자 친화도와 전기 음성도의 주기성은 다루지 않는다. 전기 음성도의 주기성은 고등학교 '화학 I'의 '화학 결합과 분자의 세계'에서 학습한다.

탐구주제

(1) 주기율표는 화학적 성질이 비슷한 원소들을 같은 세로줄에 위치하도록 만든 원소의 분류표이다. 원소는 물리적 화학적 성질이 주기적으로 변한다. 원소의 화학적 성질인 유효 핵전하, 원자 반지름, 이온화 에너지, 알칼리금속, 비금속, 전자친화도 등 주기성을 조사하여 발표해 보자.

관련학과
의예과, 치의예과, 한의예과, 약학과, 한약학과, 수의예과, 간호학과, 임상병리학과

(2) 전자가 2개 이상인 원자를 다전자 원자라고 하며, 전자 배치는 전자 간의 반발력에 의해 3가지의 특수한 규칙(아우프바우 원리, 훈트의 규칙, 파울리의 배타 원리)을 갖는다. 각 원리를 설명하고, 도출된 역사와 실험 과정을 조사하여 발표해 보자.

관련학과
의예과, 치의예과, 한의예과, 약학과, 한약학과, 수의예과, 간호학과, 임상병리학과

화학 결합과 분자의 세계

성취기준

[12화학Ⅰ03-01] 실험을 통해 화학 결합의 전기적 성질을 설명할 수 있다.

▶ 물의 전기 분해 실험은 전기 분해의 원리에 초점을 두기보다는 물이 전기 에너지로 쉽게 분해될 수 있음을 강조하여 수소와 산소 사이의 화학 결합이 전기적 인력에 의한 것임을 다룬다.

[12화학Ⅰ03-02] 이온 결합의 특성과 이온 화합물의 성질을 설명하고 예를 찾을 수 있다.

▶ 이온 결합의 형성 과정을 이온의 거리 변화로 다루며, 이온 결정이 물에 녹아 이온이 생기는 것이 아니라 이온 결정 자체가 이온으로 구성되어 있음을 다룬다.

[12화학Ⅰ03-04] 전기 음성도의 주기적 변화를 이해하고 결합한 원소들의 전기 음성도 차이와 쌍극자 모멘트를 활용하여 결합의 극성을 설명할 수 있다.

▶ 수소, 물, 암모니아, 이산화 탄소 등과 같은 2, 3주기 전형 원소를 예로 든다. 쌍극자 모멘트는 정량적으로 다루지 않는다. 확장된 옥텟 규칙이 적용되는 화합물은 다루지 않는다.

탐구주제

5.화학Ⅰ ― 화학 결합과 분자의 세계

① 수소결합은 F, O, N 등 전기음성도가 큰 원소와 H를 함께 가진 분자가 이웃 분자와 정전기적 인력으로 상호 작용하며 생기는 것이다. 이는 아미노산 중합체인 단백질에서도 나타나는데 우리 몸을 구성하는 단백질의 수소 결합에 문제가 생기면 생명체의 활동에 치명적인 영향을 줄 수 있다. 단백질에는 1, 2, 3, 4차 구조가 있는데 각 구조에서 수소 결합이 어떤 형태로 나타나는지 탐구하여 보고서를 작성해 보자.

관련학과

의예과, 치의예과, 한의예과, 약학과, 한약학과, 수의예과, 간호학과, 임상병리학과

② 암의 발생 요인은 매우 다양하다. 대표적으로 유전물질인 DNA에 결함이 생긴 후 제대로 수선이 되지 않을 경우 암으로 발전될 수 있다. DNA는 네 가지 염기(Base), 아데닌(A), 티민(T), 구아닌(G), 사이토신(C)으로 이루어져 있고, 이들은 상보적으로 수소 결합하며 두 가닥의 DNA가 역평행 구조를 이룬다. 이 염기들의 구조를 조사해 그려보고, 각 염기의 어떤 작용기에서 수소 결합이 생성되는지 학습한 후 발생할 수 있는 돌연변이들에 대해 탐구하여 보고서를 작성해 보자.

관련학과

의예과, 치의예과, 한의예과, 약학과, 한약학과, 수의예과, 간호학과, 임상병리학과

③ TLC(Thin Layer Chromatography; 얇은 막 크로마토그래피)란 물질들 간의 극성 차이를 이용해 혼합물을 분리하는 방법이다. 의약품 합성 실험에서는 화학반응이 잘 진행되고 있는지, 원하는 생성물이 생성되있는지 확인하기 위해 TLC를 이용한다. TLC의 종류별로 그 원리를 탐구하고, 각각의 특징과 실험기구와 시약을 조사하여 보고서를 작성해 보자.

관련학과

의예과, 치의예과, 한의예과, 약학과, 한약학과, 수의예과, 간호학과, 임상병리학과

성취기준

[12화학 I 04-03] 산·염기 중화 반응을 이해하고, 산·염기 중화 반응에서의 양적 관계를 설명할 수 있다.

> ▶ 브뢴스테드 산과 염기의 정의를 다룬다. 산·염기 중화 반응은 수용액 반응으로 제한하고, 그 양적 관계 는 알짜 이온 반응식을 중심으로 다룬다. 부피 변화, 온도 변화, 전기 전도성 변화로 중화점을 다루지 않 는다.

[12화학 I 04-05] 산화·환원을 전자의 이동과 산화수의 변화로 설명하고, 산화수를 이용하여 산화·환원 반응식을 완 성할 수 있다.

탐구주제

5.화학 I — 역동적인 화학 반응

① 우리 몸을 구성하는 생체물질인 단백질은 아미노산 중합체이다. 아미노산은 이온화를 두 번 이상할 수 있는 대표적인 '다양성자산(Polyprotic acid)'이다. 아미노산 20종류의 구조를 그려보고, 기준을 세워 이들을 분류해 보자. 또한 어느 작용기가 산염기로 작용하는지 탐구하여 발표해 보자.

관련학과
의예과, 치의예과, 한의예과, 약학과, 한약학과, 수의예과, 간호학과, 임상병리학과

② 생명현상이 유지되기 위해서는 효소, 항체 등 다양한 단백질 중합체들이 존재한다. 이 단백질들을 정량화 방법에는 산화·환원 반응을 이용한 방법, 산·염기 중화반응을 이용한 방법이 있다. 이들의 원리를 탐구하여 발표해 보자.

관련학과
의예과, 치의예과, 한의예과, 약학과, 한약학과, 수의예과, 간호학과, 보건관리학과, 물리치료학과, 미술치료학과, 언어치료학과, 스포츠의학과, 스포츠재 활학과, 운동재활복지학과, 운동처방학과, 의료복지공학과, 작업치료학과, 재활학과, 재활공학과, 응급구조학과, 방사선학과, 안경광학과, 임상병리학 과, 치위생학과, 치기공학과, 건강관리학과, 스포츠건강관리학과

활용 자료의 유의점

- ⚠ 화학 및 화학 관련 사회적 쟁점을 활용
- ⚠ 화학 이론이 첨단 과학기술이나 일상생활에 적용된 사례와 화학자 이야기, 과학사, 시사성 있는 화학 내용 등을 활용
- ⚠ 과학의 본성과 관련된 내용에 대한 소재를 적절히 활용
- ⚠ 구체적 조직 킹힘피 활동을 제공하기 위해 모형이나 시청각 자료, 소프트웨어, 컴퓨터 ㅏ 스마트 기기, 인터넷 등 최신 정보 통신기술과 기기 등을 적절히 활용
- ⚠ 학습 내용과 관련된 첨단 과학기술을 다양한 형태의 자료로 활용

과학과

6

화학Ⅱ

핵심키워드

☐ 용액의 총괄성   ☐ 인공신장기   ☐ 역삼투현상   ☐ 헨더슨-하셀바흐식   ☐ 산-염기 평형   ☐ pH
☐ 단백질 용해도   ☐ 생체 촉매   ☐ 효소   ☐ SDS-PAGE의 원리

영역 | ## 물질의 세 가지 상태와 용액

성취기준

[12화학Ⅱ01-10]   삼투 현상을 관찰하고, 삼투압을 설명할 수 있다.

탐구주제

6.화학Ⅱ — 물질의 세 가지 상태와 용액

① '용액의 총괄성'이란 용액 속 용질 종류에 상관없이 용질의 입자수에 의해 결정되는 성질이다. 묽은 용액의 증기압 내림, 끓는점 오름, 어는점 내림, 삼투압이 이에 해당된다. 이중 삼투압을 이용한 의료기기에는 인공신장기가 있다. 인공신장기는 반투과막을 통해 역삼투현상으로 혈액 속 노폐물을 걸러준다. 용액의 총괄성을 적용한 의료기기를 조사하여 설계도와 함께 원리를 탐구하고 보고서를 작성해 보자.

관련학과
의예과, 치의예과, 한의예과, 약학과, 한약학과, 수의예과, 간호학과, 임상병리학과

영역 | ## 반응 엔탈피와 화학 평형

성취기준

[12화학Ⅱ02-05]   상평형 그림을 이용하여 물질의 상태 변화를 설명할 수 있다.

[12화학 II 02-06] 이온화 상수를 이용하여 산과 염기의 세기를 이해하고, 염의 가수 분해를 설명할 수 있다.

[12화학 II 02-07] 완충 용액이 생체 내 화학 반응에서 중요함을 설명할 수 있다.

▶ 완충 용액의 작용을 설명할 때, 복잡한 pH 계산보다 생체 내 화학 반응에서 완충 용액의 중요성을 정성적으로 다룬다.

탐구주제

① 헨더슨-하셀바흐식(Henderson-Hasselbalch equation)이란 완충 용액의 pH를 구하는 공식으로 식 pH=pK_a+log_{10}([A⁻]/[HA]) (HA:산성물질, A⁻:HA의 짝염기, Ka=산해리상수)을 통해 구할 수 있다. 의약품은 대부분 약산이나 약염기 성질을 가지고 있기 때문에 흡수가 잘되는 장기에 차이가 있다. 약산의 성질을 띄는 의약품과 약염기 성질을 띠는 의약품을 구별하여 조사해 보자. 그리고 각각 위와 소장 중 어디서 흡수가 잘 되는지 헨더슨-하셀바흐식을 이용하여 발표해 보자.

관련학과

의예과, 치의예과, 한의예과, 약학과, 한약학과, 수의예과, 간호학과, 임상병리학과

② 산-염기 평형은 정상적인 생체 활동을 위해서 필수적이며 이를 위해 다양한 완충 시스템이 존재한다. 예를 들어 H_2CO_3/HCO_3^- 완충 시스템은 혈액 속 CO_2양을 일정하게 하여 산-염기 평형을 정상적으로 유지할 수 있게 한다. 몸에서 작용하는 완충 시스템을 조사해 보고, 이들이 각각 어디서 어떤 작용을 하는지 화학반응식을 통해 분석하여 발표해 보자.

관련학과

전 의약계열

③ 종종 단백질 구조 분석 기술을 통해 신약 개발에 앞장서고 있는 중소기업에 관한 기사를 접할 수 있다. 병리학, 생화학 검사에는 다양한 단백질의 분석이 포함되는데 단백질은 pH에 따라 그 특성이 민감하게 바뀐다. pH의 변화에 따른 단백질의 용해도 변화를 조사하여 발표해 보자. 특히 NaCl과 같은 염(salt) 첨가 시 용해도는 어떻게 변하는지 그래프를 활용하여 발표해 보자.

관련학과

의예과, 치의예과, 한의예과, 약학과, 한약학과, 수의예과, 간호학과, 임상병리학과

영역 # 반응 속도와 촉매

성취기준

[12화학 II 03-08] 촉매가 생명 현상이나 산업 현장에서 중요한 역할을 하는 예를 찾을 수 있다.

탐구주제

(1) 오늘 날에는 생체 촉매인 효소를 다양한 질병 검사와 치료에 사용하고 있다. 포도당 산화효소를 이용한 당뇨병 진단 용검사지나, 단백질 분해 효소를 이용한 혈전 용해제와 같이 효소는 다양한 질병에서 활용되고 있다. 질병 진단이나 치료에 사용되는 효소의 종류를 조사하여 발표해 보자. 그리고 효소가 어떤 원리에 의해 질병 진단이나 치료에 사용 되는지 그 과정을 조사하여 발표해 보자.

관련학과

의예과, 치의예과, 한의예과, 약학과, 한약학과, 수의예과, 간호학과, 보건관리학과, 물리치료학과, 미술치료학과, 언어치료학과, 스포츠의학과, 스포츠재 활학과, 운동재활복지학과, 운동처방학과, 의료복지공학과, 작업치료학과, 재활학과, 재활공학과, 응급구조학과, 방사선학과, 안경광학과, 임상병리학 과, 치위생학과, 치기공학과, 건강관리학과, 스포츠건강관리학과

영역 | # 전기 화학과 이용

성취기준

[12화학 II 04-01] 화학 전지의 작동 원리를 산화·환원 반응으로 설명할 수 있다.

▶ 화학 전지에서는 산화·환원 반응을 통하여 전기 에너지가 만들어지는 원리를 강조하여 다룬다.

탐구주제

(1) 여러 단백질들이 섞여 있는 혼합물을 분리하기 위해서 '폴리아크릴아마이드 겔 전기영동법(SDS-PAGE)'이 사용된다. 이것은 전기 장치를 이용해 단백질 혼합물을 질량에 따라 분리하는 장치로 많은 의약학 실험에 사용된다. SDS-PAGE 의 원리에 대해 조사를 해 보고, 실험에 필요한 시약과 기구에 대한 자세한 설명을 포함하여 실험 예비 레포트를 작성 해 보자.

관련학과

의예과, 치의예과, 한의예과, 약학과, 한약학과, 수의예과, 간호학과, 임상병리학과

활용 자료의 유의점

(!) 화학 및 화학 관련 사회적 쟁점을 활용

(!) 화학 이론이 첨단 과학기술이나 일상생활에 적용된 사례와 화학자 이야기, 과학사, 시사성 있는 화학 내용 등을 활용

(!) 과학의 본성과 관련된 내용에 대한 소재를 적절히 활용

(!) 구체적 조작 경험과 활동을 제공하기 위해 모형이나 시청각 자료, 소프트웨어, 컴퓨터나 스마트 기기, 인터넷 등 최신 정보 통신기술과 기기 등을 적절히 활용

(!) 학습 내용과 관련된 첨단 과학기술을 다양한 형태의 자료로 활용

생명과학 I

과학과 7

핵심키워드

☐ 재생의학 ☐ 대사증후군 ☐ 메터볼릭 신드롬 ☐ 항정신성 약물 ☐ 신경계 ☐ 마이크로로봇
☐ 감염성 질환 ☐ 비감염성 질환 ☐ 백신 ☐ 우성인자 ☐ 열성인자 ☐ 유전병 ☐ 크리스퍼
☐ 유전자가위 ☐ 생물의 다양성

영역 | **생명과학의 이해**

성취기준

[12생과 I 01-02] 생명과학의 통합적 특성을 이해하고, 다른 학문 분야와의 연계성을 예를 들어 설명할 수 있다.

▶ 생명과학이 살아있는 생명체의 특성을 다루고 있어 타 학문 분야와 차이가 있지만 현대 생명과학 분야의 성과는 여러 학문 분야의 성과와 결합되어 나타난다는 것을 이해하도록 한다.

탐구주제

7.생명과학 I   생명과학의 이해

① 생명과학이란 의학, 생물학, 생화학, 유전학, 분자생물학, 생명공학 등 생명과 관련된 모든 학문을 말하며, 이미 학문 간 경계가 무너진지 오래이다. 질병의 원인을 파악하는 일부터 약을 개발하고 치료하거나 예방하는 것도 포함된다. 최근에 이슈가 된 줄기세포의 개념으로 '재생의학'이 탄생하는 등 생명과학의 발전은 실로 눈부시다고 할 수 있다. 생명과학이 다른 분야의 학문(컴퓨터, 공학, 인문학, 심리학 등)과 연계된 사례를 탐구하여 발표해 보자.

관련학과
전 의약계열

💬 MEMO

사람의 물질대사

성취기준

[12생과 I 02-03] 물질대사와 관련 있는 질병을 조사하고, 대사성 질환을 예방하기 위한 올바른 생활 습관에 대해 토의하고 발표할 수 있다.

탐구주제

7.생명과학 I — 사람의 물질대사

① 대사증후군 또는 메터볼릭 신드롬(Metabolic Syndrome)은 인슐린 저항성이 원인으로 추정되는 질환으로, 다섯 가지 요소(복부비만, 고혈당, 고혈압, 고중성지방혈증, 저 HDL 콜레스테롤) 중 세 가지 이상의 수치에 이상이 생기는 증상이다. 대사증후군은 당뇨병 발생, 심근경색, 뇌경색과 관련이 있으며, 대사증후군의 각 요소의 수가 많을수록 더 위험하다. 대사증후군의 원인을 조사하고, 예방 및 치료에 대해 발표해 보자.

관련학과
의예과, 치의예과, 한의예과, 약학과, 한약학과, 수의예과, 간호학과, 임상병리학과, 보건관리학과, 건강관리학과

② 미국 당뇨병학회 학술지에서 연구진은 코로나19 환자 287명을 대상으로 한 연구 결과 "대사증후군 환자가 코로나19에 걸리면 중증일 확률이 높고, 일반 환자에 비해 사망률이 3배나 늘어난다"고 설명했다. 몸속의 지방세포가 염증을 유발해 면역력을 떨어뜨리는 등 여러 원인으로 증상이 악화될 수 있다는 분석이다. 대사증후군을 예방하기 위해서는 열량 범위 내에서 정제 탄수화물의 비율을 줄이고 영양 균형적으로 식단을 구성해야 하며, 과식하지 않고 필요량만큼 먹는 식습관을 길러야 한다. 대사성 증후군 진단기준을 조사하고, 비만을 조절하기 위한 개인별 일일 칼로리 섭취량을 조사하여 보고서를 작성해 보자.

관련학과
의예과, 치의예과, 한의예과, 약학과, 한약학과, 수의예과, 간호학과, 보건관리학과, 물리치료학과, 미술치료학과, 언어치료학과, 스포츠의학과, 스포츠재활학과, 운동재활복지학과, 운동처방학과, 의료복지공학과, 작업치료학과, 재활학과, 재활공학과, 응급구조학과, 방사선학과, 안경광학과, 임상병리학과, 치위생학과, 치기공학과, 건강관리학과, 스포츠건강관리학과

항상성과 몸의 조절

성취기준

[12생과 I 03-01] 활동 전위에 의한 흥분의 전도와 시냅스를 통한 흥분의 전달을 이해하고, 약물이 시냅스 전달에 영향을 미치는 사례를 조사하여 발표할 수 있다.

▶ 자극과 반응 사이에 정보를 전달하는 신경계의 구조와 종류는 중학교 1~3학년군의 '자극과 반응' 단원에서 다루었으므로 흥분의 전도와 전달 과정을 중심으로 다룬다. 사례 조사 시 각성제, 환각제, 진정제 등이 신경계의 기능에 심각한 영향을 미칠 수 있다는 수준에서 다룬다.

[12생과 I 03-03] 중추 신경계와 말초 신경계의 구조와 기능을 이해하고, 신경계와 관련된 질환을 조사하여 토의할 수 있다.

▶ 중추 신경계의 핵심인 대뇌 중심으로 뇌의 구조와 기능을 설명하고 중뇌, 소뇌, 연수, 간뇌는 간략하게 설명한다.

[12생과 I 03-04] 내분비계와 호르몬의 특성을 이해하고, 사람의 주요 호르몬의 과잉·결핍에 따른 질환에 대해 설명할 수 있다.

▶ 신경계와 호르몬의 통합적 작용에 의한 항상성 조절에 초점을 두어 다루도록 한다.

[12생과 I 03-05] 신경계와 내분비계의 조절 작용을 통해 우리 몸의 항상성이 유지되는 과정을 설명할 수 있다.

▶ 감염성과 비감염성의 질병을 구분할 수 있도록 하고, 감염성 질병을 일으키는 병원체들의 특징을 감염이나 예방과 관련지어 이해하도록 한다.

[12생과 I 03-07] 백신의 작용 원리를 항원·항체 반응과 관련지어 이해하고, 백신으로 예방하기 힘든 질병을 조사히여 그 이유를 토의할 수 있다.

탐구주제

① 뇌는 약 1,000억 개의 신경세포로 이뤄져 있다. 신경세포들은 실타래처럼 네트워크를 이루며 연결되어 있는데 신경세포들 간의 신호전달은 '시냅스'라는 좁은 간격을 통해 옮겨 다니는 신경전달물질에 의해 이뤄진다. 이 같은 물질은 200여 종류를 넘는 것으로 알려져 있다. 뇌를 타깃으로 삼는 약들은 신경전달물질처럼 행동하거나, 신경전달물질의 작용을 방해하면서 뇌를 통제하는 방식이다. 신경계 기능에 심각한 영향을 미치는 항정신성 약물(각성제, 환각제, 진정제 등)을 조사하여 약물이 인체에 미치는 영향에 대해 보고서를 작성해 보자.

관련학과
의예과, 치의예과, 한의예과, 약학과, 한약학과, 수의예과, 간호학과, 임상병리학과

② 신경계는 뇌와 척수로 이루어진 중추신경계와 중추신경계로 정보를 전달하는 말초신경계로 구성되어 있다. 이런 신경계에 문제가 생기면 치명적인 질환이 생길 수 있는데 신경계 질환은 대개 완치가 어려워 주의가 필요하다. 대구경북과학기술원(DGIST)의 연구팀이 신경세포 전달용 마이크로로봇을 개발했다고 밝혔다. 향후 중증 뇌질환인 치매나 뇌전증 등 다양한 신경계 질환 연구에 큰 역할을 할 것으로 기대된다. 신경계 질환(뇌전증, 치매, 파킨슨병, 뇌졸중)을 조사하고, 마이크로로봇을 활용한 신경계 질환 치료에 대해 탐구하여 발표해 보자.

관련학과
의예과, 치의예과, 한의예과, 약학과, 한약학과, 수의예과, 간호학과, 임상병리학과

③ 호르몬은 '북돋우다', '흥분시킨다'라는 의미에서 비롯되었다. 분비된 호르몬은 혈액을 타고 흘러 다른 표적 조직으로 운반되어서 여러 가지 생체유지에 필요한 정보를 전달함으로써 생체기능에 관여한다. 예컨대 세포와 조직의 성장, 심장박동수와 혈압의 조절, 신장기능, 위장관운동, 소화 효소의 분비, 모유의 분비는 모두 호르몬에 의해 제어된다. 호르몬의 종류와 역할을 조사하고, 특정 호르몬 분비의 과잉이나 부족으로 인해 생겨나는 질환의 원인과 치료법을 탐구하여 보고서를 작성해 보자.

관련학과
의예과, 치의예과, 한의예과, 약학과, 한약학과, 수의예과, 간호학과, 보건관리학과, 물리치료학과, 작업치료학과, 재활학과, 재활공학과, 방사선학과, 안경광학과, 임상병리학과

④ 질병은 감염성 질환과 비감염성 질환으로 나눌 수 있는데 감염성 질환은 바이러스, 세균, 곰팡이, 기생충과 같이 질병을 일으키는 병원체가 동물이나 인간에게 전파, 침입하여 질환을 일으키는 것이며 전염병이라 부른다. 반면, 비감염성 질환은 고혈압이나 당뇨병, 고지혈증 등 심뇌혈관질환과 같이 병원체 없이 일어날 수 있는 질환을 말한다. 감염성 질환을 계절별 주요 감염성 질환으로 분류하여 보고, 감염 원인과 치료 방법, 예방책을 탐구하여 보고서를 발표해 보자.

관련학과
의예과, 치의예과, 한의예과, 약학과, 한약학과, 수의예과, 간호학과, 보건관리학과, 물리치료학과, 미술치료학과, 언어치료학과, 스포츠의학과, 스포츠재활학과, 운동재활복지학과, 운동처방학과, 의료복지공학과, 작업치료학과, 재활학과, 재활공학과, 응급구조학과, 방사선학과, 안경광학과, 임상병리학과, 치위생학과, 치기공학과, 건강관리학과, 스포츠건강관리학과

⑤ 백신은 인간에게 질병에 대한 면역을 부여하는 바이오의약품이다. 백신은 치료제가 아닌 '예방제'이며 이미 병에 걸린 상태에서는 이걸 맞는다고 낫지 않는다. 약화시켰거나 무력화된 항원을 투여하여 면역계가 해당 항원에 대한 면역을 만들도록 하는 것이 백신이다. 뇌수막염은 백신이 개발되면서 발병 빈도가 유럽에선 90%, 미국에선 99%나 줄었다. 백신으로 예방이 가능한 질병과 예방하기 힘든 질병을 조사해 보고, 백신으로 예방하기 힘든 질병의 경우 그 이유를 탐구하여 발표해 보자.

관련학과

의예과, 치의예과, 한의예과, 약학과, 한약학과, 수의예과, 간호학과, 임상병리학과

영역 # 유전

성취기준

[12생과 I 04-03] 사람의 유전 현상을 가계도를 통해 이해하고, 상염색체 유전과 성염색체 유전을 구분하여 설명할 수 있다.

[12생과 I 04-04] 염색체 이상과 유전자 이상에 의해 일어나는 유전병의 종류와 특징을 알고, 사례를 조사하여 발표할 수 있다.

탐구주제

① 책 「내가 유전자를 고를 수 있다면」은 수정란이 아기가 되기까지 의학적으로 어떤 과정을 거치는지, 사람이 성장하고 늙어 가면서 어떤 생리작용이 일어나 어떤 문제를 일으키고 어떻게 해결해야 하는지를 이야기한다. 이 책을 읽고, 유전학적 우성인자와 열성인자를 조사하여 발표해 보자. 그리고 유전 형질을 설명하는 '우성'과 '열성' 용어 자체를 폐기해야 한다는 의견이 분분한데 그 이유를 찾아보고, 자신의 의견을 발표해 보자.

관련학과

의예과, 한의예과, 수의예과, 약학과, 한약학과, 건강관리학과

---

② 유전병은 유전자의 본체인 DNA 염기서열에 이상이 발생하여 일어나는 질환의 총칭이다. 2020년 노벨화학상은 오늘날 유전자 편집 연구의 핵심기술로 꼽히는 '크리스퍼 유전자가위'를 발견한 두 명의 여성 과학자에게 돌아갔다. 노벨위원회는 "이 기술은 새로운 암 치료법 개발과 유전병 치료의 꿈을 현실화하는 데 기여했다"고 평가했다. 유전병의 종류와 특징을 알아보고, 특히 희귀 유전병의 사례를 조사하여 발표해 보자.

관련학과

의예과, 한의예과, 수의예과, 약학과, 한약학과, 건강관리학과

성취기준

[12생과 I 05-06] 생물 다양성의 의미와 중요성을 이해하고, 생물 다양성 보전 방안을 토의할 수 있다.

▶ 생물 다양성을 유전적 다양성, 종 다양성, 생태계(서식지) 다양성을 포괄하는 개념으로 이해시키되, '통합과학'에서 기본 개념은 다루었으므로 여기에서는 각 개념을 보다 심화하여 상세히 다루도록 한다. 생태계 평형 유지에 생물 다양성이 어떻게 기여하는지를 사례 중심으로 이해하도록 하며, 생물자원의 가치를 인식할 수 있도록 한다.

탐구주제

7.생명과학 I — 생태계와 상호 작용

① 현재 생물 다양성은 심각한 위협을 받고 있다. 매년 개발 및 오염에 의해 2만 5천~5만 종이 사라져가고 있기 때문이다. 생물 다양성의 손실은 인류의 문화와 복지, 더 나아가서 인류의 생존을 위협하는 요인이다. 미국의 경우 조제되는 약 처방의 25%가 식물로부터 추출된 성분을 포함하고 있다. 그리고 3천 종류 이상의 항생제가 미생물에서 얻어진다. 아시아에서는 생물 다양성에 대한 의존도가 더 높다. 소위 한약으로 알려진 동양 전통의약품의 경우도 무려 5천 종이 넘는 동식물을 사용하고 있다. 생물 다양성은 환경오염 물질을 흡수하거나 분해하여 대기와 물을 정화시키고, 토양의 비옥도와 적절한 기후조건을 유지하는 데 결정적인 역할을 한다. 생물 다양성의 보존 및 피해 사례를 조사하여 발표해 보자. 또한 생물 다양성 파괴가 생태계 보전에 미치는 영향을 탐구하여 발표해 보자.

관련학과

의예과, 한의예과, 수의예과, 약학과, 한약학과, 건강관리학과

활용 자료의 유의점

ⓘ 생명과학이 타 학문 분야와 연계된 사례 조사는 인터넷 검색이나 관련 서적 등을 활용

ⓘ 생명과학 및 생명과학과 관련된 사회적 쟁점을 활용

ⓘ 과학의 본성과 관련된 내용에 대한 소재를 적절히 활용

ⓘ 모형이나 시청각 자료, 소프트웨어, 컴퓨터나 스마트 기기, 인터넷 등 최신 정보통신기술과 기기 등을 과학 실험과 탐구에 적절히 활용

ⓘ 생명과학 이론이 첨단 기술이나 최근의 발명품에 적용된 사례와 생명과학자 이야기, 과학사, 시사성 있는 생명과학 내용 등을 활용

💬 **MEMO**

생명과학Ⅱ

핵심키워드

☐ 효소   ☐ 발효   ☐ 프로바이오틱스   ☐ 재조합의약품   ☐ 단일클론항체   ☐ 유전자 치료   ☐ 줄기세포
☐ 난치병 치료   ☐ 체세포 핵치환(SCNT)   ☐ 조직배양   ☐ 세포융합(셀 퓨전)   ☐ LMO와 GMO
☐ 맞춤형 아기   ☐ 생명 윤리   ☐ 생명공학 발전의 사회적 문제점

영역 ┃ ## 세포의 특성

성취기준

[12생과Ⅱ02-06]   효소의 작용을 활성화 에너지와 기질의 특이성을 중심으로 이해하고, 온도와 pH가 효소 작용에 영향을 미칠 수 있음을 실험을 통해 설명할 수 있다.

▶ 효소의 특성, 효소의 구조와 종류, 효소의 활성에 영향을 미치는 요인 등을 다룸으로써 생물체 내에서 일어나는 여러 가지 화학 반응이 효소에 의해 조절됨을 이해하게 한다.

탐구주제
8.생명과학Ⅱ ― 세포의 특성

① 책 「효소로 이루어진 세상」은 효소에 관한 백과사전이라 말할 수 있다. 효소가 없다면 우리가 먹는 음식은 영양분으로 바뀌지 못하고 우리는 아무런 에너지를 얻을 수 없다. 효소가 없는 세포는 죽음에 이르게 되기 때문에 효소는 생명의 불꽃이자 기초라고 부른다. 몸속에 있는 효소의 역할을 연구하면 암과 심혈관질환 등을 예방하고 치료할 수 있는 단서를 얻을 수 있다. 이 책을 읽고, 효소의 종류와 효소의 의약품 사례를 조사하여 발표해 보자.

관련학과
의예과, 치의예과, 한의예과, 약학과, 한약학과, 수의예과, 간호학과, 임상병리학과

💬 **MEMO**

세포 호흡과 광합성

성취기준

[12생과II03-03] 산소 호흡과 발효의 차이를 이해하고, 실생활 속에서 발효를 이용한 사례를 조사하여 발표할 수 있다.

탐구주제

8.생명과학 II — 세포 호흡과 광합성

① 발효란 라틴어의 '끓다'에서 유래했다. 발효는 미생물에 의해서 유기물이 분해되거나 다른 물질로 변화되는 생물학적 현상을 말한다. 그동안의 연구에 따르면, 식품의 발효 과정에서 생성된 프로바이오틱스는 우리 몸속 유산균의 균형을 회복해 소화장애인 과민성 대장 증후군 완화하는 데 도움이 되고, 비만과 당뇨 예방에도 효과적이라고 한다. 세계 5대 발효 식품을 조사해 발표해 보자. 실생활 속에서 발효를 이용한 사례도 조사하여 발표해 보자.

관련학과

의예과, 치의예과, 한의예과, 약학과, 한약학과, 수의예과, 간호학과, 임상병리학과

생명공학 기술과 인간생활

성취기준

[12생과II06-01] DNA 재조합 기술의 원리를 이해하고, 활용 사례를 조사하여 발표할 수 있다.

[12생과II06-03] 단일클론항체, 유전자 치료, 줄기세포를 난치병 치료에 적용한 사례를 이해하고, 이러한 치료법의 전망에 대해 토의할 수 있다.

> ▶ 우리 생활과 밀접한 사례를 중심으로 하여 학생들의 흥미를 유도하도록 하고, 상세 실험 과정이나 원리를 과도하게 기술하거나 설명하는 것을 지양한다.

[12생과II06-02] 핵치환, 조직 배양, 세포 융합의 원리를 이해하고, 활용 사례를 조사하여 발표할 수 있다.

[12생과II06-04] LMO가 인간의 생활과 생태계에 미치는 긍정적인 영향과 부정적인 영향을 조사하고, 토론할 수 있다.

[12생과II06-05] 생명공학의 발달 과정에서 나타나는 생태학적, 윤리적, 법적, 사회적 문제점을 이해하고, 미래 사회에 미칠 영향을 예측하여 발표할 수 있다.

① 미래 신성장동력으로 바이오의약품이 급부상하고 있는 가운데 첨단 제제의 대표격이라 할 수 있는 유전자재조합의 약품이 크게 각광받고 있다. 유전자재조합의약품이란, 인체에 미량 존재하는 성분의 유전자를 유전자조작기술을 이용하여 증폭한 후 동물세포주에 삽입하여 대량 생산한 펩타이드나 단백질을 유효성분으로 하여 제조한 의약품을 말한다. 유전자재조합의약품의 종류를 조사하고, 유전자재조합의약품의 품질과 안전성을 위해 어떤 가이드라인을 설정해야 할지 토의해 보자.

관련학과

의예과, 치의예과, 한의예과, 약학과, 한약학과, 수의예과, 간호학과, 임상병리학과, 건강관리학과

② BBC는 2020년 9월 영국 정부가 '단일클론항체'를 활용한 신종 코로나바이러스 감염증 치료제 개발에 나선다고 전했다. 병원에 입원한 코로나19 환자 2,000명을 대상으로 이 단일클론항체를 투입하고 효과를 검증할 계획이다. 항체는 바이러스를 무력화하는 역할을 하는 물질이다. 세균이나 바이러스 같은 병원체가 몸속에 들어오면 면역세포들은 이를 인지하고 공격하는데 이 과정에서 항체가 생성된다. 항체는 병원체가 가진 특이 단백질(항원)에 달라붙어 제 기능을 하지 못하게 한다. 단일클론항체의 장단점을 분석해보고, 단일클론항체를 난치병 치료에 적용한 사례를 조사하여 발표해 보자.

관련학과

의예과, 치의예과, 한의예과, 약학과, 한약학과, 수의예과, 간호학과, 임상병리학과, 건강관리학과

③ 유전자 치료란 비정상 유전자를 정상 유전자로 대체시켜 유전적 결함을 치료하거나 새로운 기능을 추가하는 획기적인 치료법이다. 1980년대부터 시도되었고, 1990년대에 들어서 성공 사례들이 보고되기 시작되었다. 유전자 치료에서는 2가지 접근 방식이 있다. 결함 유전자를 정상 유전자로 대체하거나, 결함 유전자를 무력화시키는 방법이다. 유전자 치료를 난치병 치료에 적용한 사례를 조사하여 발표해 보자. 또한 유전자 치료에서 발생하는 문제점과 윤리적 문제를 분석하여 해결 방안을 토의해 보자.

관련학과

의예과, 치의예과, 한의예과, 약학과, 한약학과, 수의예과, 간호학과, 임상병리학과, 건강관리학과

④ 미래 의학의 판도를 완전히 바꿔놓을 꿈의 기술로 각광받고 있는 줄기세포 연구가 실용화만 된다면 혈관, 신경, 심장, 뇌, 뼈, 연골, 피부 등 무엇이든 낡고 상한 것을 대체할 수 있을 것이다. 줄기세포는 현재 노화를 지연시켜주고, 통증치료에도 널리 활용되는 추세다. 줄기세포를 난치병 치료에 적용한 사례를 조사하여 발표해 보자. 그리고 줄기세포 치료제의 부작용과 윤리적인 문제들을 분석하여 해결 방안을 토의해 보자.

관련학과

의예과, 약학과, 한약학과, 물리치료학과, 건강관리학과

⑤ 체세포 핵치환(SCNT)은 난자의 핵을 세거한 후에 제세포의 핵을 이식하여 복제하는 기술을 말한다. SCNT는 생식 복제 및 치료용으로 이용될 수 있다. 1996년 영국 로슬린 연구소의 월머트(Ian Wilmut) 박사에 의해 탄생된 복제양 돌리(Dolly)가 핵치환의 대표적인 예이다. 현재 SCNT의 초기 배아 발생 단계에서 한계점이 존재하고 이것을 극복하는 것이 핵심적이므로 SCNT에서 인간복제는 아직까지 가능성으로만 남아 있으며, 현재 UN에서는 모든 형태의 인간복제를 반대하고 있다. 핵치환 활용 사례를 조사하여 발표해 보자. 그리고 각국(영국, 미국 등)의 인간 체세포 핵치환에 관한 정책 현황과 전망을 탐구해 보자.

관련학과

의예과, 치의예과, 한의예과, 약학과, 한약학과, 수의예과, 간호학과, 임상병리학과, 건강관리학과

⑥ 조직 배양은 생물 조직의 일부나 세포를 떼어 내어 인공적인 환경에서 증식시키는 기술을 말한다. 조직 배양은 질병의 발견과 염색체를 발견하는 데 도움을 주고, 의약품과 백신 개발에도 기여하고 있으며, 시험관 아기 시술에 이용하고 있다. 조직 배양 활용 사례를 더 조사해 보고, 조직 배양의 향후 전망에 대해 발표해 보자.

관련학과

의예과, 치의예과, 한의예과, 약학과, 한약학과, 수의예과, 간호학과, 임상병리학과, 건강관리학과

탐구주제

(7) 세포 융합(셀 퓨전)은 복수의 세포막을 융합하여 다핵세포로 만드는 방법이다. 즉 복수의 세포가 융합하여 하나의 세포막에 둘러싸여 있으며, 핵·세포질이 서로 뒤섞인 상태를 말한다. 국제학술지 '네이처'는 최근 일본 문부과학성 전문위원회가 인간 역분화줄기세포(iPS)를 쥐 배아에 넣어 인간 췌장 세포를 만드는 실험을 승인했다고 보도했다. 인간 장기를 동물 몸에서 배양한 뒤 궁극적으로 인간 몸에 이식하는 기술이 첫발을 떼는 셈이다. 과학기술계에서는 이번 연구가 장기 부족을 해결하는 새로운 방안이 될 수 있다는 기대감과 함께 동물과 인간 세포를 융합한다는 점에서 윤리 문제에 대한 우려도 존재한다. 세포융합 활용 사례를 조사하여 발표해 보자. 세포융합 기술의 문제점과 향후 전망에 대해서 토의해 보자.

관련학과
의예과, 치의예과, 한의예과, 약학과, 한약학과, 수의예과, 간호학과, 임상병리학과, 건강관리학과

(8) LMO(유전자변형생물체)란 현대생명공학기술을 이용하여 새롭게 조합된 유전물질을 포함하고 있는 생물체를 말한다. LMO(Living Modified Organism)와 GMO(Genetically Modified Organism)는 혼용되어 통상 같은 의미로 사용하지만 LMO는 살아있음(Living)을 강조하는 용어로서 그 자체 생물의 생식·번식이 가능한 것을 말하고, GMO는 생식이나 번식이 가능하지 않은 것도 포함하는 포괄적 용어로 정의한다. LMO는 국제 협약인 바이오안전성의정서에서 사용하는 용어이며, 유럽 등 많은 국가에서는 일반적으로 GMO라는 용어를 사용한다. LMO가 인간의 생활과 생태계에 미치는 긍정적인 영향과 부정적인 영향을 조사하여 발표해 보자. 그리고 유전자변형생물체(LMO) 안전관리를 위해 어떤 가이드라인을 설정해야 할지 토의해 보자.

관련학과
의예과, 치의예과, 한의예과, 약학과, 한약학과, 수의예과, 간호학과, 임상병리학과, 건강관리학과

(9) 인간배아의 실험 활용이나 유전자 편집 문제는 안정성, 유효성과 같은 기술적 문제, '맞춤형 아기'라는 윤리적, 종교적 문제도 얽혀 있어 사회적으로 뜨거운 논쟁이 되고 있다. 생명과학이란 생명에 관계되는 현상을 종합적으로 연구하는 분야이다. 그리고 연구대상은 인간을 포함한 모든 생명체이기 때문에 그 이면에 숨어 있는 문제점을 간과할 수는 없다. 생명공학의 발달 과정에서 나타나는 생태학적, 윤리적, 법적, 사회적 문제점을 분석하여 토의해 보자.

관련학과
의예과, 치의예과, 한의예과, 약학과, 한약학과, 수의예과, 간호학과, 보건관리학과, 물리치료학과, 미술치료학과, 언어치료학과, 스포츠의학과, 스포츠재활학과, 운동재활복지학과, 운동처방학과, 의료복지공학과, 작업치료학과, 재활학과, 재활공학과, 응급구조학과, 방사선학과, 안경광학과, 임상병리학과, 치위생학과, 치기공학과, 건강관리학과, 스포츠건강관리학과

활용 자료의 유의점

- (!) 세포 소기관의 구조와 관련하여 학습할 때 전자 현미경 사진을 포함한 다양한 현미경들의 사진을 활용
- (!) 생활 속 효소 이용 사례는 인터넷 서핑이나 관련 서적 등을 활용
- (!) 유전자 발현 조절 및 발생과 관련된 최신 연구 자료 조사 활동에서는 관련 홈페이지나 서적 등을 활용
- (!) 생명과학 및 생명과학과 관련된 사회적 쟁점을 활용
- (!) 과학의 본성과 관련된 내용에 대한 소재를 적절히 활용
- (!) 모형이니 시청각 자료, 소프트웨어, 컴퓨터나 스마트 기기, 인터넷 등 최신 정보통신기술과 기기 등을 과학 실험과 탐구에 적절히 활용
- (!) 생명과학 이론이 첨단 기술이나 최근의 발명품에 적용된 사례와 생명과학자 이야기, 과학사, 시사성 있는 생명과학 내용 등을 활용

지구과학 I

☐ 태풍 ☐ 지구온난화 ☐ 황사 ☐ 엘니뇨 ☐ 전염병 ☐ 라니냐 ☐ 기후 변화

영역 **대기와 해양의 변화**

성취기준

[12지과 I 03-02] 태풍의 발생, 이동, 소멸 과정을 이해하고 태풍이 통과할 때의 날씨 변화를 일기도와 위성 영상 해석을 통해 설명할 수 있다.

> ▶ 최근에 발생한 사례를 중심으로 태풍이 우리나라에 준 피해와 영향 및 위력을 간략하게 다루면서, 태풍의 발생 시기, 진로, 대기와 해수의 상호 작용, 대기와 육지의 상호 작용 등을 설명한다.

[12지과 I 03-03] 뇌우, 국지성 호우, 폭설, 황사 등 우리나라의 주요 악기상의 생성 매커니즘을 이해하고, 피해를 최소화할 수 있는 방법에 대해 토의할 수 있다.

> ▶ 뇌우, 국지성 호우(집중호우), 강풍, 폭설, 우박 등과 같은 우리나라의 주요 악기상을 소개하고 이들의 생성 매커니즘을 간단히 다룬다.

탐구주제
9.지구과학 I ― 대기와 해양의 변화

① 태풍은 발생 지역에 따라 다른 이름으로 불린다. 태평양 남서부에서 발생하여 우리나라 쪽으로 불어오는 것을 태풍, 대서양 서부에서 발생하는 것을 허리케인, 인도양에서 발생하는 것을 사이클론이라 한다. 태풍으로 하천범람 및 침수가 발생한 경우, 서식처의 환경 변화 및 위생환경이 취약해 병원균·모기·파리·쥐 등 감염매개체에 의한 감염병의 발생 가능성이 높아진다. 지구온난화 현상과 태풍과의 관계를 조사해 보고, 태풍 예방 및 방지를 위해 각 분야에서 어떤 노력을 기울여야 할지 토의해 보자.

관련학과
의예과, 치의예과, 한의예과, 약학과, 한약학과, 수의예과, 간호학과, 임상병리학과, 의료복지공학과, 건강관리학과

② 황사는 중국과 몽골에 있는 사막과 황토 지대의 작은 모래나 흙먼지가 봄철에 우리나라까지 날아와 떨어지는 현상을 말한다. 우리나라에서는 3~4월에 주로 관측되며 납 구리와 같은 중금속 물질과 발암 물질이 들어 있어서 인체에 해가 된다. 황사의 원인과 문제점을 분석하고, 황사 대처방안을 마련하기 위해 각 분야에서 어떤 노력을 기울여야 할지 토의해 보자.

관련학과
의예과, 치의예과, 한의예과, 약학과, 한약학과, 수의예과, 간호학과, 임상병리학과, 의료복지공학과, 건강관리학과

대기와 해양의 상호 작용

성취기준

[12지과 I 04-04] 기후 변화의 원인을 자연적 요인과 인위적 요인으로 구분하여 설명하고, 인간 활동에 의한 기후 변화의 환경적, 사회적 및 경제적 영향과 기후 변화 문제를 과학적으로 해결하는 방법에 대해 토의할 수 있다.

▶ 기후 변화의 원인을 인위적 요인과 자연적 요인으로 구분하고 자연적 요인을 지구 외적 요인과 지구 내적 요인으로 구분하여 다룬다. 인간 활동에 의한 기후 변화를 지구온난화를 중심으로 다룬다.

탐구주제

① 엘니뇨는 적도 주변의 해수면과 온도가 비정상적으로 높아지는 현상으로, 지구온난화가 주범이다. 우리나라의 경우 서태평양 쪽에 위치해 있기 때문에 엘니뇨가 발생하면 바닷물이 평소보다 차가워져 여름이 시원해지는 경향이 있다. 하지만 바닷물이 차가워지면 하강기류가 발달하기 때문에 가뭄이 들 확률이 높다. 실제로 2015년에 발생한 가뭄도 엘니뇨의 영향이다. 엘니뇨 현상으로 말라리아·뇌염·뎅기열·황열 등 질병 발생이 크게 증가하고 있다. 기온이 높을수록 매개체에 균이 성장하고 생존할 위험이 높아지므로 물이나 음식을 통해 전파되는 전염병도 크게 증가한다. 엘니뇨가 인간의 건강에 미치는 영향을 조사하고, 엘니뇨에 대처하는 방안을 마련하여 발표해 보자.

관련학과
의예과, 한의예과, 약학과, 한약학과, 건강관리학과

② 라니냐는 적도근처 태평양 해수면 온도가 평년보다 0.5% 낮은 경우를 말한다. 해수면 온도가 올라가는 엘니뇨와 반대되는 개념이다. 라니냐가 겨울철에 발생하면 전 세계 곳곳에서 이상한파와 가뭄, 홍수, 산사태, 폭풍우 등 기상이변이 초래되어 건강에도 적신호가 나타난다. 우리나라도 추운 겨울이 나타날 확률이 높다. 라니냐가 인간의 건강에 미치는 영향을 조사하고, 라니냐에 대처하는 방안을 마련하여 발표해 보자.

관련학과
의예과, 한의예과, 약학과, 한약학과, 건강관리학과

활용 자료의 유의점

⊙ 과학자 이야기, 지구과학사, 시사성 있는 지구과학 내용 등을 활용하며, 개방형 질문을 적극 활용
⊙ 과학의 본성과 관련된 내용에 대한 소재를 적절히 활용
⊙ 모형이나 시청각 자료, 컴퓨터나 스마트 기기, 인터넷 등 최신 정보통신기술과 기기 등을 과학 실험과 탐구에 적절히 활용
⊙ 지구과학 학습 내용과 관련된 첨단 과학기술을 다양한 형태의 자료로 활용

과학과

10

지구과학Ⅱ

핵심키워드

☐ 해일 ☐ 지진해일(쓰나미) ☐ 폭풍해일 ☐ 해일 피해

영역 | **해수의 운동과 순환**

성취기준

[12지과Ⅱ04-04] 해일이 발생하는 여러 가지 원인을 이해하고, 피해 사례와 대처 방안을 조사하여 발표할 수 있다.

▶ 해일 발생 당시의 기압, 만조 시기, 해안 및 해저 지형에 따라서도 해일의 피해가 달라질 수 있음을 이해한다.

탐구주제

10.지구과학Ⅱ — 해수의 운동과 순환

① 해일은 바닷물의 높이가 갑자기 크게 높아져서 많은 양의 바닷물이 해안으로 밀려 들어오는 현상이다. 그런데 해일은 발생 원인에 따라 지진해일(쓰나미)과 폭풍해일로 구분된다. 인명 피해는 지진으로 인한 직접적인 피해보다는 지진 이후 피난 생활에서의 건강 악화와 과로 등 간접적인 원인으로 사망한 경우가 많았다. 또한 지진이 발생한 지역은 파상풍, 장티푸스, 말라리아 등에 노출될 가능성이 많아서 적절한 예방이 필요했다. 지진해일(쓰나미)이 인간의 건강에 미치는 영향을 조사하고, 지진해일(쓰나미)에 대처하는 방안을 마련하여 발표해 보자.

관련학과

의예과, 한의예과, 약학과, 한약학과, 건강관리학과

활용 자료의 유의점

ⓘ 과학자 이야기, 지구과학사, 시사성 있는 지구과학 내용 등을 활용하며, 개방형 질문을 적극 활용

ⓘ 과학의 본성과 관련된 내용에 대한 소재를 적절히 활용

ⓘ 모형이나 시청각 자료, 컴퓨터나 스마트 기기, 인터넷 등 최신 정보통신기술과 기기 등을 과학 실험과 탐구에 적절히 활용

ⓘ 지구과학 학습 내용과 관련된 첨단 과학기술을 다양한 형태의 자료로 활용

과학과
11
과학사

핵심키워드

☐ 인공지능 왓슨 ☐ 빅데이터 ☐ 외상 후 스트레스 장애 ☐ 최면요법 ☐ 전염병 ☐ 「질병이 바꾼 세계의 역사」
☐ 신약 개발 ☐ 약물전달시스템(DDS) ☐ 동서양의 의약 교류(醫藥)와 영향 관계 ☐ 「동의보감의 가치」
☐ 윤리적인 쟁점 ☐ 연구 윤리 ☐ 생명 윤리

영역 ## 과학이란 무엇인가?

성취기준

[12과사01-02]	연역 추론과 귀납 추론의 차이점을 이해하고, 베이컨의 귀납주의와 그 한계를 설명할 수 있다.
[12과사01-05]	과학의 역사적 발전을 이해하는 방법으로 내적 접근과 외적 접근의 차이와 이들의 상호 보완성을 설명할 수 있다.

탐구주제

11.과학사 — 과학이란 무엇인가?

① IBM에서 만든 인공지능 왓슨은 암 진단 확률 96%를 기록하였다. 다량의 데이터에 기반해 유사성을 기반으로 질병을 분류하며, 진단, 치료법 제시 및 질병 예고 등에 사용이 가능하다. AI 및 빅데이터에 의한 귀납적 추론을 실제 의료에 적용한 사례를 찾아보고 토의해 보자.

관련학과

의예과, 치의예과, 한의예과, 약학과, 한약학과, 수의예과, 간호학과, 보건관리학과, 물리치료학과, 미술치료학과, 언어치료학과, 스포츠의학과, 스포츠재활학과, 운동재활복지학과, 운동처방학과, 의료복지공학과, 작업치료학과, 재활학과, 재활공학과, 응급구조학과, 방사선학과, 안경광학과, 임상병리학과, 치위생학과, 치기공학과, 건강관리학과, 스포츠건강관리학과

---

② 외상 후 스트레스 장애는 정신의학에서 말하는 불안장애의 일종이다. 이는 주로 일상생활에서 경험하기 힘든 특수한 상황인 전쟁·천재지변·물리적 폭행·교통사고 등으로 인해 받은 강한 정신적 충격이 스트레스 호르몬을 촉진시켜 뇌에 장애를 일으키면서 발생한다. 외상적인 사건에 노출되었을 때 그 사건을 어떻게 인식하느냐에 따라 외상 후 스트레스 증세로 발전할 수도 있고, 일상생활로 돌아올 수도 있다. 개인적으로 겪을 수 있는 외상 후 스트레스 증세와 대중이 함께 겪을 수 있는 외상 후 스트레스 증세의 사례를 조사하고, 대처방안에 대해 토의해 보자.

관련학과

의예과, 치의예과, 한의예과, 약학과, 한약학과, 수의예과, 간호학과, 보건관리학과, 물리치료학과, 미술치료학과, 언어치료학과, 작업치료학과, 재활학과, 건강관리학과

서양 과학사

[12과사02-01]	이집트와 메소포타미아를 중심으로 전개되었던 과학의 특징을 알고, 과학의 형성에 영향을 미친 사회, 문화적 요인을 설명할 수 있다.
[12과사02-14]	여러 과학 혁명이 끼친 사회적 영향에 대해서 설명할 수 있다.
[12과사02-15]	신약 개발, 신소재 개발 및 나노 화학, 우주 개발 등과 같은 현대 과학의 발전과 그 의의를 설명할 수 있다.

탐구주제

1 최근 의료계에서 최면요법을 적용하는 사례가 많아지고 있다. 하버드 의대 커쉬 교수 연구팀은 그동안 인지행동요법(CBT)으로 치료를 받고 있던 비만 환자들에게 최면술 치료를 추가 병행하면서 이전보다 훨씬 더 많은 체중을 감량할 수 있다는 사실을 발견했다. 고대 이집트에는 각지에 '잠의 사원'이라고 불리는 최면요법 진료소가 건설되어 주로 치료 목적의 최면이 행해졌다고 한다. 최면요법이 과학적으로 치료에 도움이 되는지를 실험한 연구를 조사하여 발표해 보자.

관련학과

의예과, 미술치료학과, 언어치료학과, 재활학과, 건강관리학과

2 책 「질병이 바꾼 세계의 역사」의 부제는 '인류를 위협한 전염병과 최고 권력자들의 질병에 대한 기록'이다. 질병은 수많은 사람들의 생명을 위협하여 역사에 영향을 미쳤는데, 그중에서도 역사적으로 중요한 의미를 가지는 인물들의 건강과 목숨을 앗아감으로써 역사의 흐름을 바꾸기도 했다. 흑사병, 콜레라, 천연두 등 시대를 전환하게 만든 질병을 조사하고, 그 질병이 역사의 흐름에 끼친 영향을 탐구하여 발표해 보자.

관련학과

의예과, 치의예과, 한의예과, 약학과, 한약학과, 수의예과, 간호학과, 보건관리학과, 물리치료학과, 미술치료학과, 언어치료학과, 스포츠의학과, 스포츠재활학과, 운동재활복지학과, 운동처방학과, 의료복지공학과, 작업치료학과, 재활학과, 재활공학과, 응급구조학과, 방사선학과, 안경광학과, 임상병리학과, 치위생학과, 치기공학과, 건강관리학과, 스포츠건강관리학과

3 제약 산업에서는 신약 개발 못지않게 약물전달시스템(DDS)의 개발이 중요시되고 있다. 약물전달시스템 기술은 필요한 양의 약물을 원하는 표적에 효율적으로 전달하고 부작용을 최소화할 수 있는 제형을 설계하여 약물치료를 최적화하는 기술을 말한다. 약물전달시스템의 역사를 조사하고, 현재 개발현황과 앞으로의 전망을 발표해 보자.

관련학과

의예과, 치의예과, 한의예과, 약학과, 한약학과, 수의예과, 간호학과, 보건관리학과, 물리치료학과, 미술치료학과, 언어치료학과, 스포츠의학과, 스포츠재활학과, 운동재활복지학과, 운동처방학과, 의료복지공학과, 작업치료학과, 재활학과, 재활공학과, 응급구조학과, 방사선학과, 안경광학과, 임상병리학과, 치위생학과, 치기공학과, 건강관리학과, 스포츠건강관리학과

동양 및 한국 과학사

성취기준

[12과사03-01]	중국을 중심으로 동양 전통 과학의 발전 과정을 이해한다. 특히 자연 세계를 이해하려는 노력을 하늘의 운행과 원리에 대한 연구를 중심으로 설명할 수 있다.
[12과사03-02]	중국, 일본, 한국에서 서양의 근대 과학의 수용 과정을 설명할 수 있다.
[12과사03-03]	인도에서 수학과 과학이 발전할 수 있었던 역사적 배경과 그 과정을 설명할 수 있다.
[12과사03-05]	삼국 시대부터 조선 시대에 이르기까지 한국에서의 과학과 기술이 발전하는 과정을 이해하고 우리 과학의 독창성과 우수성에 대해 설명할 수 있다.

탐구주제

(1) 의사학의 관점에서 보면 실크로드는 전염병의 전파 경로이기도 했고, 동서양의 의학 서적과 의술의 교류 통로이기도 했다. 고대 인도 언어로 되어있던 불경이 한문으로 번역되는 과정에서 인도 의학도 함께 중국에 전파됐다. 한반도는 어떤가. 고구려 의학은 중국 한의학과 함께 당시 중국에 건너온 인도 의학의 영향을 함께 받아들였다. 도서 「의학의 세계사」 중에서 '7장 아시아와 유럽의 의약(醫藥)의 교류'를 읽고, 동서양의 의약 교류(醫藥)와 영향 관계를 탐구하여 발표해 보자.

관련학과

의예과, 치의예과, 한의예과, 약학과, 한약학과, 수의예과, 간호학과, 보건관리학과, 물리치료학과, 미술치료학과, 언어치료학과, 스포츠의학과, 스포츠재활학과, 운동재활복지학과, 운동처방학과, 의료복지공학과, 작업치료학과, 재활학과, 재활공학과, 응급구조학과, 방사선학과, 안경광학과, 임상병리학과, 치위생학과, 치기공학과, 건강관리학과, 스포츠건강관리학과

(2) '동의보감'이라는 말은 '동양 의학의 이론과 실제'를 뜻하며, 1613년 우리나라에서 편찬된 의학지식과 치료법에 관한 백과사전적 의서이다. KBS 스페셜 '한국의 과학과 문명 위대한 유산 2부 세계가 탐낸 조선의 의학 동의보감'을 시청하고, 유네스코 세계기록유산에 등재된 동의보감이 가진 장점과 가치를 조사하여 '현대의학은 왜 동의보감에 놀라는가?'에 대해 토의해 보자.

관련학과

의예과, 치의예과, 한의예과, 약학과, 한약학과, 수의예과, 간호학과, 보건관리학과, 물리치료학과, 미술치료학과, 언어치료학과, 스포츠의학과, 스포츠재활학과, 운동재활복지학과, 운동처방학과, 의료복지공학과, 작업치료학과, 재활학과, 재활공학과, 응급구조학과, 방사선학과, 안경광학과, 임상병리학과, 치위생학과, 치기공학과, 건강관리학과, 스포츠건강관리학과

과학과 현대 사회

성취기준

[12과사04-02] 최근의 과학기술의 발전에 따른 윤리적인 쟁점 사례를 이용하여 과학자로서 갖추어야 할 연구 윤리, 생명 윤리 등에 대하여 토의할 수 있다.

탐구주제

11.과학사 — 과학과 현대 사회

① 책 『완벽에 대한 반론』의 부제는 '생명공학 시대, 인간의 욕망과 생명윤리'이다. 저자 마이클 샌델 교수는 생명공학 기술의 발전이 밝은 전망과 어두운 우려를 동시에 안겨준다고 말한다. 밝은 전망은 인간을 괴롭히는 다양한 질병의 치료와 예방의 길을 열어준다는 것이고, 어두운 우려는 우리의 유전적 특성을 마음대로 조작할 수 있을지도 모른다는 것이다. 이 책을 읽고 생명공학에서 파생되는 윤리적인 쟁점들을 분석하여, 의과학자들이 생명에 대해 갖춰야 할 올바른 연구 윤리, 생명 윤리 등에 대해 토의해 보자.

관련학과

의예과, 치의예과, 한의예과, 약학과, 한약학과, 수의예과, 간호학과, 보건관리학과, 물리치료학과, 미술치료학과, 언어치료학과, 스포츠의학과, 스포츠재활학과, 운동재활복지학과, 운동처방학과, 의료복지공학과, 작업치료학과, 재활학과, 재활공학과, 응급구조학과, 방사선학과, 안경광학과, 임상병리학과, 치위생학과, 치기공학과, 건강관리학과, 스포츠건강관리학과

활용 자료의 유의점

- ⓘ 과학자들의 일화를 활용
- ⓘ 주요한 과학 개념이 형성되는 과정을 과학 철학적 맥락에서 이해하도록 많은 과학사 사례를 활용
- ⓘ 과학사, 과학 철학, 과학과 기술, 과학과 사회 등 다양한 주제의 서적을 활용
- ⓘ 과학사와 관련된 다큐멘터리, 동영상 등 시청각 자료를 활용

💬 **MEMO**

생활과 과학

☐ 백신 ☐ 전염병 ☐ 마이크로바이옴(microbiome) ☐ 감염성 질병의 예방과 치료 ☐ 팬데믹
☐ 응급처치 ☐ 운동 ☐ 신체건강 ☐ 정신건강 ☐ 예술 치료 ☐ 다각적 치료기법

영역 **건강한 생활**

성취기준

| [12생활01-01] | 질병, 의약품, 위생, 예방 접종, 진단, 치료 등과 관련된 과학 원리를 조사하고 설명할 수 있다. |
| [12생활01-02] | 인류 문명사에 있어서 과학이 인류 건강 및 수명 연장에 영향을 준 대표적인 몇몇 사례를 조사하고 토론할 수 있다. |

탐구주제

12.생활과 과학 ― 건강한 생활

① 백신은 감염증의 예방으로 사람이나 동물을 자동적으로 면역하기 위하여 쓰이는 항원(抗原)으로서 프랑스의 미생물학자 L.파스퇴르에 의하여 제창된 용어이다. 국내에서 백신 접종은 종두법이라는 이름으로 지석영에 의해 처음 소개되었다. 또한 오래전부터 국가에서는 치명적인 질병을 일으키는 경우를 법정전염병으로 정해 예방접종을 실시하고 있다. 백신과 치료제의 차이점을 조사하여 발표해 보자. 또한 백신의 부작용과 대처방안을 조사하여 발표해 보자.

관련학과
의예과, 치의예과, 한의예과, 약학과, 한약학과, 수의예과, 간호학과, 임상병리학과, 건강관리학과

② 우리 몸에는 마이크로바이옴(microbiome)으로 불리는 수많은 미생물이 공존한다. 이중 장내 미생물이 인간의 정신과 건강을 좌우한다는 주장이 나오면서 전문가들은 '마이크로바이옴 시대'가 왔다고 입을 모은다. 특히 JP모건 헬스케어 컨퍼런스에서 빌 게이츠가 "세계를 바꾸게 될 세 가지는 마이크로바이옴, 치매 치료제와 면역항암제"라고 말하면서 이 세 분야가 더욱 부각되었다. 마이크로바이옴이 무엇인지와 그 개발 현황을 조사하여 발표해 보자.

관련학과
의예과, 치의예과, 한의예과, 약학과, 한약학과, 수의예과, 간호학과, 임상병리학과, 건강관리학과

③ 감염성 질병 중 전 세계적 팬데믹을 가지고 온 사스, 신종플루, 메르스, 코로나19는 비말감염이라는 공통점이 있다. 이

탐구주제

질병은 불완전 생명체로 제거하기가 어려운 바이러스에 의한 질병이기 때문에 예방과 위생이 무엇보다 중요하다. 감염성 질병의 예방과 치료를 위한 개인, 사회, 국가적 차원의 대처방안을 탐구하여 발표해 보자.

관련학과

의예과, 치의예과, 한의예과, 약학과, 한약학과, 수의예과, 간호학과, 임상병리학과, 건강관리학과

영역 | 편리한 생활

성취기준

[12생활03-08]   교통사고의 유형 및 비율을 조사하고, 교통사고를 줄일 수 있는 방안 및 전략을 만들어 토론할 수 있다.

탐구주제

① 전혀 생각지도 못한 장소나 때에 발생한 외상에 대해서 응급적으로 간단하게 치료하는 것을 응급처치라고 한다. 화재, 지진, 붕괴 등 안전사고나 교통사고, 또는 간질, 혈압, 당뇨와 같은 지병으로 응급상황이 발생하였을 때 제대로 대처하는 법을 알아둬야 증상 악화를 막고 빨리 나을 수 있다. 응급처치 시 확인해야 할 사항을 조사하고, 각각의 응급상황에 맞게 올바르게 대처하는 방법을 파악하여 발표해 보자.

관련학과

의예과, 치의예과, 한의예과, 수의예과, 간호학과, 물리치료학과, 작업치료학과, 재활학과, 재활공학과

영역 | 문화생활

성취기준

[12생활04-01]   스포츠, 음악, 미술, 사진, 문학 등에 관련된 과학적 원리 및 개념을 조사하고 설명할 수 있다.

[12생활04-08]   문화생활이 인간의 정신 건강과 육체 건강에 미치는 영향을 조사 분석하고 설명할 수 있다.

탐구주제

(1) 신체적인 건강을 비롯하여 정신적, 사회적으로 건강한 인격체 완성을 위한 문화생활의 대표적인 것이 운동이다. 운동이 신체 건강뿐만 아니라 정신 건강에 미치는 영향에 대해 조사하여 발표해 보자. 또한 자신의 실천가능한 운동 계획서를 작성하여 발표해 보자.

관련학과
보건관리학과, 스포츠의학과, 스포츠재활학과, 운동재활복지학과, 운동처방학과, 건강관리학과, 스포츠건강관리학과

(2) 예술 치료(Arts therapy)는 다양한 분야의 예술과 현대 의학, 심리 치료 이론, 상담 이론이 통합된 다각적인 치료기법이다. 창조적인 예술 활동을 통해 내담자의 감정이나 내면세계를 자발적으로 표현하게 하고, 사고나 감정, 행동의 제한점을 개선 및 유지시키는 것에 활용되고 있다. 예술을 통해 인간의 건강을 관리하고 치유하는 분야에 대해 조사하여 발표해 보자.

관련학과
미술치료학과, 언어치료학과, 작업치료학과, 건강관리학과

활용 자료의 유의점

⚠ 과학 글쓰기와 토론 시 과학 및 과학 관련 사회적 쟁점을 활용
⚠ 과학 이론이 첨단 과학기술이나 일상생활에 적용된 사례와 과학자 이야기, 과학사, 시사성 있는 과학 내용 등을 활용
⚠ 과학의 본성과 관련된 내용에 대한 소재를 적절히 활용
⚠ 모형이나 시청각 자료, 소프트웨어, 컴퓨터나 스마트 기기, 인터넷 등 최신 정보통신기술과 기기 등을 적절히 활용
⚠ 학습 내용과 관련된 첨단 과학기술을 다양한 형태의 자료 활용

💬 **MEMO**

과학과

13

융합과학

핵심키워드

☐ 항공우주의학 ☐ 의학지질학 ☐ 기초의학 ☐ 눈의 시세포 ☐ 색각 장애 ☐ 생분해성 플라스틱
☐ 바이오매스 플라스틱 ☐ 점토광물 ☐ 박테리아 ☐ 바이러스 ☐ 천연 의약품 ☐ 합성 의약품
☐ 유전자가위 기술 ☐ ATP ☐ 비만의 원인과 예방책

영역 ## 우주의 기원과 진화

성취기준

[12융과01-01]	허블 법칙을 통하여 우주의 팽창을 설명하고 우주의 나이를 구할 수 있다.
[12융과01-05]	은하의 크기, 구조, 별의 개수 등이 다양하고, 은하와 은하 사이의 공간 등이 우주의 전체 구조를 이루고 있음을 우주 거대 구조를 관측한 결과를 활용하여 설명할 수 있다.

탐구주제

13. 융합과학 ─ 우주의 기원과 진화

① 우주 공간과 고공에서 활동하고 있는 사람들의 심신의 안녕, 건강, 안전, 능률을 유지하고 증진시키기 위한 학문을 항공우주의학이라고 한다. 우주 환경에서는 산소혼합, 기압, 소음 등 지상에서는 경험하지 못한 환경에 접하게 되므로 이에 대한 이해가 필요하다. 우주경쟁 시대의 학문적 초석이 되어 줄 항공우주의학은 우리나라에서는 아직 생소하며 전문·연구인력조차 그리 많지 않은 실정이다. 항공우주의학의 중요성과 필요성에 대해 발표해 보자. 그리고 한국의 항공우주의학 역사를 조사하여 발표해 보자.

관련학과

의예과, 치의예과, 한의예과, 약학과, 한약학과, 수의예과, 간호학과, 보건관리학과, 물리치료학과, 미술치료학과, 언어치료학과, 스포츠의학과, 스포츠재활학과, 운동재활복지학과, 운동처방학과, 의료복지공학과, 작업치료학과, 재활학과, 재활공학과, 응급구조학과, 방사선학과, 안경광학과, 임상병리학과, 치위생학과, 치기공학과, 건강관리학과, 스포츠건강관리학과

태양계와 지구

성취기준

[12융과02-07] 지구의 자기장과 이온층의 형성 원인을 지구의 내부 물질과 지구의 자전과 관련지어 설명할 수 있다.

탐구주제

13.융합과학 ― 태양계와 지구

1. 의학지질학이란 지구과학적인 요소와 사람 및 동물이 고통받는 질병 간의 상관관계를 다루는 학문이다. 지구 환경 요인이 질병의 발생과 공간적·지리적 분포에 따른 이동에 미치는 영향을 분석한다. 조류 독감이 전파되는 경로를 추적하거나 태풍이 질병의 분포와 이동에 어떤 작용을 하고 있는지는 의학지질학과 같은 종합학문이 아니면 조명하기 어렵다. 의학과 지구과학, 생명과학과의 연관성을 탐색하여 발표해 보자. 또한 의학지질학 분야의 중요성 및 앞으로의 발전 전망에 대하여 토의해 보자.

관련학과

의예과, 치의예과, 한의예과, 약학과, 한약학과, 수의예과, 간호학과, 보건관리학과, 치위생학과, 치기공학과, 건강관리과

생명의 진화

성취기준

[12융과03-05] 지구의 모든 생명체가 염색체, 유전자, DNA의 개념을 바탕으로 동일한 유전 암호를 사용하는 것에 근거하여 생명의 연속성을 설명할 수 있다.

[12융과03-06] 대립 유전자 쌍이 생식 세포 분열과 수정을 거쳐 복제, 분배, 조합을 이룸으로써 유전 현상이 나타남을 사례를 들어 설명할 수 있다.

[12융과03-07] 유전과 진화의 과정을 유전자의 전달과 변화로 설명할 수 있다.

탐구주제

13.융합과학 ― 생명의 진화

1. 인체의 기본적인 생명현상의 본질과 원리를 이해하고 밝히는 종합적인 학문으로, 의학의 기초가 되는 학문 분야를 기초의학이라 한다. 기초의학을 바탕으로 사람 몸에 생기는 각종 질병의 발생 원인을 규명하고 진단하며 치료 방법을 찾고 환자에게 적용할 수 있다. 기초의학자가 되기 위한 자질과 역할에 대해 조사하고, 임상의학자와의 비교를 통해 기초의학의 중요성을 발표해 보자.

관련학과

의예과, 치의예과, 한의예과, 약학과, 한약학과, 수의예과, 간호학과, 보건관리학과, 물리치료학과, 미술치료학과, 언어치료학과, 스포츠의학과, 스포츠재활학과, 운동재활복지학과, 운동처방학과, 의료복지공학과, 작업치료학과, 재활학과, 재활공학과, 응급구조학과, 방사선학과, 안경광학과, 임상병리학과, 치위생학과, 치기공학과, 건강관리학과, 스포츠건강관리학과

정보통신과 신소재

성취기준

[12융과04-04]	눈에서 색을 인식하는 세포의 특성과 빛의 3원색 사이의 관계를 바탕으로, LCD 등 영상표현 장치와 디지털 카메라 등 영상 저장 장치의 원리와 구조를 과학적으로 설명할 수 있다.
[12융과04-07]	고분자 물질의 구조와 이에 따른 특성을 이해하고, 고분자 물질의 특성을 활용한 합성섬유, 합성수지, 나노 물질 등 다양한 첨단 소재를 조사하여 발표할 수 있다.
[12융과04-08]	중요한 광물 자원의 생성 과정과 유형, 분포와 탐사 방법을 설명할 수 있고, 광물 자원이 활용되는 사례를 조사하여 발표할 수 있다.

탐구주제

13.융합과학 — 정보통신과 신소재

(1) 눈의 시세포는 망막에 존재하며, 빛의 자극을 받아들이는 눈의 감각 세포를 의미한다. 시세포는 그 형상과 역할에 따라 원추세포와 간상세포가 있다. 선천적이나 후천적으로 원추세포에 이상이 생기면 색상을 정확히 인지 못하는 색각 장애를 겪는다. 색각 장애의 증상과 원인 및 적응법을 탐색하여 보고서를 작성해 보자.

관련학과

의예과, 치의예과, 한의예과, 약학과, 한약학과, 수의예과, 간호학과, 임상병리학과, 건강관리학과

(2) 근래 의료용 및 보건용품에 플라스틱 부품의 수요가 빠르게 증가하고 있다. 바이오 플라스틱, 이른바 친환경이라 불리는 플라스틱이 있는데 생분해성 플라스틱과 바이오매스 플라스틱이 여기에 해당한다. 이 두 플라스틱의 차이점을 조사하여 발표해 보자. 또한 고분자 생분해성 물질인 바이오매스 플라스틱이 의학계에 가지고 온 성과들을 조사하여 발표해 보자.

관련학과

의예과, 치의예과, 한의예과, 약학과, 한약학과, 수의예과, 간호학과, 임상병리학과, 안경광학과, 치위생학과, 치기공학과, 건강관리학과

(3) 점토는 입자 크기가 4㎛ 이하인 암석·광물의 파편을 말하는데 점토광물은 이러한 점토가 모여 단단하게 굳어진 물질이다. 현재 전 세계적으로 점토광물을 정제해 의약품·화장품에 활용하려는 시장이 성장하는 추세다. 약학 분야에서 점토광물은 원료의약품으로 활용하거나 의약품 제형의 완성도를 높이는 첨가제로서 사용되고 있다. 점토광물의 특성과 원료의약품 또는 의약품 첨가제로써 활용된 사례를 조사하여 발표해 보자. 또한 자원의 개발 및 활용이라는 측면에서 점토광물이 갖는 가치를 토의해 보자.

관련학과

의예과, 치의예과, 한의예과, 약학과, 한약학과, 수의예과, 간호학과, 임상병리학과, 안경광학과, 치위생학과, 치기공학과, 건강관리학과

인류의 건강과 과학기술

성취기준

[12융과05-04]	병원체로 작용하는 박테리아와 바이러스의 특징을 이해하고, 이들의 확산을 방지하기 위해 개발된 백신과 면역 과정에 대해 설명할 수 있다.
[12융과05-06]	생태계와 생물 다양성의 가치를 천연 의약품과 관련지어 설명하고, 아스피린 등 합성 의약품의 중요성에 대해 토의할 수 있다.
[12융과05-07]	암의 발생은 유전적·환경적 요인과 관련됨을 알고, DNA 염기 서열과 단백질의 상세 구조에 대한 지식을 바탕으로 개발된 신약이 암의 진단과 치료에 활용되는 사례를 설명할 수 있다.

탐구주제

13.융합과학 ― 인류의 건강과 과학기술

(1) 바이러스는 항상 우리 생활 옆에 존재하고 있으며, 발생 시 심각한 인적 물적 피해가 발생한다. 현재도 코로나19로 인해 팬데믹(세계적 대유행) 상황이 선언된 상황이다.과거 바이러스에 의해 발생한 전염병 유형을 조사해 보고, 코로나19와의 공통점과 차이점을 분석하여 발표해 보자. 또한 코로나19의 확산을 방지하기 위해 개발된 백신과 면역 과정에 대해 발표해 보자.

관련학과
의예과, 치의예과, 한의예과, 약학과, 한약학과, 수의예과, 간호학과, 임상병리학과, 건강관리학과

(2) 천연 의약품은 자연에서 얻은 식물이나 동물, 광물의 특정 성분을 그대로 사용하거나 간단한 가공을 거쳐 질병의 치료에 이용하는 것을 말한다. 생활 주변에서 약리 효능이 있는 생물자원과 천연 의약품의 문제점을 조사하여 발표해 보자. 또한 아스피린은 최초의 합성 의약품으로 세계적으로 많이 이용되는 해열 진통제이다. 합성 의약품으로서의 아스피린 개발 과정을 조사하여 발표해 보자.

관련학과
의예과, 치의예과, 한의예과, 약학과, 한약학과, 수의예과, 간호학과, 보건관리학과, 물리치료학과, 미술치료학과, 언어치료학과, 스포츠의학과, 스포츠재활학과, 운동재활복지학과, 운동처방학과, 의료복지공학과, 작업치료학과, 재활학과, 재활공학과, 응급구조학과, 방사선학과, 안경광학과, 임상병리학과, 치위생학과, 치기공학과, 건강관리학과, 스포츠건강관리학과

(3) 책「DNA 혁명, 크리스퍼 유전자가위」는 유전자가위의 지금까지의 연구 성과, 여러 사례와 적용 가능성 등을 통찰하고, 과학과 인간 생명이 어떻게 공존할 수 있는가에 대한 논의점을 제공하고 있다. 세포 유전자를 편집해 기능을 원하는 대로 교정할 수 있는 유전자가위 기술은 이제 인간의 암을 정복하는 데도 쓰이고 있다. 크리스퍼 유전자가위를 활용하여 암을 치료한 사례를 분석하여 발표해 보자. 또한 유전자가위 기술의 발전 방향에 대해서 토의해 보자.

관련학과
의예과, 치의예과, 한의예과, 약학과, 한약학과, 수의예과, 간호학과, 보건관리학과, 물리치료학과, 미술치료학과, 언어치료학과, 스포츠의학과, 스포츠재활학과, 운동재활복지학과, 운동처방학과, 의료복지공학과, 작업치료학과, 재활학과, 재활공학과, 응급구조학과, 방사선학과, 안경광학과, 임상병리학과, 치위생학과, 치기공학과, 건강관리학과, 스포츠건강관리학과

에너지와 환경

성취기준

[12융과06-01] 에너지는 다양한 형태로 존재하고, 자연이나 일상생활에서 에너지가 다른 형태로 전환되는 과정에서 에너지가 보존됨을 예를 들어 설명할 수 있다.

탐구주제

13. 융합과학 — 에너지와 환경

① 세포, 조직, 기관, 계통으로 구조화된 인체에서 사용하는 에너지를 'ATP'라고 한다. ATP는 우리가 먹는 음식물 속 탄수화물, 지방, 단백질이 소화를 통해 체내 흡수되고 에너지가 필요한 세포로 전달되는 대사 과정을 통해 만들어진다. 우리가 음식을 먹어야 하는 이유는 몸의 에너지를 생산하기 위해서다. 그런데 비만은 몸 안으로 들어오는 영양소와 비교하여 에너지 소비가 지속적으로 적을 경우 여분의 에너지가 체지방의 형태로 축적되어 발생하는 것이다. 영양소가 ATP로 변하는 과정을 조사하여 발표해 보자. 그리고 비만의 원인과 예방책을 조사하여 발표해 보자.

관련학과

의예과, 치의예과, 한의예과, 약학과, 한약학과, 수의예과, 간호학과, 임상병리학과, 안경광학과, 치위생학과, 치기공학과, 건강관리학과

활용 자료의 유의점

- ⚠ 과학 글쓰기와 토론 시 과학 및 과학 관련 사회적 쟁점을 활용
- ⚠ 과학 이론이 첨단 과학기술이나 일상생활에 적용된 사례와 과학자 이야기, 과학사, 시사성 있는 과학 내용 등을 활용
- ⚠ 과학의 본성과 관련된 내용에 대한 소재를 적절히 활용
- ⚠ 모형이나 시청각 자료, 소프트웨어, 컴퓨터나 스마트 기기, 인터넷 등 최신 정보통신기술과 기기 등을 적절히 활용
- ⚠ 학습 내용과 관련된 첨단 과학기술을 다양한 형태의 자료로 제시

💬 **MEMO**

MEMO

영어과 교과과정

영어과

1

영어

핵심키워드

☐ 주사기 재사용 ☐ 비행기 안 재채기 ☐ 팬데믹 ☐ 운동 ☐ Scientific American ☐ 의사 리원량
☐ 의사로서의 책임감 ☐ 후쿠시마 원전사고 ☐ 방사능 유출 ☐ 태움문화 ☐ 음식과 건강 ☐ Susan Sontag
☐ AIDS ☐ 유방암

듣기

성취기준

[10영01-02] 친숙한 일반적 주제에 관한 말이나 대화를 듣고 주제 및 요지를 파악할 수 있다.

▶ 주어진 내용에 드러난 주제나 요지를 선택하는 활동이나 화자의 주장이나 의견을 파악하는 활동 등을
할 수 있으며, 요약하여 말하거나 쓰는 활동과 연계하여 의사소통능력을 향상시키도록 한다.

10영01-04] 친숙한 일반적 주제에 관한 말이나 대화를 듣고 화자의 의도나 말의 목적을 파악할 수 있다.

▶ 전화의 메시지를 듣고 전화한 목적을 간단히 쓰거나, 연설문을 듣고 연설자의 의도를 기록하는 활동을
통하여 상황에 적절한 의사소통을 할 수 있도록 한다.

탐구주제

1.영어 — 듣기

① Marc Koska의 TED 강의 '1.3 million reasons to re-invent the syringe'를 시청해 보자. 이 강연에서 강연자는 1회용
주사기의 재사용과 관련된 문제점을 이야기하고 있다. 강연에서 말하는 인도, 스리랑카, 중국, 인도네시아에서 발생하
는 주사기 재사용에 관련된 문제점이 무엇인지 조사해 보자. 강연자가 고안한 새로운 주사기의 원리를 듣고, 다시 영
어로 설명해 보자. 우리나라에서도 주사기 재사용과 관련된 사고가 있었는지 조사해 보고, 이 주사기 도입이 필요한
지를 영어로 이야기해 보자.

관련학과
의예과, 치의예과, 간호학과, 보건관리학과, 건강관리학과

탐구주제

2 Raymond Wang의 TED 강의 'How germs travel on planes? and how we can stop them'을 시청해 보자. 17살의 이 강연자는 비행기 좌석에서 승객이 재채기를 할 경우, 그 재채기 입자가 얼마나 멀리 퍼져나가는지를 설명하고 있다. 비행기 안의 공기정화 장치를 통해 승객의 재채기가 얼마나 빠르게 멀리 퍼져 나가는 지를 조사해 보자. 강연자가 고안한 'Fin-shaped device'가 어떻게 재채기를 퍼져 나가지 못하게 하는지, 그 원리를 파악하여 영어로 설명해 보자. 지금 현재의 팬데믹 상황과 연관지어 이 장치의 의의(가치)에 대해 영어로 이야기해 보자.

관련학과

의예과, 보건관리학과, 건강관리학과, 스포츠건강관리학과

영역 말하기

성취기준

[10영02-01]	일상생활이나 친숙한 일반적 주제에 관하여 듣거나 읽고 세부 정보를 설명할 수 있다.
[10영02-02]	일상생활이나 친숙한 일반적 주제에 관하여 듣거나 읽고 중심 내용을 말할 수 있다.
[10영02-03]	일상생활이나 친숙한 일반적 주제에 관해 자신의 의견이나 감정을 표현할 수 있다.

▶ 찬반 의견이 있는 주제에 대해 서로의 의견이나 감정을 주고받는 짝 활동, 학습자 수준에 맞는 흥미 있는 주제를 정하여 모둠별로 토론하거나 발표하는 활동을 통하여 의사소통능력을 향상시키도록 한다.

탐구주제

1 Scientific American에서 '아픈 동안 운동을 해야 할까요?'라는 기사를 읽어보고, 중심 내용과 세부 정보를 파악하여 영어로 발표해 보자. 그리고 이 질문에 대한 자신의 주장을 타당한 근거를 들어 발표해 보자.

관련학과

의예과, 보건관리학과, 스포츠의학과, 스포츠재활학과, 운동재활복지학과, 운동처방학과, 건강관리학과, 스포츠건강관리학과

---

2 우한의 바이러스에 대해 경고하고 코로나19에 걸려 사망한 의사 리원량에 관한 BBC 기사 'LiWenliang: Coronavirus Kills Chinese Whistleblower Doctor'를 읽어 보자. 이 기사를 읽고, 중요내용을 요약하여 영어로 발표해 보자. 리원량은 자신의 유언이자 묘비명을 '그는 세상의 모든 이를 위하여 말을 했습니다'면 충분하다고 했다. 이와 관련하여 의사로서의 책임감에 대한 자신의 생각을 영어로 발표해 보자.

관련학과

의예과, 치의예과, 한의예과, 수의예과, 보건관리학과, 물리치료학과, 스포츠의학과, 스포츠재활학과, 운동재활복지학과, 운동처방학과, 의료복지공학과, 작업치료학과, 재활학과, 재활공학과, 응급구조학과, 방사선학과, 임상병리학과, 치위생학과, 건강관리학과, 스포츠건강관리학과

영역

영역 읽기

성취기준

[10영03-02]   친숙한 일반적 주제에 관한 글을 읽고 주제 및 요지를 파악할 수 있다.

▶ 주제와 관련된 핵심 단어 찾기, 글쓴이의 의견이나 주장 파악하기, 주어진 글의 제목 찾기 등의 활동을 할 수 있으며 제시된 글에서 주어진 단어를 이용하여 요약문을 쓰거나 말하는 활동과 연계하도록 한다.

[10영03-05]   친숙한 일반적 주제에 관한 글을 읽고 필자의 심정이나 태도를 추론할 수 있다.

탐구주제

①   2011년 3월 발생한 후쿠시마 원전사고가 어떻게 수습될지, 얼마나 큰 피해를 일으킬지는 아직 알 수 없다. 하지만 사람들이 진짜로 궁금해하는 것은 원전사고 자체가 아니라 그것이 인체에 미칠 영향이고, 나아가 우리에게 미칠 영향인 것이다. 방사능 유출과 관련된 글을 읽고 필자가 말하고자 하는 중심 내용을 파악하고, 핵심 단어를 활용한 요약문을 작성하여 발표해 보자.

관련학과

의예과, 한의예과, 약학과, 한약학과, 간호학과, 보건관리학과, 방사선학과, 임상병리학과, 건강관리학과

②   2016년 단 4건에 불과하던 국립대병원 내 인권침해 사건은 2019년에는 34건으로 최근 4년 새 850% 급증했다고 한다. 간호사가 간호사를 신고하는 사례도 2016년 1건에서 2019년에는 11건으로 늘어난 것으로 조사됐다. 최근 간호사 조직 내의 부정적 위계질서와 직장 내 괴롭힘을 의미하는 태움문화가 수치로 나타나고 있는 것이다. 태움에 관한 기사 "Nurse committed suicide after being 'burned' by seniors, boyfriend says"를 읽으며 태움문화의 문제점을 알아보고, 이를 방지하고자 하는 의료보건계의 개선방안을 영어로 발표해 보자.

관련학과

의예과, 한의예과, 간호학과

영역 쓰기

성취기준

[10영04-02]   일상생활이나 친숙한 일반적 주제에 관하여 듣거나 읽고 간단하게 요약할 수 있다.

[10영04-03]   일상생활이나 친숙한 일반적 수제에 관해 자신의 의견이나 감정을 쓸 수 있다.

[10영04-05]	간단한 서식, 이메일, 메모 등을 작성할 수 있다.

▶ 일상생활이나 학업 관련하여 서식, 이메일, 메모 등을 필요한 형식에 맞게 체계적으로 정확하게 작성할 수 있다는 의미이다. 다양한 의사소통 상황에서 활용할 수 있는 목적이 있는 글의 구성 형식 및 실용적인 표현을 익힐 수 있는 활동으로 수업을 구성한다.

탐구주제

① 책 「너와 나의 건강수업」은 부제가 '미병(未病)을 다스려야 내 몸이 산다' 이다. 건강을 지키기 위해선 일상 속 의식주에서부터 작은 변화가 중요하다는 세세한 생활 속 지침이 담겨 있다. 이 책을 읽어 보고, 글의 내용을 간략하게 요약해 보자. 그리고 음식과 건강에 대한 자신의 생각을 작성하여 발표해 보자.

관련학과
의예과, 한의예과, 약학과, 한약학과, 보건관리학과, 건강관리학과

② Susan Sontag의 책 「Illness as Metaphor」는 저자가 결핵, 암, 에이즈를 대상으로 질병을 바라보는 시각에 대해 쓴 평론서이다. 작가가 유방암 진단을 받고 2년 뒤 완치 판정을 받을 때까지의 경험과 자신의 친구가 AIDS에 걸린 경험에 대해 이 책을 집필했다. 질병은 질병 자체를 넘어 그것에 내포되어 있는 낙인과 은유로 인해 환자 본인뿐만 아니라 가족들도 고통받게 되는 것을 목격하고, 저자는 "질병은 그저 질병이며, 치료해야 할 그 무엇일 뿐"이라는 메시지를 던진다. 이 책에서 다루는 결핵, 암, 에이즈에 대한 부분을 읽고, 느낀 점을 짧은 영어 에세이로 작성해 보자.

관련학과
의예과, 한의예과, 약학과, 한약학과, 간호학과, 보건관리학과, 운동재활복지학과, 운동처방학과, 의료복지공학과, 재활학과, 임상병리학과, 건강관리학과

활용 자료의 유의점

- ! 다양한 시청각 자료 및 웹 기반 동영상 등 정보통신기술 도구를 활용
- ! 다양한 종류의 실제적인 읽기 자료를 활용
- ! 듣기 평가를 위한 녹음 대본을 만들 때는 대화문을 사용하거나 음성 언어로 된 실제 자료를 활용
- ! 학습자들의 진로 및 관심 분야와 관련된 소재를 활용
- ! 다양한 멀티미디어 자료, 정보통신기술 도구 등을 활용

💬 **MEMO**

핵심키워드

☐ 줄기세포 ☐ 손상된 뇌복구 ☐ 약공급 ☐ 코로나19 ☐ 백신과 치료제 ☐ 디지털 헬스케어 ☐ 디지털 치료제
☐ 반려동물 보유세 ☐ 동물복지기금

영역 **듣기**

성취기준

[12영회01-01] 일반적 주제에 관한 말이나 대화를 듣고 세부 정보를 파악할 수 있다.

▶ 일상생활이나 학업과 관련된 일반적 주제에 관한 말이나 대화를 듣고 말이나 대화의 주제 및 대상에 관한 세부 정보를 이해할 수 있다는 의미이다. 다양한 듣기 전략을 사용하여 그림, 사진, 도표 등 세부 정보를 파악하는 의사소통능력을 향상시키도록 한다.

[12영회01-02] 일반적 주제에 관한 말이나 대화를 듣고 주제 및 요지를 파악할 수 있다.

▶ 말이나 대화의 줄거리, 주제, 요지 등을 파악하여 주어진 상황에서의 기초적인 의사소통능력을 향상시키도록 한다.

탐구주제

2.영어 회화 — 듣기

① Siddharthan Chandran의 TED 강연 'Can the damaged brain repair itself?'를 시청해 보자. 강연자는 특별한 줄기세포를 사용해 손상된 뇌의 복구 속도를 증가시키는 신기술들을 단계별로 보여 준다. 이 동영상을 시청하고, 새로운 정보에 대한 세부 정보를 정리하여 발표해 보자. 또한 새로운 신기술에 대한 자신의 생각도 함께 발표해 보자.

관련학과

의예과, 한의예과, 약학과, 한약학과, 보건관리학과, 건강관리학과, 스포츠재활학과, 운동재활복지학과, 운동처방학과, 의료복지공학과, 재활학과, 재활공학과

탐구주제

(2) 영화 'Health for Sale'은 약 공급을 제약회사에 맡겨 두는 시스템에서 우리는 질병으로부터 자유로울 수 있는가에 대해 의문을 제기하고 있다. 코로나19로 백신과 치료제가 중요해진 현시점에서 우리에게 시사하는 바가 매우 큰 영화이다. 이 영화에서 말하고자 하는 중심 내용과 요지를 파악하고, 자신의 생각을 영어로 발표해 보자.

관련학과

의예과, 한의예과, 약학과, 한약학과, 보건관리학과, 건강관리학과

영역 | 말하기

성취기준

[12영회02-02]	일상생활이나 친숙한 일반적 주제에 관하여 자료를 요약하여 발표할 수 있다.
[12영회02-03]	일상생활이나 친숙한 일반적 주제에 관해 자신의 의견이나 감정을 표현할 수 있다.

탐구주제

(1) 최근 의료계에는 디지털 기술의 발전으로 인한 변화의 쓰나미가 밀려오고 있다. 디지털 기술을 활용해 시간과 장소의 제약 없이 건강관리, 질병 진단, 치료 등을 제공하는 '디지털 헬스케어' 분야가 빠르게 성장하는 추세다. FDA의 'What is Digital Health?'를 읽고 Digital health technologies의 장점과 그 한계를 알아보자. 이러한 디지털 기술을 활용한 건강관리에 대한 자신의 생각을 일상생활과 연관지어 영어로 이야기해 보자.

관련학과

의예과, 치의예과, 한의예과, 약학과, 한약학과, 간호학과, 보건관리학과, 물리치료학과, 스포츠의학과, 스포츠재활학과, 운동재활복지학과, 운동처방학과, 의료복지공학과, 작업치료학과, 재활학과, 재활공학과, 응급구조학과, 건강관리학과, 스포츠건강관리학과

---

(2) 국내 반려동물 인구가 천만 명을 넘어선 가운데 정부가 반려동물을 키우는 가구에 반려동물 보유세를 부과하는 방안을 검토하겠다고 밝혀 찬반양론이 뜨겁다. 2020년 1월 농림축산식품부는 '2020~2024년 동물복지 종합계획'을 통해 "2020년부터 반려동물 보유세 또는 부담금, 동물복지 기금 도입 등을 살펴 지자체 동물보호센터, 전문기관 등의 설치, 운영비로 활용하는 방안을 검토하겠다"고 발표했다. 'Companion Animal Tax'에 관한 기사를 읽고, 이 논제에 대한 찬성과 반대 자료를 조사한 후에 자신의 입장을 결정하여 발표해 보자.

관련학과

수의학과

활용 자료의 유의점

- ⚠ 다양한 시청각 자료 및 웹 기반 동영상 등을 활용
- ⚠ 듣기 평가를 위한 녹음 대본을 만들 때는 대화문을 사용하거나 음성 언어로 된 실제 자료를 활용
- ⚠ 다양한 멀티미디어 자료, 정보통신기술 도구 등을 수업에 활용
- ⚠ 학습자들의 진로 및 관심 분야와 관련된 소재를 활용

3

영어 I

핵심키워드

☐ The Big Bang Theory ☐ 심혈관질환 ☐ 신종 바이러스 ☐ 백신개발 ☐ 블록체인 ☐ 전자 건강기록
☐ 화장품 트러블 ☐ 접촉성 피부염 ☐ 알레르기 ☐ 복제약 ☐ Generic Drug ☐ 면역체계 억제 ☐ 면역반응
☐ 생체시스템 ☐ 고강도 인터벌 트레이닝과 건강

영역 | 듣기

성취기준

[12영 I 01-01] 일반적 주제에 관한 말이나 대화를 듣고 세부 정보를 파악할 수 있다.

▶ 다양한 듣기 전략을 활용하여 구체적인 내용을 파악하는 문제해결능력을 향상시키도록 한다.

[12영 I 01-02] 일반적 주제에 관한 말이나 대화를 듣고 주제 및 요지를 파악할 수 있다.

▶ 전체적인 흐름과 전반적인 내용을 파악하여 의사소통능력을 향상시키도록 한다.

탐구주제

3.영어 I ─ 듣기

(1) 네 명의 괴짜 과학도의 이야기를 그린 코믹 시트콤 'The Big Bang Theory - Sheldon's Diagnosis'을 시청해 보자. 등 장인물들의 대화를 듣고 이 에피소드의 주제와 인상적인 장면을 영어로 이야기해 보자. 새로 알게 된 영어 숙어와 표현들을 정리해 보자. (youtu.be/TjZjPJyMcXE)

관련학과
의예과, 치의예과, 한의예과, 약학과, 한약학과, 간호학과, 스포츠의학과, 스포츠재활학과, 운동재활복지학과, 운동처방학과, 의료복지공학과, 작업치료학과, 재활학과, 재활공학과, 스포츠건강관리학과

(2) Akash Manoj의 TED 강의 'A life-saving device that detects silent heart attacks'를 시청해 보자. 17살 발명가인 강 연자가 직접 발명한 몸에 부착하는 패치 형태로, 생사의 갈림길에 선 환자에게 경고를 보내주는 저렴하지만 비침습적 인 기기에 대해 알아보자. 이 장치가 심혈관질환 치료에 어떠한 영향을 주고 의의를 지니는지 영어로 발표해 보자.

관련학과
의예과, 한의예과, 약학과, 한약학과, 간호학과, 스포츠의학과, 운동처방학과, 의료복지공학과, 작업치료학과, 재활학과, 재활공학과, 스포츠건강관리학과

말하기

[12영 I 02-02]   친숙한 일반적 주제에 관하여 듣거나 읽고 중심 내용을 말할 수 있다.

[12영 I 02-04]   친숙한 일반적 주제에 관한 정보를 묻고 답할 수 있다.

> ▶ 파악한 정보를 전달하고 자신의 의견을 표현하되, 추가적인 정보를 얻기 위해 질문하기, 요청하기 등과 같은 의사소통 전략을 이용하여 표현할 수 있는 다양한 활동을 제시하여 의사소통능력을 향상시키도록 한다.

[12영 I 02-05]   친숙한 일반적 주제에 관해 그림, 도표, 도식 등을 활용하여 의사소통할 수 있다.

탐구주제

3.영어 I — 말하기

① 영화 'Contagion(컨테이전)'은 새로운 신종 바이러스가 발생하였을 때 백신이 개발되기까지 일어날 수 있는 다양한 사건들을 다루고 있다. 이 영화를 시청하고 등장인물의 입장에서 생각해 보자. 자신이 질병통제센터의 관리자, 세계보건기구의 감염병 담당자, 개발된 백신을 어떤 방법으로 접종할 것인가를 결정하는 정부 관리자 중에서 하나의 입장을 선정하고, 그 인물이 되어 자신의 역할을 영어로 이야기해 보자.

관련학과

의예과, 치의예과, 한의예과, 약학과, 한약학과, 수의예과, 보건관리학과, 물리치료학과, 미술치료학과, 언어치료학과, 스포츠의학과, 스포츠재활학과, 운동재활복지학과, 운동처방학과, 의료복지공학과, 작업치료학과, 재활학과, 재활공학과, 응급구조학과, 방사선학과, 안경광학과, 임상병리학과, 치위생학과, 치기공학과, 건강관리학과, 스포츠건강관리학과

② 블록체인은 의료계에 변화를 예고하고 있다. 전문가들은 블록체인 기술을 유용하게 쓸 수 있는 분야로 임상 시험, 개인의료기록(PHR), 의료데이터 공유, 전자건강기록(EHR), 의약품 유통 및 서비스, 전자의료문서 공증, 의료수가 검증 및 지불서비스 등을 꼽았다. 블록체인과 관련된 글을 읽고, 블록체인이 지닌 특징을 조사해 보자. 그리고 블록체인이 의료보건 분야에서 현재 어떻게 활용되고 있는지, 앞으로 어떻게 활용될 수 있는지를 조사하고 영어로 발표해 보자.

관련학과

의예과, 한의예과, 약학과, 한약학과, 보건관리학과, 응급구조학과, 임상병리학과, 건강관리학과

읽기

[12영 I 03-01]   일반적 주제에 관한 글을 읽고 세부 정보를 파악할 수 있다.

> ▶ 일상생활이나 학업과 관련된 일반적인 주제에 관한 글을 읽고 필요한 정보를 이해할 수 있다는 의미이다. 다양한 읽기 전략을 활용하여 구체적인 내용을 파악하는 학습 활동을 통해 의사소통능력을 향상시키도록 한다.

▶ 전체적인 흐름과 전반적인 내용을 파악하는 학습 활동을 통해 의사소통능력을 향상시키도록 한다.

탐구주제

3.영어 I — 읽기

① 대부분의 화장품 트러블은 피부 자극에 의한 일시적인 접촉성 피부염으로 접촉을 피하는 것만으로도 증상이 사라진다. 하지만 알레르기는 특정 물질에 대해 항체를 만들어 내는 면역반응으로, 표시되는 성분에 알레르기가 있는 사람에게만 유발된다. 2020년 1월 1일부터 화장품에 사용된 향료 구성 성분 중, 식약처가 정한 알레르기 유발 성분 25종은 해당 성분명을 표시하도록 개정되었다. 알레르기 유발 성분 25종을 조사하고, 그에 따른 증상과 치료 방법을 탐구해 보자.

관련학과
의예과, 한의예과, 약학과, 한약학과, 보건관리학과, 건강관리학과

② Generic drug이란 복제약으로 이미 출시된 약을 그대로 만들어낸 의약품을 말한다. Harvard Health Publishing의 기사 'Do generic drugs compromise on quality?'를 읽어 보자. 이 기사는 Generic drug에 대한 새로운 연구를 소개하고, 'Generic drug이 브랜드 제약회사의 제품과 정말로 같은가?'에 관한 내용을 다루고 있다. 이 기사를 읽고 Generic drug에 대한 자신의 입장을 정리하여 영어로 발표해 보자.

관련학과
의예과, 한의예과, 약학과, 한약학과, 보건관리학과, 건강관리학과

영역　쓰기

성취기준

[12영 I 04-01]　　친숙한 일반적 주제에 관하여 듣거나 읽고 세부 정보를 기록할 수 있다.

[12영 I 04-02]　　친숙한 일반적 주제에 관하여 듣거나 읽고 간단하게 요약할 수 있다.

[12영 I 03-05]　　서식, 이메일, 메모 등을 작성할 수 있다.

탐구주제

3.영어 I — 쓰기

① 면역체계란 감염이나 질병으로부터 신체를 보호하는 면역반응에 관여하는 장기, 조직, 세포, 체액의 생체시스템이다. 몸의 면역체계 이상은 정신적 병리현상들을 만들어 낼 수 있다. 면역체계와 관련된 글을 읽고, 면역체계를 억제할 수 있는 주요 요인을 조사해 보자. 그리고 우리가 실생활에서 실천할 수 있는 방법을 발표해 보자.

관련학과
의예과, 한의예과, 약학과, 한약학과, 보건관리학과, 건강관리학과

탐구주제

(2) 유튜브 동영상 'Problems with High-Intensity Interval Training'은 고강도 인터벌 트레이닝과 심혈관 건강과의 관계, 짧은 시간에 체력을 향상시킬 수 있는 방법을 보여준다. 이 동영상을 시청하고, 고강도 인터벌 트레이닝과 건강에 대한 세부 정보를 정리해 보자. 그리고 자신의 건강관리를 위한 운동 방법을 발표해 보자. (youtu.be/ijdL6NTjxkc)

관련학과

의예과, 한의예과, 약학과, 한약학과, 보건관리학과, 스포츠의학과, 스포츠재활학과, 운동재활복지학과, 운동처방학과, 의료복지공학과, 재활학과, 재활공학과, 건강관리학과, 스포츠건강관리학과

활용 자료의 유의점

- ! 다양한 시청각 자료 및 웹 기반 동영상 등을 활용
- ! 다양한 종류의 실제적인 읽기 자료를 활용
- ! 학습자들의 진로 및 관심 분야와 관련된 소재를 활용

💬 MEMO

영어 독해와 작문

핵심키워드

☐ 쓰나미 피해 ☐ 중증치료 ☐ 스트레스 요인 ☐ 빛공해 ☐ 인공조명 ☐ 생체리듬 ☐ 멜라토닌 ☐ AI 의사

영역

읽기

성취기준

[12영독03-02] 비교적 다양한 주제에 관한 글을 읽고 주제 및 요지를 파악할 수 있다.

▶ 일상생활이나 학업과 관련된 비교적 다양한 주제의 글을 읽고 중심 내용을 파악하여 글을 포괄적으로 이해할 수 있다는 의미이다.

[12영독03-04] 비교적 다양한 주제에 관한 글을 읽고 필자의 의도나 글의 목적을 파악할 수 있다.

[12영독03-06] 비교적 다양한 주제에 관한 글을 읽고 함축적 의미를 추론할 수 있다.

▶ 일상생활이나 학업과 관련된 비교적 다양한 주제의 글을 읽고 글자 그대로의 의미뿐만 아니라, 문맥상 내포되어 있는 의미를 파악할 수 있다는 의미이다. 명시적으로 드러나 있지 않은 의미를 맥락을 통하여 파악하는 활동을 함으로써 의사소통능력을 향상시키도록 한다.

탐구주제

4.영어 독해와 작문 ─ 읽기

① 2018년 9월 인도네시아를 할퀸 규모 7.5 지진은 수십만 명의 이재민을 낳았다. 지진해일(쓰나미)로 인해 물은 오염되었고, 삶의 터전을 잃은 사람들은 임시 보호소 텐트에서 지낸다. 보건 및 의료시설이 제 기능을 하지 못해 중증 치료, 수인성 질병, 매개체 전염병 외에 백신으로 예방 가능한 홍역, 파상풍, 디프테리아도 적절히 치료하기 어려운 상황이다. 쓰나미와 관련된 기사문을 읽어보고, 쓰나미의 피해 사례와 대처 방안을 조사하여 발표해 보자.

관련학과
의예과, 한의예과, 약학과, 한약학과, 보건관리학과, 응급구조학과, 건강관리학과

탐구주제

2 스트레스(Stress)라 부르는 '외부로부터의 압력'은 학문적 정의에 의하면 '스트레스 요인(Stressor)'이며, 이러한 '스트레스 요인에 대한 반응'을 '스트레스(Stress)'라고 지칭한다. 스트레스는 부정적 사건 및 긍정적 사건에 의해 야기될 수 있다. 스트레스에 관련된 글을 읽고, 구체적인 원인을 분석하여 스트레스가 관여하는 질병의 종류와 스트레스에 대한 효율적인 대처 방안을 발표해 보자.

관련학과

의예과, 한의예과, 약학과, 한약학과, 보건관리학과, 건강관리학과, 스포츠의학과, 스포츠건강관리학과

영역 쓰기

성취기준

[12영독04-02] 일반적 주제에 관하여 듣거나 읽고 간단하게 요약할 수 있다.

▶ 학습자의 흥미와 관심을 높일 수 있는 내용으로 영어 학습에 대한 동기를 이끌어 내어 자기 주도적인 영어 학습 태도를 함양하도록 한다.

[12영독04-03] 일반적 주제에 관해 자신의 의견이나 감정을 쓸 수 있다.

탐구주제

1 빛공해는 과도한 인공조명의 사용으로 야간에도 낮처럼 밝은 상태가 유지돼 쾌적한 생활을 방해하고, 환경에 피해를 주는 현상을 말한다. 우리의 생체 리듬에 관여하는 호르몬인 멜라토닌은 밤과 같이 어두운 환경에서 만들어지고 빛에 노출되면 합성이 중단된다. 연구에 따르면 멜라토닌 합성이 억제되면 여성의 유방암과 남성의 전립선암 발생률이 높아지는 것으로 나타났다. 농작물 역시 밝은 환경에 장시간 노출되면 생식 성장을 하지 못해 수확량이 크게 떨어진다고 한다. 빛공해와 관련된 글을 읽고, 빛공해가 인간 건강 및 활동에 미치는 영향, 생태계에 미치는 영향을 조사해 보자. 또한 빛공해 방지를 위한 지자체의 노력도 조사하여 영어로 발표해 보자.

관련학과

의예과, 한의예과, 약학과, 한약학과, 보건관리학과, 안경광학과, 건강관리학과

2 전문직의 상징처럼 불리던 의료인들조차 '구조 조정' 걱정을 하게 만든 기술이 있다. 검사 결과를 보고 의사처럼 진단을 내릴 수 있는 컴퓨터 프로그램, 이른바 '인공지능(AI) 의사'라는 기술의 등장이다. 인공지능 의료서비스를 바라보는 사람들의 시각은 크게 두 부류다. 첫째는 '결국 의사들은 직업을 잃을 것'이라고 걱정하는 부류, 둘째는 '첨단 기술을 도입해 의료의 질을 높일 수 있다면 모두에게 좋은 일'이라며 미래를 희망차게 바라보는 경우다. 인공지능 의사와 관련된 글 'AI Can Outperform Doctors. So Why Don't Patients Trust It?'과 'Trust me, I'm a doc-bot', '3 steps to get closer to AI-driven healthcare'를 읽고, AI 의사에 대한 자신의 생각을 영어 보고서로 작성해 보자.

관련학과

의예과, 치의예과, 한의예과, 약학과, 한약학과, 수의예과, 물리치료학과, 스포츠의학과, 스포츠재활학과, 운동재활복지학과, 운동처방학과, 의료복지공학과, 작업치료학과, 재활학과, 재활공학과, 응급구조학과, 방사선학과, 건강관리학과, 스포츠건강관리학과

활용 자료의 유의점

① 다양한 시청각 자료 및 웹 기반 동영상 등을 활용
① 다양한 종류의 실제적인 읽기 자료를 활용
① 학습자들의 진로 및 관심 분야와 관련된 소재를 활용

💬 MEMO

영어Ⅱ

핵심키워드

☐ 초점성 초음파 　☐ 자기공명화상법 　☐ 비침습 수술 　☐ 족부질환 　☐ 하이힐과 건강
☐ u-Health Care(원격의료서비스) 　☐ 스마트밴드 　☐ DNA 　☐ 미세먼지 　☐ 심혈관질환 　☐ 고위험군
☐ 줄기세포 　☐ 바이오의약품 　☐ 패혈증 　☐ 세균과 바이러스

영역 | 듣기

성취기준

[12영Ⅱ01-01] 　다양한 주제에 관한 말이나 대화를 듣고 세부 정보를 파악할 수 있다.

　　▶ 다양한 듣기 전략을 활용하여 구체적인 내용을 파악하는 문제해결능력을 향상시키도록 한다.

[12영Ⅱ01-02] 　다양한 주제에 관한 말이나 대화를 듣고 주제 및 요지를 파악할 수 있다.

　　▶ 전체적인 흐름과 전반적인 내용을 파악하여 의사소통능력을 향상시키도록 한다.

탐구주제

5.영어Ⅱ — 듣기

① 　메스를 사용하지 않는 수술을 상상해 보자. Yoav Medan은 TED 강연 'Ultrasound surgery — healing without cuts'는 칼을 사용하지 않는 수술에 대해 이야기하고 있다. 초점성 초음파(High-intensity focused ultrasound)와 시각적으로 가능한 자기공명화상법(Vision-enabled magnetic resonance imaging)을 융합한 기술을 활용한 비침습 수술에 대해 조사하여 발표해 보자.

관련학과

의예과, 치의예과, 수의예과, 응급구조학과, 건강관리학과

2 발은 제2의 심장이라고 불릴 정도로 우리 신체에서 중요한 기관이다. 서 있는 동안 심장이 뿜어낸 피를 펌프질해 다시 심장으로 돌려보내며 신체 균형을 잡고 움직이는데 중요한 역할을 하기 때문이다. 그러나 하이힐 등 발 건강에 좋지 않은 신발이 족부질환을 야기하기도 한다. 유튜브 동영상 'High Heels Fall Flat for Safety(안전을 위한 하이힐 플랫)'를 시청하고, 하이힐과 건강과의 상관관계, 하이힐의 부작용에 대해 발표해 보자. 또한 하이힐을 신는 것에 대한 자신의 생각도 발표해 보자. (youtu.be/4J9-BEEAVow)

관련학과

의예과, 한의예과, 약학과, 한약학과, 물리치료학과, 스포츠의학과, 스포츠재활학과, 운동재활복지학과, 운동처방학과, 건강관리학과, 스포츠건강관리학과

영역 **말하기**

성취기준

[12영 II 02-02]   비교적 다양한 주제에 관하여 듣거나 읽고 중심 내용을 말할 수 있다.

[12영 II 02-05]   비교적 다양한 주제에 관해 그림, 도표, 도식 등을 활용하여 의사소통할 수 있다.

탐구주제

5.영어 II — 말하기

1 u-헬스케어(Ubiquitous Health Care)란 각종 정보 기술(IT)을 활용하여 언제 어디서나 건강관리를 받을 수 있는 원격 의료서비스를 말한다. 코로나바이러스(코로나19) 사태가 장기화되면서 서울 각 구청이 첨단 기술을 활용한 대응에 나서고 있다. 감염병으로 사람과 사람이 직접 마주하기 어려운 상황을 사물인터넷(IoT)기술을 활용한 스마트밴드나 인공지능(AI) 기술이 들어간 스피커를 통해 문제해결에 나선 것이다. u-헬스케어에 관한 글 'Opportunities & pitfalls in healthcare IoT'를 읽고, u-헬스케어의 장점과 단점 및 앞으로의 전망에 대해 영어로 발표해 보자.

관련학과

의예과, 치의예과, 한의예과, 약학과, 한약학과, 간호학과, 보건관리학과, 물리치료학과, 스포츠의학과, 스포츠재활학과, 운동재활복지학과, 운동처방학과, 의료복지공학과, 작업치료학과, 재활학과, 재활공학과, 건강관리학과, 스포츠건강관리학과

---

2 DNA 정의를 국어사전에서 검색하면 "유전자의 본체. 데옥시리보스를 함유하는 핵산으로 바이러스의 일부 및 모든 생물의 세포 속에 있으며, 진핵생물에서는 주로 핵 속에 있다. 아데닌, 구아닌, 사이토신, 티민의 4종의 염기를 지니고 있으며, 그 배열 순서에 유전 정보가 들어 있어 그 정보에 해당하는 단백질을 만든다"라고 나오지만 이해하기가 어렵다. TED 강의 RICCARDO SABATINI의 'How to read the genome and build a human being'과 Drew Berry의 'Animations of unseeable biology'를 시청해 보자. 이 두 강연을 통해 DNA에 대해 알게 된 것들을 영어로 설명해 보자.

관련학과

의예과, 치의예과, 한의예과, 약학과, 한약학과, 수의예과, 간호학과, 보건관리학과, 물리치료학과, 스포츠이학과, 스포츠재활학과, 운동재활복지학과, 운동처방학과, 의료복지공학과, 작업치료학과, 재활학과, 재활공학과, 응급구조학과, 방사선학과, 임상병리학과, 건강관리학과, 스포츠건강관리학과

[12영Ⅱ03-02]   다양한 주제에 관한 글을 읽고 주제 및 요지를 파악할 수 있다.

▶ 다양한 읽기 전략과 주제에 대한 배경지식 등을 활용하여 전체적인 흐름과 전반적인 내용을 파악하는 능력을 향상시키도록 한다.

[12영Ⅱ03-04]   다양한 주제에 관한 글을 읽고 필자의 의도나 글의 목적을 파악할 수 있다.

탐구주제

5.영어Ⅱ — 읽기

1 미세먼지는 대기 중에 떠다니며 눈에 보이지 않을 정도로 작은 먼지를 말한다. 질병관리청 국립보건연구원은 '심혈관 질환 고위험군 특성에 따른 미세먼지 폐해 최소화 모형 개발' 연구를 수행했는데 꾸준한 신체활동은 미세먼지 노출에 상관없이 심뇌혈관 질환 발생 위험을 감소시키는 것으로 나타났다. 그동안 규칙적인 신체활동이 심뇌혈관 질환 발생 위험을 감소시키는 것으로 잘 알려져 있었지만 미세먼지가 높은 날 외부에서의 신체 활동이 심뇌혈관 질환 발생에 미치는 직접적인 근거는 부족한 실정이었다. 미세먼지와 관련된 글을 읽고, 글의 주제와 요지를 발표해 보자. 그리고 미세먼지가 인체에 미치는 영향과 생태계에 미치는 영향을 조사하여 발표해 보자.

관련학과

의예과, 치의예과, 한의예과, 약학과, 한약학과, 간호학과, 보건관리학과, 물리치료학과, 스포츠의학과, 스포츠재활학과, 운동재활복지학과, 운동처방학과, 의료복지공학과, 작업치료학과, 재활학과, 재활공학과, 응급구조학과, 임상병리학과, 건강관리학과, 스포츠건강관리학과

2 줄기세포(Stem cell)란 조직분화 과정에서 볼 수 있는 '미분화 세포'로, 인체를 구성하는 다양한 조직으로 분화 가능한 세포를 말한다. 줄기세포를 치료 목적으로 개발한 바이오의약품이 줄기세포치료제이다. 줄기세포는 손상된 신체 부위의 재생 또는 다양하고 복잡한 발병기전을 가진 질환 치료에 적합하며, 현재 치료제가 없는 난치성 질환의 치료에 대한 대안으로 연구되고 있다. 줄기세포와 관련된 글을 읽고, 필자가 글을 쓴 목적과 의도를 발표해 보자. 그리고 줄기세포 치료제의 종류와 문제점을 조사하여 발표해 보자.

관련학과

의예과, 치의예과, 한의예과, 약학과, 한약학과, 간호학과, 보건관리학과, 물리치료학과, 스포츠의학과, 스포츠재활학과, 운동재활복지학과, 운동처방학과, 의료복지공학과, 작업치료학과, 재활학과, 재활공학과, 임상병리학과, 치위생학과, 건강관리학과, 스포츠건강관리학과

💬 **MEMO**

성취기준

[12영II04-04]	학업과 관련된 간단한 보고서를 작성할 수 있다.
[12영II04-07]	비교적 다양한 주제에 관해 비교·대조하는 글을 쓸 수 있다.

탐구주제

5.영어II — 쓰기

① 권투선수 무하마드 알리, 가수 신해철. 원인은 달라도 이들의 목숨을 앗아간 병은 하나다. 패혈증(Sepsis)이다. 패혈증은 혈액이 바이러스·세균·곰팡이에 감염돼 전신 염증으로 악화된 상태를 말한다. 생소한 병명이지만, 우리나라에서만 매년 7만여 명이 진단을 받고 이로 인해 수천명이 사망한다. 패혈증은 2019년 한국인 10대 사망 원인에 꼽혔을 정도로 확산세가 매섭다. 패혈증 사례를 분석하여 패혈증의 증상과 원인, 치료 방법에 대한 보고서를 영어로 작성해 보자.

관련학과

의예과, 한의예과, 약학과, 한약학과, 보건관리학과, 임상병리학과, 건강관리학과

② 생물계와 인체에서 질병을 전파시키는 5가지 물질은 '세균(Bacteria), 바이러스(Virus), 진균류(Fungus), 기생충(Parasites), 프리온(Prion)'이다. 세균은 핵과 세포막이 있으며 자체적으로 증식이 가능하다. 또한 가는 털인 섬모로 움직일 수 있고, 구조상 식물에 가까운 생물이다. 이와는 반대로 바이러스에는 염색체가 있으며 단백질로 된 표피에 뾰족하게 내밀거나 도드라진 돌기가 여러 개 있다. 바이러스는 다른 세포 속으로 들어가야만 증식이 가능하며 자체적인 증식은 불가능하다. 말하자면 집을 빌려야만 증식할 수 있다. 세균과 바이러스의 공통점과 차이점을 조사하고, 비교·대조하는 글을 작성하여 발표해 보자.

관련학과

의예과, 치의예과, 한의예과, 약학과, 한약학과, 수의예과, 간호학과, 보건관리학과, 물리치료학과, 의료복지공학과, 임상병리학과, 건강관리학과

활용 자료의 유의점

ⓘ 다양한 종류의 실제적인 읽기 자료를 활용
ⓘ 듣기 평가를 위한 녹음 대본을 만들 때는 대화문을 사용하거나 음성 언어로 된 실제 자료를 활용

😃 **MEMO**

영어과

6

실용 영어

핵심키워드

☐ 소음공해 ☐ 근위축성 측색경화증(루게릭병) ☐ 보건의료 빅데이터 ☐ 대사증후군센터 ☐ 보건소역할
☐ 전자약 ☐ 뇌 먹는 아메바 ☐ 감염병 ☐ 원발성 아메바성 수막뇌염 ☐ 신약 개발 ☐ 재활 치료
☐ 산재관리의사제도 ☐ 로우(low)나트륨 ☐ 포화지방

영역 **듣기**

성취기준

[12실영01-01] 실생활 중심의 다양한 주제에 관한 방송, 광고, 안내 등을 듣고 세부 정보를 파악할 수 있다.

▶ 주변에서 흔히 들을 수 있는 방송, 광고, 안내 등에 포함된 세부 정보를 다양한 듣기 전략을 사용하여 파악하는 학습 활동을 통하여 의사소통능력을 향상시키도록 한다.

[12실영01-02] 실생활 중심의 다양한 주제에 관한 말이나 대화를 듣고 주제 및 요지를 파악할 수 있다.

▶ 일상생활에서 사용되는 말이나 대화의 줄거리를 이해하고 주제 및 요지를 파악하는 학습 활동을 통하여 주어진 상황에서의 기초적인 의사소통능력을 함양하도록 한다.

탐구주제

6.실용 영어 — 듣기

① TED 강연 Mathias Basner의 'Why noise is bad for your health-and what you can do about it'을 시청해 보자. 강연자는 소음이 우리 건강에 미치는 영향에 대해 이야기를 하고 있다. 이 동영상을 시청하고, 강연의 세부 내용을 정리하여 발표해 보자. 그리고 소음공해 유형을 조사하고, 유형에 따른 소음공해를 대처 방법을 탐구해 보자.

관련학과
의예과, 한의예과, 보건관리학과, 건강관리학과

탐구주제

② 영화 'The Theory of Everything(사랑에 대한 모든 것)'은 천재 물리학자 스티븐 호킹(Stephen Hawking)의 삶을 아주 구체적으로 묘사하고 있다. 이 영화는 당시 아내인 제인(Jane)과의 사랑으로 자신의 몸을 쇠약하게 만드는 근위축성 측색경화증(ALS)을 함께 이겨내는 과정을 보여주고 있다. 근위축성 측색경화증(ALS)은 퇴행성 신경 질환으로 원인이 정확히 밝혀지지 않은 희귀 질환이다. 대뇌 및 척수의 운동신경원이 선택적으로 파괴되기 때문에 '운동신경원 질환'이라고 하며, 일명 '루게릭병'이라고도 한다. 이 영화를 감상하고, 근위축성 측색경화증(ALS)의 증상과 치료 방법을 조사하여 영어로 이야기해 보자.

관련학과

의예과, 한의예과, 약학과, 한약학과, 간호학과, 보건관리학과, 물리치료학과, 스포츠의학과, 스포츠재활학과, 운동재활복지학과, 운동처방학과,
의료복지공학과, 작업치료학과, 재활학과, 재활공학과, 건강관리학과, 스포츠건강관리학과

영역 | **말하기**

성취기준

[12실영02-02] 실생활 중심의 다양한 주제에 관하여 듣거나 읽고 중심 내용을 말할 수 있다.

[12실영02-03] 실생활 중심의 다양한 주제에 관해 자신의 의견이나 감정을 표현할 수 있다.

탐구주제

① 보건소는 지역의 공중보건 향상 및 증진을 도모하기 위해 시·군·구 단위에 설치되어 있는 기관으로, 지방자치단체가 설치한다. 2020년 9월 서초구 보건소 대사증후군센터는 민건강보험공단의 보건의료 빅데이터와 개인 건강검진 정보를 기반으로 셀비 체크업을 활용하여 대사증후군 질환, 만성 질환 발병 확률을 예측하고 있다. 그리고 간호사, 영양사, 운동사 등과 함께 예측 결과에 대한 상담을 실시하여 개인별 건강나이와 기대수명에 따른 맞춤형 운동 치료, 생활 수칙과 개선방법을 제공하여 구민들의 실질적인 건강 증진을 지원하고 있다. 보건소의 업무를 조사해 보고, 제4차 산업혁명 시대를 맞아 보건소가 앞으로 해야 할 역할에 대해 영어로 토의해 보자.

관련학과

의예과, 한의예과, 약학과, 한약학과, 보건관리학과, 스포츠의학과, 스포츠재활학과, 운동재활복지학과, 운동처방학과, 의료복지공학과, 작업치료학과,
재활학과, 재활공학과, 건강관리학과, 스포츠건강관리학과

---

② '전자'와 '약품'의 합성어인 전자약(electroceuticals)은 뇌와 신경세포에서 전기신호를 발생시켜 질병을 치료 하는 전자장치다. 대표적인 상용화 사례로 심장박동 조율기와 달팽이관 이식, 이식형 제세동기 등이 있다. 현재 관련 기관에서는 피부이식이나 웨어러블 등 다양한 형태의 전자약을 연구·개발 중이다. 약물이나 주사 대신 인체에 해를 주지 않는 선에서 전기자극을 주고, 이에 따른 신경 전기 신호를 분석해 질병을 진단한디. 전지약의 연구 및 시례를 조사해 보고, 현재의 상황과 전망에 대해 영어로 발표해 보자.

관련학과

의예과, 한의예과, 약학과, 한약학과, 보건관리학과, 물리치료학과, 의료복지공학과, 건강관리학과

[12실영03-02] 실생활 중심의 다양한 주제에 관한 글을 읽고 주제 및 요지를 파악할 수 있다.

> ▶ 실생활 중심의 다양한 글을 읽고 줄거리, 주제, 요지 등을 파악하는 학습 활동을 통하여 일상생활에 필요한 기초적인 의사소통능력을 개발하도록 한다.

[12실영03-04] 실생활 중심의 다양한 주제에 관한 글을 읽고 필자의 의도나 글의 목적을 파악할 수 있다.

탐구주제

6. 실용 영어 — 읽기

(1) 미국 텍사스주 레이크 수돗물에서 '뇌 먹는 아메바'로 알려진 'Naegleria fowleri'가 검출됐다. 잭슨시에 거주하는 6세 소년이 숨진 원인을 밝히기 위해 지역 상수원을 조사한 결과, 이 아메바에 의한 감염이 주원인이었음을 알게 되었다. 네글레리아 파울러리는 호수, 강, 온천, 토양 등에서 발견되는 단세포 생물로, 사람에게 '원발성 아메바성 수막뇌염'이라는 감염병을 유발한다. 이와 관련된 기사 'Brain eating amoeba in city's water supply kills 6-year-old, leads Texas to declare a disaster'를 읽고, 글의 주제와 요지를 영어로 발표해 보자. 그리고 '뇌 먹는 아메바' 감염 증상과 예방 방법을 탐구하여 발표해 보자.

관련학과
의예과, 한의예과, 약학과, 한약학과, 보건관리학과, 임상병리학과, 건강관리학과

(2) Marcia Angell의 책 「The Truth About the Drug Companies HOW THEY DECEIVE US AND WHAT TO DO ABOUT IT」을 읽어 보자. 미국 하버드대학교 의과대학 의료사회학 주임 교수인 마르시아 안젤은 제약회사들이 쓸모 있는 약을 개발 제조한다는 본래의 사명에서 벗어나, 자신의 자본에 대한 전례 없는 영향력을 행사하는 거대한 마케팅 기계로 변해 가고 있음을 이야기한다. 이 책을 읽고, 제약회사의 영리 추구 목적과 신약 개발을 통한 공익 추구 문제에 대한 자신의 생각을 영어로 이야기해 보자.

관련학과
의예과, 한의예과, 약학과, 한약학과, 보건관리학과, 임상병리학과, 건강관리학과

💬 **MEMO**

쓰기

성취기준

[12실영04-01]   실생활 중심의 다양한 주제에 관하여 듣거나 읽고 필요한 정보를 기록할 수 있다.

[12실영04-02]   실생활 중심의 다양한 주제에 관해 자신의 의견이나 감정을 쓸 수 있다.

▶ 실생활에서 학습자들이 쉽게 접할 수 있는 다양한 주제에 관해 문장 단위로 기록할 수 있다는 의미이다.

탐구주제

6.실용 영어 — 쓰기

① 2020년 2월 근로복지공단에서 제시한 자료에 의하면 2019년 기준 산재 노동자의 직업 복귀율이 68.5%라고 하였다. 이에 대해 선진국 수준인 70% 진입을 눈앞에 두고 있다고 언급했다. 또 이러한 직업 복귀율 상승의 원인은 개인별 맞춤형 재활서비스 제공, 재활인증병원 도입, 산재관리의사제도 도입, 재활지원팀을 통한 취업 지원의 결과라고 했다. 재활 치료와 관련된 글을 읽어보고, 재활 치료의 종류와 사회 복귀를 위한 재활 서비스 현황을 조사하여 보고서를 작성해 보자.

관련학과

의예과, 한의예과, 보건관리학과, 물리치료학과, 미술치료학과, 언어치료학과, 스포츠재활학과, 운동재활복지학과, 운동처방학과, 의료복지공학과, 재활학과, 재활공학과, 건강관리학과, 스포츠건강관리학과

② 웰빙 열풍이 계속되는 가운데 식품 업계에 소금 다이어트 바람이 거세게 불고 있다. 전통 장류를 시작으로 건강식으로 거듭나는 편의점 도시락, 가정간편식(HMR)에 이어 이제는 나트륨의 대명사인 감자칩까지 '로우(low) 나트륨'을 선언하고 나섰다. 감자칩은 포화지방과 나트륨 함량이 높은 편인데, 포화지방과 나트륨을 과다섭취할 경우 각종 질병의 원인이 된다. 특히 포화지방은 과다섭취할 경우 뇌기능을 저하시킨다는 연구결과도 있어 각별히 주의해야 된다. '감자칩'의 영양 성분을 조사해 보고, 과다섭취를 예방하는 영어 연설문을 작성하여 발표해 보자.

관련학과

의예과, 한의예과, 약학과, 한약학과, 간호학과, 보건관리학과, 운동재활복지학과, 운동처방학과, 의료복지공학과, 임상병리학과, 건강관리학과, 스포츠건강관리학과

활용 자료의 유의점

⚠ 신문, 방송, 안내문, 서식 자료 등 실제적 자료를 활용

⚠ 다양한 시청각 자료 및 웹 기반 동영상 등을 활용

⚠ 학습자들의 진로 및 관심 분야와 관련된 소재를 활용

⚠ 짝 활동, 모둠 활동, 토론 활동 등에 적극적인 참여를 유도할 수 있는 자료를 활용

⚠ 듣기·말하기·읽기·쓰기 역량을 발휘하여 실제적인 의사소통능력을 향상시킬 수 있는 사례를 활용

영어과 7

영어권 문화

핵심키워드

☐ Bless you ☐ 페스트(흑사병) ☐ 영어권 속담과 관용적 표현 ☐ #덕분에 챌린지 ☐ 수어 ☐ 노화와 질병
☐ 장수하는 방법 ☐ 위생 ☐ 의료문화 차이

영역 듣기

성취기준

[12영화01-03] 영어권 문화에 관한 말이나 대화를 듣고 화자의 의도나 말의 목적을 파악할 수 있다.

탐구주제

7.영어권 문화 — 듣기

① 유튜브 동영상 '[Organic English] 원어민스러운 표현'은, 영어권 문화에서 속담이나 관용적인 표현으로 쓰는 문구 ('Bless you!', 'Bite the bullet', 'I swear', 'Speak of the devil')를 문화와 역사적 의미를 담아 설명해 주고 있다. 'Bless you!'는 재채기를 하는 경우 자주 사용하는 관용적 표현인데 중세시대 페스트(흑사병)와 관련지어 '신의 가호를 빌다'는 의미로 사용된다고 한다. 이 동영상을 시청하고, 의학보건 분야와 관련된 영어권 속담이나 관용적 표현을 조사하여 발표해 보자. (youtu.be/ITRwAGICyG0)

관련학과
의예과, 한의예과, 약학과, 한약학과, 보건관리학과, 임상병리학과, 건강관리학과

영역 말하기

성취기준

[12영화02-02] 영어권 문화에 관하여 듣거나 읽고 타 문화에 대한 자신의 의견이나 감정을 말할 수 있다.

탐구주제

① 최근 소셜미디어에는 왼손을 바닥에 펴고 오른손 엄지로 치켜들며 의료진에 대한 감사 표시를 하는 '#덕분에 챌린지'와 '존경합니다'를 뜻하는 수어가 많이 등장한다. 수어는 문화권마다 다르다. 예를 들면 우리는 가운데 손가락(중지)을 펴고 둘째(약지)와 넷째 손가락을 반만 접으면 남자 형제를 비교할 때 쓰거나, 메 산(山)이 된다. 그러나 영어권 수어로 산은 파도가 물결치듯 손으로 산의 모양을 그리는 것이다. 집도 우리는 삼각형 지붕을 손으로 보이지만 영어권에서는 사각집 모양을 그린다. 동서양 문화의 뚜렷한 차이가 수어에도 반영된다. 의료보건 분야에서 사용되는 우리나라와 영어권 수어의 공통점과 차이점을 조사하여 발표해 보자.

관련학과

의예과, 치의예과, 한의예과, 약학과, 한약학과, 수의예과, 간호학과, 보건관리학과, 물리치료학과, 미술치료학과, 언어치료학과, 스포츠의학과, 스포츠재활학과, 운동재활복지학과, 운동처방학과, 의료복지공학과, 작업치료학과, 재활학과, 재활공학과, 응급구조학과, 방사선학과, 안경광학과, 임상병리학과, 치위생학과, 치기공학과, 건강관리학과, 스포츠건강관리학과

영역 ## 읽기

성취기준

[12영화03-02] 영어권 문화에 관한 글을 읽고 주제 및 요지를 파악할 수 있다.

▶ 영어를 사용하는 국가들의 문화에 관한 글을 읽고 중심 내용을 파악하여 타 문화에 대한 다양한 관점을 이해할 수 있다는 의미이다. 영어를 사용하는 사람들의 문화에 관한 글에서 주요한 내용을 전반적으로 파악하는 활동을 통하여 타 문화를 존중하고 수용하는 태도를 기르도록 한다.

탐구주제

① 책 「Lifespan: Why We Age-And Why We Don't Have to(David A. Sinclair 외)」는 노화와 유전 분야에서 25년의 연구를 집대성해 공개한 역작이다. 저자는 노화는 정상이 아니라 질병이며, 이 병은 치료 가능하다고 한다. "지연하고 중단하고 역전시킬 수 있으며 노화만 해결하면 모든 장애와 질병에서 벗어나 누구나 건강한 장수를 누릴 수 있다"는 것이다. 이 책을 읽고, 글의 주제와 요지를 발표해 보자. 그리고 건강하게 장수하는 방법에 대해 토의해 보자.

관련학과

의예과, 한의예과, 약학과, 한약학과, 보건관리학과, 건강관리학과, 스포츠건강관리학과

성취기준

[12영화04-05]　영어권 문화에 관한 간단한 보고서를 작성할 수 있다.

탐구주제

1 미국 사람과 우리나라 사람은 여러 면에서 문화적인 차이가 존재한다. 우선 '위생' 측면에서 살펴보면, 우리나라 사람들은 기침을 하거나 재채기를 할 때 입을 가리고 하는 것이 예의라고 여긴다. 반면 미국 사람들은 입을 막을 때 손으로 막기보다는 팔을 들어 팔 안쪽으로 입을 가리는 경우가 많다. 손으로 막으면 손에 묻은 세균이 다른 사람에게도 전파될 수 있다고 믿기 때문에 세균이 다른 사람들에게 퍼지는 것을 막기 위함이다. 의료보건 분야에서 우리나라 문화와 영어권 문화가 다른 부분을 찾고 보고서를 작성하여 발표해 보자.

관련학과

의예과, 치의예과, 한의예과, 약학과, 한약학과, 간호학과, 보건관리학과, 물리치료학과, 미술치료학과, 언어치료학과, 스포츠의학과, 스포츠재활학과, 운동재활복지학과, 운동처방학과, 작업치료학과, 재활학과, 응급구조학과, 건강관리학과, 스포츠건강관리학과

활용 자료의 유의점

(!) 언어와 문화의 관계를 보여주는 다양한 시청각 자료를 활용

(!) 영어권 문화의 다양한 생활양식, 풍습, 사고방식 등에 관한 글을 활용

(!) 자기주도적 학습이 가능하도록 다양한 읽기 전략을 활용

(!) 언어와 문화의 관계를 보여주는 다양한 종류의 실제적인 읽기 자료를 활용

(!) 다양한 영어권 문화와 관련된 소재를 활용

(··) **MEMO**

8

영미 문학 읽기

핵심키워드

□ 의료체제 □ 진정한 의사 □ 암선고 □ 삶과 죽음

영역 **읽기**

성취기준

[12영문03-03] 문학 작품을 읽고 줄거리, 주제, 요지를 파악할 수 있다.

> ▶ 문학 작품을 읽으면서 줄거리를 정리하고 주제나 요지를 파악하는 활동을 통해 문학 작품을 이해하고 감상하는 능력을 기르도록 한다.

[12영문03-05] 문학 작품을 읽고 필자의 의도나 목적을 추론할 수 있다.

탐구주제

8.영미 문학 읽기 — 읽기

① 소설 「The Citadel」은 작가 A.J Cronin이 자신의 직업적 경험을 바탕으로 쓴 책이다. 그는 이 책의 주인공 앤드루처럼 의사였으며, 실제로 탄광촌에서 가난한 농부들을 위해 헌신적인 봉사를 했던 휴머니스트다. 의대를 갓 졸업한 앤드루는 인도주의적이고 낭만적인 꿈을 안고 사회에 첫발을 내딛지만, 돈 버는 데만 급급한 동료 의사들의 무지와 타락, 가난한 사람에게는 더욱더 가혹한 의료체제의 모순과 부패를 경험하게 된다. 하지만 그는 열정과 순수한 이상을 잃지 않고 진정한 의사로서 성장해가는 모습을 보여준다. 이 책을 읽고, 작품의 줄거리, 주제, 요지를 파악하여 발표해 보자. 그리고 진정한 의사의 길에 대해서 토의해 보자.

관련학과
의예과, 치의예과, 한의예과, 약학과, 한약학과, 수의예과, 보건관리학과, 물리치료학과, 스포츠의학과, 스포츠재활학과, 운동재활복지학과, 운동처방학과, 의료복지공학과, 작업치료학과, 재활학과, 재활공학과, 응급구조학과, 방사선학과, 임상병리학과, 건강관리학과, 스포츠건강관리학과

성취기준

[12영문04-05]　문학 작품을 읽고 감상이나 비평하는 글을 쓸 수 있다.

▶ 문학 작품에 대한 자신의 감상을 자유롭게 표현하고 바르게 비평하는 쓰기 활동을 통하여 심미적 태도와 창의적이고 비판적인 사고력을 신장시키도록 한다.

탐구주제

8.영미 문학 읽기 ― 쓰기

1 Paul Kalanithi의 「When Breath Becomes Wind」라는 책은, 서른여섯 살의 전도유망한 젊은 의사가 암 선고를 받고, 죽음에 이르기까지 자신의 이야기를 쓴 에세이다. 의사로서 매일 삶과 죽음의 문턱에 선 사람을 만나던 그가 자신의 죽음을 마주하며 매일 '죽어가는 것 대신 살아가기'로 다짐하고, 사람들에게 전하는 메시지이다. 이 책을 읽고, 저자의 이야기를 통해 삶과 죽음에 대해 느낀 점을 영어로 작성해 보자.

관련학과

의예과, 치의예과, 한의예과, 약학과, 한약학과, 수의예과, 간호학과, 보건관리학과, 물리치료학과, 스포츠의학과, 스포츠재활학과, 운동재활복지학과, 운동처방학과, 의료복지공학과, 작업치료학과, 재활학과, 재활공학과, 응급구조학과, 방사선학과, 임상병리학과, 건강관리학과, 스포츠건강관리학과

활용 자료의 유의점

! 문학 작품과 관련한 다양한 종류의 실제적인 읽기 자료를 활용

! 영어권 및 비영어권 문화를 이해할 수 있는 다양한 자료를 활용

! 문학 작품의 비평이나 평론을 읽고, 문학작품을 종합적으로 이해할 수 있는 작품 활용

! 학습자들의 흥미와 학습 동기를 유발할 수 있는 다양한 장르의 우수한 작품을 선정하여 활용

! 비판적 사고와 창의적 사고를 유도하고 인문학적 소양과 심미적 태도를 기를 수 있는 작품을 활용

💬 MEMO

※ 참고문헌

- K.메데페셀헤르만, F. 하마어, H-J.크바드베크제거. (2007). 화학으로 이루어진 세상 (pp. 1-455). 서울: 에코리브르.
- 가치를꿈꾸는과학교사모임. (2019). 정답을 넘어서는 토론학교 : 과학 (pp. 1-232). 서울: 우리학교.
- 강원도교육청. (2018). 전공 연계 선택과목 가이드북 - 고교학점제 연계 학생 선택중심 교육과정.
- 한국과학창의재단. 과학 교양 교수·학습자료.
- 교육부. (2015). 2015 개정 교육과정. 교육부 고시 제2015-74호. 교육부.
- 권숙자 외. (2020). 도덕수업, 책으로 묻고 윤리로 답하다 (pp. 1-320). 서울: 살림터.
- 금동화. (2006). 재미있는 나노 과학기술 여행 (pp. 1-192). 양문출판사.
- 길벗R&D 일반상식 연구팀. (2019). 시나공 일반상식 단기완성 (pp. 1-464). 서울: 길벗.
- 김난도 외. (2019). 트렌드 코리아 2020 (pp. 1-448). 서울: 미래의창.
- 김동겸 외. (2020). 취업에 강한 에듀윌 시사상식 9월호 (pp. 1-208), 서울: 에듀윌.
- 김미란, 정보근, 김승. (2018). 미래인재 기업가정신에 답이 있다. 미디어숲.
- 김범수. (2016). 진짜 공신들만 보는 대표 소논문 (pp. 1-242). 서울: 더디퍼런스.
- 김선옥, 박맹언. (2015). 광물성 약재(광물약)의 표준화에 관한 연구. 자원환경지질, 48(3), pp. 187-196.
- 김성원 외. (2020). 자유 주제 탐구 학생 안내서. 서울: 이화여대.
- 김성훈 외. (2020). 수학과 함께하는 AI 기초 (pp. 1-240). 경기도: EBS.
- 김영호. (2019). 플레밍이 들려주는 페니실린 이야기 (pp. 1-160). 서울: 자음과모음.
- 김응빈 외. (2017). 생명과학, 신에게 도전하다 (pp. 1-292). 동아시아.
- 김준호. (2017). 미래산업, 이제 농업이다 (pp. 1-164). 가인지캠퍼스.
- 김채화. (2020). 나는 탐구보고서로 대학간다 : 인문계 (pp. 1-288). 미디어숲.
- 김현. (2009). 한국문학의 위상 (pp. 1-256). 문학과지성사.
- 김형진, 윤원기, 김환목. (2006). 전자변형생물체(GMO)의 인체위해성평가. 한국보건교육건강증진학회 학술대회 발표논문집, pp. 16-17.
- 김혜영. 정훈. (2016). 소논문을 부탁해 (pp. 1-236). 서울: 서울: 꿈결.
- 김혜원. (2017). 로봇수술을 담당하는 간호사의 직무 인식(석사학위논문). 경희대학교 공공대학원, 서울.
- 낸시포브스, 배질 마흔. (2015). 패러데이와 맥스웰 (pp. 1-408). 서울: 반니.
- 네사 캐리. (2015). 유전자는 네가 한 일을 알고 있다 (pp.1-480). 해나무.
- 데이비드 앳킨슨. (2020). 위험한 일본 경제의 미래 (pp. 1-280). 서울: 더난출판.
- 도나 디켄슨. (2012). 인체쇼핑 (pp. 1-312). 서울: 소담출판사.
- 라정찬. (2017). 고맙다 줄기세포 (pp. 1-344). 끌리는책.
- 랄프 뵌트. (2011). 전기로 세상을 밝힌 남자, 마이클패러데이 (pp. 1-392). 21세기북스.
- 레이첼 카슨. (2011). 침묵의 봄 (pp. 1-400). 서울: 에코리브르.
- 로버트 P 크리스. (2006). 세상에서 가장 아름다운 실험 열 가지. 경기도: 지호.
- 로버트 앨런 외. (2011). 바이오미메틱스 (pp. 1-192). 서울: 시그마북스.
- 롭던. (2018). 바나나 제국의 몰락 (pp. 1-400). 서울: 반니.
- 류대곤 외. (2016). 국어교과서로 토론하기 1 (pp. 1-328). C&A에듀.
- 박주희. (2016). 국어교과서로 토론하기 2 (pp. 1-288). C&A에듀.
- 마이클 샌델. (2014). 정의란 무엇인가 (pp.1-443). 와이즈베리.
- 메트 리들리. (2016). 생명 설계도, 게놈 (pp. 1-440). 서울: 반니.
- 명혜정. (2013). 토론의 숲에서 나를 만나다 (pp.1-308). 살림터.
- 바츨라프 스밀. (2011). 에너지란 무엇인가 (pp. 1-272). 삼천리.
- 박건영. (2012). 발효식품의 건강기능성 증진효과. 식품산업과 영양, 17(1), pp. 1-8.
- 박경미. (2009). 수학비타민 플러스 (pp.1-367). 김영사.
- 박경미. (2013). 박경미의 수학콘서트 플러스 (pp.1-372). 동아시아.
- 박규상. (2016). 중고등학생을 위한 처음 쓰는 소논문 쓰기 (pp. 1-272). 경기: 샌들코어.
- 박재용 외. (2020). 100가지 예상 주제로 보는 중고등학교 과학토론 완전정복 (pp. 1-400). MID.
- 배영준. (2019). 자신만만 학생부 세특 족보 - 전2권 (pp. 1-864). 예한.
- 백제헌, 유은혜, 이승민. (2019). 과제 연구 워크북 (pp. 1-260). 서울: 나무생각.
- 백제헌, 유은혜, 이승민. (2016). 진로선택과 학생부종합전형을 위한 고등학생 소논문 쓰기 워크북 (pp. 1-256). 서울: 나무생각.
- 법정스님. (2004). 무소유 (pp.1-142). 경기도: 범우사.
- 봉명고등학교 주제탐구프로젝트 누리집.
- 사이먼 싱. (2008). 우주의 기원 빅뱅 (pp.1-552). 영림카디널.
- 사토 겐타로. (2019). 세계사를 바꾼 12가지 신소재 (pp. 1-280). 북라이프.
- 샘 킨. (2011). 사라진 스푼 (pp. 1-500). 해나무.
- 서강선. (2016). 토크콘서트 과학 (pp. 1-240). 서울: 꿈결.
- 서대진, 장형유, 이상호. (2016). 소논문 작성법 (pp.1-320). 경기도: 북스타.
- 서울특별시교육청교육연구정보원. (2017). 수업-평가-기록 이렇게 바꿔볼까요(고등학교 통합사회).
- 헨리 데이비드 소로. (2011). 월든 (pp. 1-503). 서울: 은행나무.
- 손보미. (2011). 세상에서 가장 이기적인 봉사여행 (pp. 1-328). 서울: 쌤앤파커스.
- 수학동아 편집부. 수학동아(월간). 서울: 동아사이언스.
- 에르빈 슈뢰딩거. (2020). 생명이란 무엇인가 (pp. 1-234). 한울.
- 스티마. (2020). 2020 Stima 면접. 혜음출판사.
- 시사상식연구소(2020). 신문으로 공부하는 말랑말랑 시사상식. ㈜시대고시기획.
- 박문각 시사상식편집부. (2020). 2020 최신시사상식 200-205집. 서울: 박문각.
- 앤드류 H. 놀. (2007). 생명 최초의 30억 년 (pp. 1-391). 서울: 뿌리와이파리.
- 에리히프롬. (2020). 자유로부터 도피 (pp. 1-348). 서울: 휴머니스트.
- 엘리자베스 콜버트. (2014). 6번째 대멸종 (pp.1-344). 서울: 처음북스.
- 연세대 인문학연구원. (2014). 10대에게 권하는 인문학 (pp. 1-240). 서울: 글담출판.
- 오승종. (2019). 생각하는 십대를 위한 토론콘서트 법 (pp. 1-288). 서울: 꿈결.
- 오정근. (2016). 중력파 아인슈타인의 마지막 선물 (pp. 1-300). 동아시아사.
- 오중협. (2009). 항공우주의학의 이해와 한국의 항공우주의학 역사. 대한평형의학회지. 8(1). pp. 87-89.
- 와다 다케시 외. (2016). 함께 모여 기후 변화를 말하다 (pp. 1-240). 서울: 북센스.
- 유광수 외. (2013). 비판적 읽기와 소통의 글쓰기 (pp.1-242). 박이정 출판사.
- 유발 하라리. (2015). 사피엔스 (pp.1-636). 서울: 김영사.
- 육혜원, 이송은. (2018). 생각하는 십대를 위한 토론 콘서트 정치(pp. 1-260). 서울: 꿈결.
- 윤용아. (2014). 생각하는 십대를 위한 토론 콘서트 사회 (pp.1-288). 서울: 꿈결.
- 윤용아. (2015). 생각하는 십대를 위한 토론 콘서트 문화 (pp. 1-280). 서울: 꿈결.
- 이본 배스킨. (2003). 아름다운 생명의 그물 (pp. 1-352). 돌베개.
- 이상헌. (2018). 4차 산업혁명 시대의 의료계 현황 및 전망. 한국성인간호학회 춘계학술대회. pp. 8-33.
- 이소영. (2016). 생각하는 십대를 위한 토론콘서트 문학 (pp. 1-256). 서울: 꿈결.
- 이수빈, 차승한. (2014). 도덕교과서로 토론하기(pp. 1-320). C&A에듀.
- 이완배. (2016). 생각하는 십대를 위한 토론 콘서트 경제 (pp.1-260). 서울: 꿈결.
- 장 폴 사르트르. (1998). 문학이란 무엇인가 (pp. 1-444). 민음사.
- 정유희. 안계정. 김채화. (2020). 의학·생명계열 진로 로드맵 (pp. 1-256). 미디어숲.
- 제니퍼라이트. (2020). 세계사를 바꾼 전염병 13가지 (pp.1-384). 산처럼.
- 제리 브로턴. (2014). 욕망하는 지도 (pp. 1-692). 서울: 알에이치코리아.
- 제임스 러브록. (2008). 가이아의 복수 (pp. 1-263). 서울: 세종서적.
- 제임스 왓슨. (2019). 이중나선 (pp. 1-260). 경기도: 궁리출판.
- 조나단 월드먼. (2016). 녹 (pp.1-344). 서울: 반니
- 조명선. (2019). 재난 피해자의 삶의 질에 영향을 미치는 요인: 제3차 재난피해자 패널 자료 분석. 지역사회간호학회지, 30(2). pp. 217-225.
- 조앤 베이커. (2010). 물리와 함께하는 50일 (pp.1-336). 서울: 북로드.
- 즐거운 수학, EBS Math.
- 최재붕. (2019). 스마트폰이 낳은 신인류 포노 사피엔스 (pp. 1-336). 서울: 쌤앤파커스.
- 칼 포퍼. (2006). 삶은 문제해결의 연속이다 (pp. 1-302). 부글북스.
- 클라이브 해밀턴. (2018). 인류세 (pp. 1-272). 서울: 이상북스
- 태지원. (2020). 토론하는 십대를 위한 경제+문학 융합 콘서트 (pp. 1-235). 서울: 꿈결.
- 페니 르 쿠터. 제이 버레슨. (2007). 역사를 바꾼 17가지 화학 이야기 - 전 2권. 서울: 사이언스북스
- 폴 스트레턴. (2003). 멘델레예프의 꿈 (pp. 1-372). 몸과마음
- 피터 앳킨스. (2014). 원소의 왕국 (pp. 1-270). 서울: 사이언스북스.
- 한스 요나스. (1994). 책임의 원칙 (pp.1-378). 서광사.
- 한승배, 김강석, 허희. (2020). 학과바이블 (pp. 1-624). 캠퍼스멘토.
- 헤르만 헤세. (2006). 헤르만 헤세의 독서의 기술 (pp. 1-284). 뜨인돌.
- 후쿠오카 신이치. (2020). 생물과 무생물 사이 (pp. 1-251). 은행나무.

※ 참고사이트

- e-대학저널 http://www.dhnews.co.kr/
- LG 사이언스랜드 http://lg-sl.net/home.mvc
- LG사이언스랜드 http://lg-sl.net/home.mvc
- LG사이언스랜드 lg-sl.net/home.mvc
- NCIC 국가교육과정 정보센터 http://ncic.kice.re.kr/
- SCIENCE ON scienceon.kisti.re.kr
- The ScienceTimes https://www.sciencetimes.co.k
- YTN 사이언스 https://science.ytn.co.kr/
- 경기도 융합과학 교육원 https://www.gise.kr/index.jsp
- 경기도융합과학교육원 https://www.gise.kr
- 과학기술정보통신부블로그 https://blog.naver.com/with_msip
- 과학동아 dongascience.donga.com
- 과학문화포털 사이언스 올 https://www.scienceall.com/
- 과학창의재단 STEAM 교육 https://steam.kofac.re.kr/
- 교수신문 http://www.kyosu.net
- 교육부공식블로그 https://if-blog.tistory.com/
- 국가에너지국 www.nea.gov.cn
- 국가직무능력표준(NCS) https://www.ncs.go.kr
- 국립국어원 https://www.korean.go.kr
- 국립산림과학원 https://nifos.forest.go.kr
- 국립중앙과학관 https://www.science.go.kr/mps
- 내일 교육 재수 없다 https://nojaesu.com/
- 네이버 백과사전 https://terms.naver.com/
- 더 사이언스타임지 www.sciencetimes.co.kr
- 동북아역사재단 https://www.nahf.or.kr
- 동아사이언스 http://dongascience.donga.com/
- 두산백과 https://www.doopedia.co.kr/
- 문화재청 https://www.cha.go.kr
- 사이언스 타임즈 : https://www.sciencetimes.co.kr/
- 수학동아 http://www.polymath.co.kr/
- 에듀넷 www.edunet.net
- 위키백과 https://ko.wikipedia.org/
- 청소년 과학 탐수 소논문(밴드). 리더 바람난 과학자 https://band.us/
- 청소년과학탐구소논문 https://band.us/band/58305057
- 최강 자격증 기출문제 전자문제집 CBT http://www.comcbt.com
- 탐구스쿨 https://www.tamguschool.co.kr
- 통계지리정보서비스 https://sgis.kostat.go.kr/view/community/intro
- 통계청 http://kostat.go.kr/
- 통계청 전국 학생활용대회 http://www.xn--989a71jnrsfnkgufki.kr/report/main.do
- 한국과학교육학회 http://www.koreascience.org
- 한국과학창의재단 사이언스올 www.scienceall.com
- 한국교육학술정보원 http://www.keris.or.kr
- 한국생명공학연구원 https://www.kribb.re.kr/
- 한화사이언스챌린지 https://www.sciencechallenge.or.kr/main.hsc
- 해피학술 http://www.happyhaksul.com
- 환경공간정보서비스 https://egis.me.go.kr/main.do

교과세특 탐구주제 바이블 의약계열편

1판 1쇄 찍음 2021년 6월 23일
1판 9쇄 펴냄 2024년 8월 21일

출판 (주)캠퍼스멘토
제작 (주)모야컴퍼니
저자 한승배, 강서희, 근장현, 김강석, 김미영, 김수영, 김준희, 김호범, 노동기,
      배수연, 신경섭, 안병무, 위정의, 유현종, 이남설, 이남순, 최미경, 하희

총괄기획 박선경 (sk@moyacompany.com)
책임편집 (주)엔투디
연구기획 김예솔, 민하늘, 최미화
디자인 박선경, (주)엔투디
경영지원 지재우, 임철규, 최영혜, 이석기, 노경희
커머스 윤영재, 신숙진, 김지수, 조용근
발행인 안광배, 김동욱

주소 서울시 서초구 강남대로 557(잠원동, 성한빌딩) 9F
출판등록 제 2012-000207
구입문의 (02) 333-5966
팩스 (02) 3785-0901
홈페이지 www.campusmentor.co.kr (교구몰)
          smartstore.naver.com/moya_mall (모야몰)

ISBN 978-89-97826-74-2 (54080)